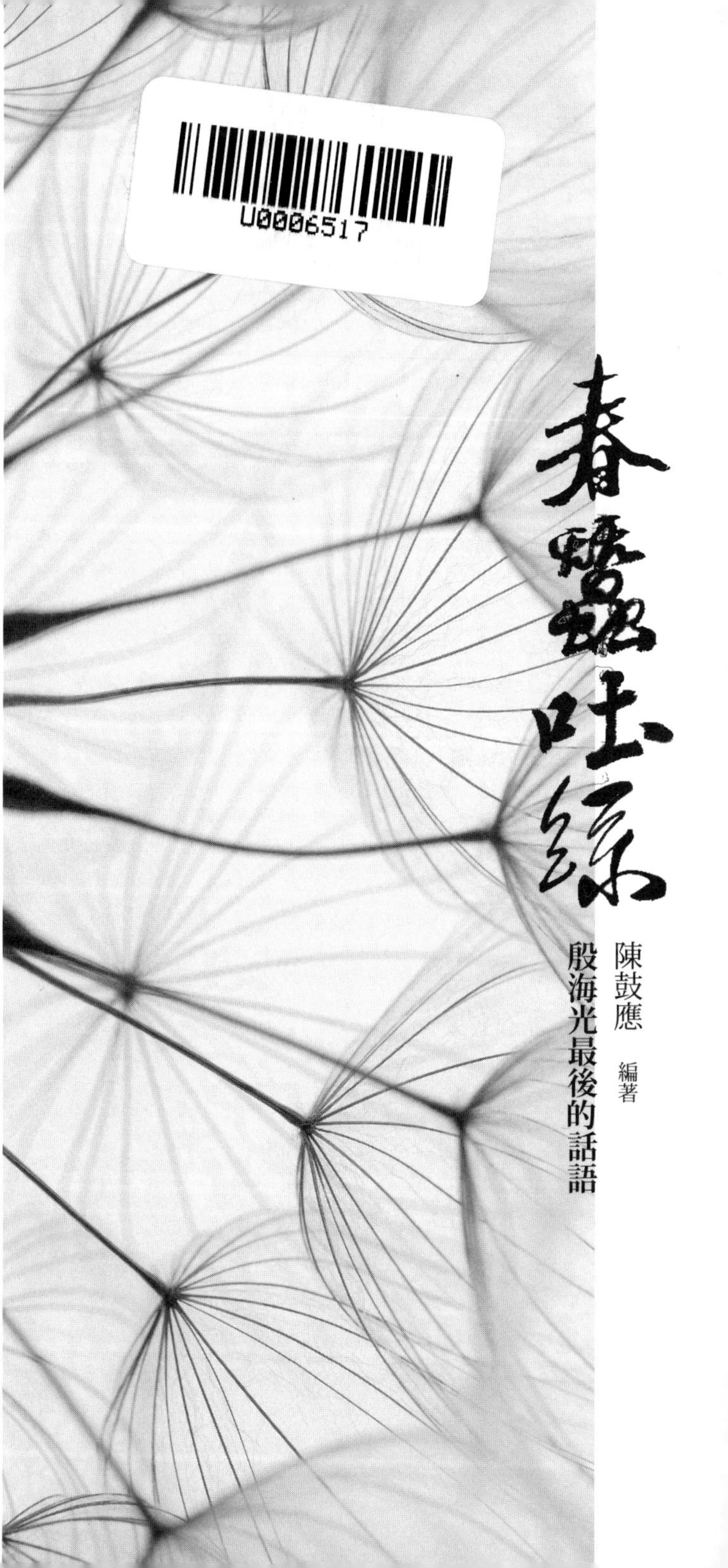

春蠶吐絲

殷海光最後的話語

陳鼓應 編著

從思想自由到家國情懷

目錄

出版說明

陳鼓應

二〇一九年是殷海光先生（一九一九—一九六九）的百年冥誕紀念，也是他過世滿五十年。一九六六年他被迫離開臺灣大學，一九六七年四月確診為胃癌，同年五月進行切除手術，一九六九年夏天胃癌復發。

在殷先生離世前的兩個月，我每天去台大宿舍探望他。當時殷先生已經胃癌末期，每回我去家中探望他，他半臥於窗邊的臥榻，緩緩訴說，而我每天做些口述筆錄，第二天再將整理的筆錄給殷先生過目。

在殷先生去世之後，我將這段時間記錄的文字印刷出版為《春蠶吐絲：殷海光最後的話語》，書中首次披露了老師的「病中遺言」和「病中語錄」。一九七八年，才由遠景出版社的沈登恩先生和葉麗晴女士正式出版這本書。

此次因為臺灣商務印書館的邀約，我將此書大幅修改、重排後出版，內容除了之前舊版已有的「殷海光的最後話語」外，更另行收錄了與殷先生晚年境遇相關的文字，以及殷先生的朋友和學生追憶他的文章。

特別是殷先生過世後，殷師母整理殷先生的遺物時，找到一份英文遺稿 My View of Chinese Philosophy，後來我請學生將這份稿子譯成中文「我對中國哲學的看法」，在這次的出版中，我也第一次將這份稿子的中文繁體版收錄在內。這本書是殷先生在晚年病困交織歲月中的補遺，以宏觀的視野重新評估中西文化特質，以開闊的心胸展望人類文明走向！

追憶殷海光先生的晚年境遇（代序）

陳鼓應口述
李浴洋、苗玥筆錄

引言

一九五六年，我考進台灣大學中文系，第二年轉入哲學系。大一的時候，我選修了殷海光先生的邏輯課。大二時，我又選了方東美先生的中國哲學史。那時期，當代西方出現兩派對立的思潮——邏輯實證論與存在主義，剛剛同時傳進台灣的大學校園。殷先生倡導的是科學主義的邏輯實證論，我和一些喜歡文學性哲學的同學則比較喜歡存在主義。由於偏好的不同，因而在哲學專業上，我漸漸地跟隨了方先生的方向。研究所期間，方先生是我撰寫尼采碩士論文的指導教授。二十世紀六〇年代以後，兩位老師在我的學術人生與現實人生上都產生了畢生不可磨滅的影響。

在倡導邏輯之外，殷先生還是一位重要的公共知識分子和啟蒙教育家，他的興趣時常跨越出專業範圍。在課堂上，同學們體會到殷先生更多的心思是放在運用邏輯推論分析時政上。他那清晰而低沉的語調，常使人感受到他內心深處不時流露出的關切現實人生的情懷。那時的我們並不知道殷先生一九四八年十一月四日曾經在南京的《中央日報》上發表過社論〈趕快收拾人心〉。——這篇震撼大江南北輿論界的文章問世不久後，殷先生便東渡到了台灣。

一九四七年，時任《中央日報》主筆的殷先生曾獲洪謙教授引介到金陵大學教書，講授哲學概論和邏輯的課程。（這件事情，是一九八五年我到北大任教時訪問外哲所長洪謙先生，他親口講述給我的。洪先生曾經是西南聯大教授，也是維也納學派唯一的中國成員。）一九四九年殷先生赴台，又經熊十力先生向方東美先生推薦到台灣大學哲學系任教。熊先生在一九四九年六月十六日致信殷先生，說「方東美先生來信，云汝事曾有人向校長推薦過，委實無缺，俟將來留意」云云。不過殷先生最終還是得以進入台大哲學系。（這件事是殷先生親口告訴我同班同學趙天儀的，殷先生對他說：「那時我帶著熊先生的信去看方先生，方先生說你只能擔任講師，副教授再說吧。」爲此我特意回校查過，方先生在台大出任系主任的任期爲一九四八年八月至一九五〇年二月，而殷先生的聘任正是方先生接任系主任期間。）

殷先生一九五四年升為副教授，一九五七年升任教授。他在這一時期沉浸在自己的專業研究中。我們每一次去看他，都是他親自開門，小小的客廳裡有很大的書架，上面全都是英文版的專業哲學論著。（殷先生過世後，殷師母清理他的書籍共九百一十本，其中西書占七百五十五本，後全部放在台大圖書館特藏室。）

自一九四八年發表了〈趕快收拾人心〉這篇社論以後，殷先生沉寂了近十年。一九五七年八月一日，沉思多年的他，忽然在《自由中國》第十七期的社論上發表〈反攻大陸問題〉，這篇文章在台灣引起軒然大波，官方與極右派調動報刊、電台等多種媒體製造輿論，連續發動猛烈攻擊。官方認為這篇社論是在倡導「反攻無望論」。在這種形勢下，胡適出來打圓場，提出「反攻大陸」是一塊金字招牌，是不能碰的。這以後，殷先生連續以社論的形式發表了〈政治神經衰弱症〉（一九五八年六月十六日）、〈胡適論「容忍與自由」讀後〉（一九五九年四月一日）、〈「反共」不是黑暗統治的護符〉（一九六〇年五月十六日）。這些文章在我們年輕人中間引起了極大的共鳴，產生了深遠的影響。殷先生的言論激盪人心，他劃時代地、階段性地取代了胡適在台灣的影響力。在那「沉默是金」的年代裡，這樣的言論道出了多少人的心聲。——當然，也構成了殷先生日後被迫離開台大的根本原因。

殷先生的學生中有很多優秀的、有時代感的文法科學生以及港澳僑生，在台灣就讀的港澳學生在當時扮演了從民間溝通兩岸的重要角色，殷先生晚年經常託他們傳遞信息、購買海外書籍。

嚴格來說，我只是殷先生的學生，而非他的弟子。殷先生倡導邏輯、知識論和科學哲學，師兄羅業宏、劉福增，學弟林昭田、何秀煌等，在專業上走殷先生的道路，有不少殷門弟子在大學畢業後陸續前往北美留學，殷先生晚年病困時，他們多不在身邊，殷先生也就更多地和我們這些留下的學生相往來。我們不僅與殷先生共同經歷了他人生中的一些重要時刻，有些需要跑動的事情我們也參與其間。比如，殷先生晚年的一些緊要信件，有些是由我通過友人吳大中悄悄帶出境外的。

在殷先生的海外通信中，最為著名的便是他給林毓生和張灝的信。師兄林毓生、張灝與殷先生的關係十分密切，無論討論學問，還是溝通感情，他們與殷先生之間的交往，已是大家所熟知的了。殷先生晚年，我們的聯繫較多，最初的單獨接觸就是從一起談論存在主義、莊子等話題開始的。

一、師生談論存在主義與《莊子》的讀書心得

大學期間，邏輯和哲學概論是我們的必修課程，我上了殷先生的邏輯課，對比之下，遠比上哲學概論收穫大得多。邏輯雖不是我的興趣所在，但在研究所畢業、各校兼課的那幾年，我也曾前後五六年教授邏輯。從學邏輯到教邏輯，這一過程對我日後思考問題、論述學理，確實產生了極為深遠的影響。

相比於概念性哲學，我個人更鍾情於文學性的哲學。我和殷先生偶爾見面交談時，也並不曾以邏輯作為話題。課堂以外，我們師生私下的接觸開始於我讀研究所時。研究所一年級的時候，哲學會舉辦了一個講座，在存在主義思潮的激盪下，我講了「失落的自我」這個題目。當晚，殷先生也到教室聽了講座。第二天，我又在研究室門口遇見他，他問我是不是研究尼采的，我說是，因為我喜歡尼采那股生命的衝創力。或許正是因為這種「生命的衝創力」，他便在研究室聽我漫談起了對於尼采的一些看法。臨走時，還抄了幾本有關尼采的書單。這是我和殷先生的第一次單獨談話。

我由尼采的生命哲學走進歐美存在主義思潮是很順當的事。正如W・考夫曼的《存在主義》所說：「在存在主義的演進過程中，尼采占著中心的席位；沒有尼采的話，雅斯培、海德格和沙特是不可思議的，並且，卡繆《薛西弗斯的神話》的結論聽來也像是尼采遙遠的回音。」那時的台大校園中，不少同學都對存在主義懷有特殊的興趣，例如包奕明、葉新雲、王尚義、孟祥森，他們和我因為研讀存在主義作品而成為知心朋友。

尼采的「God is dead」成為存在主義的開端，我由此而研讀《聖經》，寫了一篇〈約伯，最早的存在主義者〉送給殷先生，第二天就接到他的限時信，說對問題很感興趣，希望見面談談。

殷先生看書，喜歡在書上加批注，我編了一本《存在主義簡介》送給他，他讀後寫下這樣幾句評語：

這篇作品在哲學上過分簡化而武斷，在社會的經驗知識上浮泛而空茫，但是，對時代的黯淡心靈樣態，有頗為貼切的感觸，清幽且富直觀的透視力。

後面還寫了兩句他自己對存在主義的看法：「存在主義乃玄學及現代文明肥腫的清瀉劑。但它自己並非終結。」這看法頗有見地。

委實說來，我對存在主義的關注，主要源於時代感的引發。沙特的戲劇與卡繆的小說是幫助我理解存在主義的一條進路。可以說，我們更多地是帶著自己的時代問題，接近並了解存在主義這一思潮的。在我的同學中，葉新雲對於存在主義重要典籍的用功較深；而在我的學長中，傅偉勳有關存在主義的研究最令我敬重。有一天，我邀傅偉勳到我景美的住處與殷先生見面，餐敘的兩個多小時中，他一直講著存在主義的議題，殷先生不太講話，只是靜靜地聽，並且不時地點頭。

殷先生病重期間，曾經口述〈病中遺言〉，由我筆錄。前一天的紀錄稿，第二天整理出來後，殷先生都要親自修改。這便是〈蠶絲——病中遺言〉（本版改爲〈病中沉思〉）。在〈大腦與心靈〉一則中，殷先生表達了他對存在主義的看法，他說：

實在說來，存在主義所要對治的問題是心靈而非大腦。現代人大腦過於發達，而心靈一點兒也不充實，而且愈來愈空虛。這是時代的根本問題。……我們可在傳統中找到一些理性的根苗，而將傳統加以批評性地接受。對於傳統，我是個批評者、更新者、再造者。

殷先生晚年最關注的是心靈的問題而不是頭腦的問題。二〇一六年二月初，我在美國西岸柏克萊的寓所中細讀了殷先生與林毓生的往來書信，意外地看到殷先生在信中託師兄購買 Marjorie Grene 的《存在主義導論》（*Introduction of Existentialism*）一書的情況：

我為什麼急於要讀這本書？原來老早有人說我有頗深的存在主義的時代感受，而且我的思想構成中有這一面。我對於這一點並不太自覺。（一九六八年四月二十二日）

為此事，我在二〇一六年三月初特地到台大圖書館特藏室找到了 Grene 的這本書。這本書上有殷先生閱讀時做過的標記，同時也有我的標記。

殷先生過世近五十年了，這次再版前，我又重新地閱讀了殷先生的書信和遺稿，發現他不僅在給林毓生的信中明確提到存在主義，也還在《中國文化的展望》一書中用存在主義者雅斯培（Karl Jaspers）的觀點批評美國的現實，他說：「西方近代文化的成就確實是狀貌堂皇，可是它的『精神內容』卻多少走向空漠的原野。這由存在主義（existentialism）之盛行可以概見。」

在關注存在主義的同時，我進入了莊子的精神園地。在〈殷海光老師的一些往事〉一文中，我記錄了和殷先生談論莊子的情形。他欣賞莊子的心境和生命情調，覺得〈齊物論〉從認識論的問題入手，剖析雖然極為銳利，但最後呈現的混一境界，理論層次並不清楚。

在一九六二年六月十日寫給學生伍民雄和羅業宏的信中，殷先生也曾提到：「二位說在人生觀上喜歡道家，這又是志同道合了。我看不出，一點也看不出，就內容說，我們現在喜好的哲學與道家的人生觀有什麼衝突的地方。我喜歡清靜寂坐，喜歡自然。」他對道家的興趣，淵源有自。一九六九年八月二十四日，在給徐復觀的信上，殷先生引用了《莊子・逍遙遊》中的鯤鵬之喻，說道：「際此是非難辨之世，吾人必須學習隔離的智慧，抖落一切渣滓，淨化心靈；然後跨大鵬之背，極目千里，神馳古今。」

殷先生晚年用英文寫作〈我對中國哲學的看法〉一文，其中，他也特別談到對於莊子的一些看法：

> 他的哲學表現於優美如詩的散文中，到處洋溢著哲人的睿智和詩人的隱喻，充塞了無比高

潔的美感想像，富於超越的趨向，禮讚至高無上的人生理想。你可以在其中尋覓出至真至善至美的人生境界，卻找不出一點對教條的迷信和盲從。在《老子》和《莊子》這些書中，文章的型式雖是如許精簡，然而，毫無疑問地，它充溢著提示性，以及自由而富於創意的思想。

二、「雷案」後殷先生深居簡出的一段歲月

一九六〇年九月四日「雷震案」發生以後，整個台灣輿論界噤若寒蟬。此時，殷先生因為受到「雷震案」的影響，已被極端分子貼上「反傳統」、「西化派」的標籤，成為「孤獨的籠中之鳥」。我們每次去看他，他都在閉門讀書，不問窗外的是是非非。

既然知識分子的角色已經無法充當，殷先生於是便將他的學術方向從邏輯實證論轉向中國近代史的研究，並將他有關文化問題的思考，寫成了《中國文化的展望》這部書。這是他在「雷震案」以後深居簡出的歲月裡做出的「從事文化創建的莊嚴工作」。該書於一九六六年出版，可是，這本書剛一出版就被查禁了。同年，殷先生的命運急轉直下，又被迫離開了台灣大學，其中的過程和原委還要從二十世紀六〇年代初說起。

二十世紀六〇年以後，我們這群戰後成長起來的學子陸續進入研究所階段。每週五，台大

文學院舉辦系列演講，主要介紹當代哲學和文學思潮。我們演講時，殷先生和時任哲學系主任的洪耀勳偶爾也會來聽，但他們從不發表什麼意見。

日後，我們好些人在演講的基礎上，將講稿寫成了文章，投稿到《文星》雜誌。創辦於一九五七年的《文星》雜誌，一九六二年左右因為發表了我們一批知識青年的文章，漸漸地由文藝性的園地，進而成為介紹時代思潮的的刊物。比如，我先後發表過三篇介紹尼采的文章，洪成完與許登源在同一時期也各自發表過一篇介紹卡納普的文章。又如，周春塘的〈現代文學的哲學基礎〉、王尚義的〈現代文學的困境〉等都是介紹當代文哲思潮的文章。包奕明有關「科際整合」的論述，更在當時很有影響，楊國樞和謝劍等人也在刊物上討論過文化問題。

一九六二年二月，李敖在《文星》第五十二期上發表〈給談中西文化的人看看病〉，引起了胡秋原在《中華雜誌》上的回應，導致了所謂的「文化論戰」。同年六月，梁實秋在《文星》第五十六期上發表〈我對討論中西文化問題的建議〉一文，提出對於文化問題的討論「是需要專門知識的」，只有這樣，才「可以不至於發生意氣用事或人身攻擊的毛病」。事實上，《文星》有關文化問題的討論，絕大多數都是正面的論述，與「文化論戰」無關，譬如第五十六期包奕明的〈中國文化問題的關鍵〉和「重刊」的張佛泉的「舊文」〈西化問題之批判〉。這些作品都很能代表《文星》的風格與立場。

不幸的是，李敖與胡秋原之間的「文化論戰」很快便升級成為人身攻擊。同年十月的《文星》第六十期上，李敖又發表了〈胡秋原的真面目〉一文。關於這場「論戰」，王中江在《煉獄——殷海光評傳》中說得很清楚，「這場論戰持續到一九六六年，前後達五年之久，時間真不算短，但它是中國思想文化論戰中，最沒有學術價值的一場非理性的廝殺」。這不僅是時隔多年之後學術界得出的結論，也是那時同在《文星》發表文章，但與「文化論戰」無關的我們的深切感受。

更荒唐的是，殷先生從未參與這場「文化論戰」，卻因胡秋原的誤會被迫捲入其中。因為李敖在「文化論戰」中持西化立場，被誤認為屬殷先生的主張，加之他在文章中使用了殷先生文章中常用的一些邏輯和語言學方面的概念、術語，胡秋原便由此認定殷先生是在幕後的指使者。然而事實並非如此。

一直以來，認為殷先生參與「文化論戰」的人，所能舉出的例證便是他為一批學生修改過文章。我和許登源，還有少數一兩位同學，的確請殷先生幫忙改過文章。但我們發表的文章，都無關「文化論戰」，這一點只要翻看一下《文星》第九卷以後的總目錄，便可以明白。

更為重要的是，殷先生經常教育我們，在研究中不要輕易做出強烈的價值判斷。他寫文章，一輩子不對人做人身攻擊，只談大是大非的問題。對於「文化論戰」，殷先生非但沒有參與，而且也很不贊同雙方採取的「論戰」方式。一九六五年四月，他還寫作了一篇〈讓我們攜手從事文化創建〉一文，提出「我希望對中國文化有責任感的朋友們，大家攜起溫暖的手，共同來從事文化創建的莊嚴工作」。殷先生原本希望此文由《文星》發表，但是由於編輯的反對，沒有刊登出來。

三、殷先生被迫離開台灣大學的前因後果

二〇一六年是殷先生被迫離開他所摯愛的台灣大學五十周年。一九六六年，他遭此厄運。當年十二月，他專門寫有〈我被迫離開台灣大學的經過〉，在文章開頭，殷先生指出「我之被迫離開台灣大學，從一衍發的觀點看，總有二十年的歷史」，「十八年來，從中國大地逃到台灣島上的自由知識分子被摧殘得所餘無幾了。我這樣的十二人之被清除，乃是『事有必至』的。問題只在等待機會」。此文完成十多天後，殷先生在一九六七年一月致胡越（司馬長風）的信中說：「光的困逆之造成，與台灣大學無關；而係若干文字警察所製造的空氣，被校外特殊勢力利用作為煙幕，強迫光脫離台灣大學所致。」這裡的「文字警察」，當然是指從一九六四年開始在《中華雜誌》上對他不斷進行人身攻擊的那些人。而「校外特殊勢力」，則是軍方政戰部門的主腦及軍方特務機構——警備總部（「警總」）。

在〈我被迫離開台灣大學的經過〉中，殷先生曾經提及一處細節：當局設法將他調離台灣大學，安排到教育部任職時，是「警總」給他送交的聘書。關於其中的緣故，殷先生並沒有清楚地說明，我們在很長時間裡也不明白。直到殷先生去世多年以後，我才從人權單位那裡獲得兩份當年的原始文件：《台灣警備總司令部檢察官起訴書（五十八）》（警檢訴字第十五號，一九六四年四月十五日）和《台灣警備總司令部公設辯護人辯護書》（公字第十三號，一九六四年五月二十一日）。這兩份文件表明，殷先生所以離開台灣大學，無疑是「警總」在「白色恐怖」的氣氛中揣摩上意，藉故捏造了一起針對殷先生的政治案件，也就是所謂的「李英濤案」。「警總」借助「李英濤案」誣陷殷先生，使其最終被迫離開台灣大學。

李英濤是一位退伍軍人，後來成為安全單位的眼線。他與殷先生接觸時，流露出對現實的不滿。殷先生為人毫無城府，看到青年人挺身而出、批判現實，他內心自然感到親近。正如他給學生何友暉的信上所說：「我的為人，好惡分明，壁壘森嚴，是非之際毫不含糊。這樣的心靈結構，不難被人摸透。來騙我的人一進門總是談點民主自由的口號……我便為之激動，像古人一樣，立刻『相見大悅』，馬上引為知己，相與推心置腹。」（一九六九年一月一日）直到後來李英濤帶來一份絕筆書，說要暗殺蔣氏父子，要殷先生幫他修改，以便傳世，殷先生才發覺問題不對。因為一旦落筆，將會留下「證據」，殷先生便沒有作出回應。但此後不久，李英濤即被「警總」逮捕，以「暗殺」罪名被起訴。「白色恐怖」時期，類似這樣的案件屢見不鮮。

在《起訴書》與《辯護書》上，殷先生的名字用「×××」代替，被描述成為此案的同犯——只不過事情的原委，不再是李英濤來找殷先生講述他的暗殺計畫，而變成了殷先生指使李英濤前去暗殺。當局就是這樣為殷先生扣上煽動與顛覆的罪名的。

現在看來，這其中的原委，殷先生其實已經在一九六六年十月十五日寫給華盛頓大學屈萊果教授的信上有所提示，他說：「我被迫離開台灣大學不是起因於一個低級官員的偶然行動，而是國民黨經過長時期的考慮，陰謀對待異端的結果」。

隨後，殷先生又寫道：「我實際上被台灣大學免職。事實上，台灣在這個秋天發生了一系列的清算事件。我的一群學生靜靜地被免去在學校裡的職位，而我是第一個開刀。」他指的就是自己被台大正式解聘以後，情報單位隨即開始清算「殷黨」，我和師兄劉福增，還有張尚德三個人，相繼被文化大學、東海大學和政工幹校解聘的事情。

四、春蠶吐絲——病困交織中晚年的反思

生於一九一九年的殷先生，自稱「五四後期人物」。他在給張灝的信中曾說：「這種人，

吸收了五四的許多觀念，五四的血液尚在他的血管裡奔流，他也居然還保持著那一時代傳衍下來的銳氣和浪漫主義的色彩。」在殷先生身上，除去典型的「五四」精神，他所承繼的還有「五四」一代批判中國傳統的思想立場。

說殷先生「反傳統」其實並不確切，較恰當地說應當是「反道學」。在《旅人小記》中，他說：「筆者平生可說無私怨，但平生思想上最大的敵人就是道學。在任何場合之下，筆者不辭與所謂道學戰，筆者亦將不會放棄這一工作。」之所以如此，原因是「筆者個人自了解人事到現代，深刻了解道學的毒害實在太大太深了。人生經驗的增加，使我對這一點堅持不移」。殷先生所謂「人生經驗」，與他的童年記憶密不可分。在晚年給林毓生的信中，他曾經寫到：「在家世方面，當我童少年時，家道已經中落，但是長一輩的人還要擺出一副架子，說話矯揉造作，室屋之內充滿理學式的虛偽。我簡直討厭透了！這成為我日後不分青紅皂白地反傳統文化的心理基礎。」可見，晚年的殷先生一方面重申自己的這一立場，同時也在更為開闊的視野中做出了反思。

在為殷先生筆錄〈病中遺言〉時，我發現，以往殷老師所著重的都是知識問題，如今他所關切的是人生或心靈的問題。他眼看這個世界技術化愈來愈強，而人的道德理想愈來愈敗壞，人的心靈愈來愈萎縮，人的生活愈來愈繁忙，四周的空氣愈來愈污染。這種情境，使他焦慮，逼他反省，令他尋求解答。以此，他擴大了思想的角度和範圍，而伸入人的切身的問題，而透入生命的層域中。漸漸地，他了解到古往今來世界不同的文化領域中，古典的中國文化分子對生活層面，以及心靈的層面都曾作過妥當的安排。

由於殷先生在〈病中遺言〉中的主張與他以往的觀點有所區別，加之我本人在日後主要從事道家哲學的研究工作，所以有的朋友以為其中也包含了我的意見。這種誤解，我想，有必要再度進行說明。

我在整理殷先生的部分遺物時，發現了一份他在生前準備的英文演講稿，題為「My View of Chinese Philosophy」（〈我對中國哲學的看法〉）。這是一篇由三部分組成，已經高度成型，署名 Yin Fu-sheng（即殷福生——陳鼓應注）的文件。於是，我的學生鄒台蒂把它翻譯成中文，發表在一九七一年一月出版的《大學雜誌》第三十七期上。這份稿件是殷師母整理殷先生書冊時交給我的，正是在這篇文章中，殷先生對中國傳統的思想資源給予了肯定性的評價，並且系統論述了自己的觀點。這與他在〈病中遺言〉中的相關主張，恰好彼此呼應。所以，在編輯本版《春蠶吐絲：殷海光最後的話語》時，我把〈我對中國哲學的看法〉中文譯本收錄進去，希望以此更加完整地呈現殷先生晚年的思想圖景。

關於殷先生臨終前的情況，王曉波在《殷海光先生臨終日誌》中已有記載。我想補充的，只是我當時的心情。記得一天接到師母的電話，說殷先生的狀況很不好，隨時都有生命危險，希望我們幫忙把他趕緊送到台大醫院去。深沉的夜色，夾雜著我們緊張與恐慌的心靈。此前雖然殷先生的病情一直不太樂觀，但我們似乎從未意識到他會真的離開我們。而就在那一刻，我的內心真正有了一種被掏空了的感覺。

入院以後，殷先生的生命得以延長了幾天。在他去世前，一次我正從外面進來，就在步入病房的剎那，聽到師母在跟她的嫂嫂說：「這些學生都很好，但在這個環境中，卻沒有被愛的感覺。」師母說完就哭了。站在門口的我，也聞聲落淚了。

二〇一三年，師母也去世了。在離開殷先生的近半個世紀的時光中，我時常想到師母說的這句話。這句話的確重重地落在了我的心上，讓我想起在我最困頓的時候，有我的老師陪伴著我，我們相對無言，同時又一起探索。那時的我，雖然感受不到社會的愛，但殷先生給我的，卻是讓我至今消受不盡的人間的溫暖。

五、殷先生的家國情懷

在台灣這座「無魂之島」上，殷先生備受壓抑，但也始終抗爭著。最為內在地支撐他的力量，是他的深沉而澎湃的家國情懷。

越到晚年，殷先生的家國之思愈加強烈。有時談起往事，他會動情地說：「我殷海光，家住長江頭……」然後哽咽，甚至泣不成聲。一九六七年，他在寫給朱一鳴的信中說：「午夜夢迴，苦思焦慮的，就是故土故人，大地河山，七億同胞的和平、生命、幸福的問題。我雖身陷困逆，對這些問題未嘗一日去懷。」正如林毓生在〈殷海光先生一生奮鬥的永恆意義〉文中所說，「殷先生雖然談起學問來，有時冷峻高邁，實際上，他看到、聽到社會上的不平即熱血沸騰；他熾熱的心，無時無刻不去關心著苦難的中國。」

晚年的殷先生，在聊天中與我談到最多的是他在西南聯大讀書時期的經歷。在我看來，抗戰烽火中的西南聯大，是他一生的精神原點。一九六八年八月十八日，在給盧鴻材的信中，他談到：「在昆明西南聯合大學的歲月裡，和我心靈契合的老師及同學隨時可以碰見。在學校附近文林街一帶的茶店裡，在郊外滇池旁，在山坡松柏林中，常常可以看到我們的蹤跡，常常可以聽到我們談東說西。現在，我回憶起來，總覺得『夢魂不到關山難』！內心說不出的想念。」這是殷先生的肺腑之言。

對於歷史人物的評價，應當放在特定的時代脈絡中進行。我自己所經歷的，尚且是一個內憂外患的世界，殷先生更是如此。大的動盪，造就了他大的視野與胸懷。中國傳統的「士」階層所擁有的以天下為己任的責任感與使命感，在抗戰時期被重新激發出來。殷先生在西南聯大，感染的正是這種傳統的力量。所以，他自始至終都具有濃郁的家國情懷，與一般的自由主義者非常不同。在他的思想中，「民主」與「民族」是彼此交織的。

在給朱一鳴的信中，殷先生提出了他對於未來國際關係格局的看法。他說：「未來的世界，並非如包爾所說的『三個半』權力，而是在美國、蘇俄及中國三個權力重心的動力（dynamism）支配之下。我把這個形勢稱為『新三國』。這三個新三國有兩個結合原理：一個是人種，依照這個原理而行的結合是美蘇以對中；另一個結合原理是ideology（意理）及politico-social system（政治制度和社會制度），依照這一原理而行的結合是中蘇以對美。在上述兩種可能結合中，無論哪一種結合，都可構成世界勢力之一緊張的均衡，而勉強保持不安定的和平。」

對照殷先生身後近半個世紀歷史發展的歷程，可見他當年的遠見，正在日後逐漸實現。他特別指出：「美國能給世界什麼呢？除了金錢與武器以外，什麼也沒有了！美國的金錢已在不夠穩定的狀態：美國的武器獨占局面已成過去：美國會造的大體別人也會造。」

當殷先生提出「新三國」的觀點時，海峽兩岸一邊是「白色恐怖」，一邊是「文革浩劫」。但現實的挫折並未創傷他的信心。知識分子的時代感，在殷先生的文字中躍動；而在與他的日常交往中，更讓我感受到他的人格魅力——那是一種可以引領青年人從洞穴中穿行，看到陽光的力量。

為編輯本版《春蠶吐絲：殷海光最後的話語》，我再次向殷先生的朋友聶華苓大姐徵求版權。她在回信中寫道：「多年不見了。套一句俗話，但卻真實：往事如煙。」

殷先生曾經談到，對他影響最大的老師，一位是金岳霖先生，一位是熊十力先生。他說，金先生給了他分析問題的頭腦，熊先生給了他一種濃烈的生命感。或許我可以說，對我影響最大的老師，一位是方東美先生，一位是殷海光先生。方先生指引我「學術人生」的動力與方向，殷先生指引我「現實人生」的立場與情懷。

一九六六年一月十四日，殷先生寫信給我，說到：「內心有難以言狀的淒涼。幸得二三知己，稍感慰藉。人和人內心深處相通，始覺共同存在。人海蒼茫，但願有心肝的人多多互相溫暖也。」這是我在追憶殷先生時印象最深，也最想說的一句話。

二〇一六年九月於北京大學道家研究中心

序

查良釗

殷海光（福生）教授於一九四九年八月加入台灣大學文學院哲學系任教，達二十年之久。其學不厭、教不倦之精神有足多者。近二年來，其思想日漸成熟，對於我國文化有深切認識。方期藉數年心力，作進一步研究，我知其對文化復興必將有所貢獻。孰意天不假年，竟於本年九月十六日因癌疾棄世！

逝世後，其門人弟子懷念老師，收其殘稿編印成冊以志哀思。問序於余，義不容辭。僅就臨時感想，略述如次。

我認識海光，遠在三十年前，正當我國抗戰之際。海光以一熱血青年遠來昆明，在國立西南聯合大學讀哲學系。我適在聯大任訓導長，對海光雖甚少接觸，惟知其為一好學深思的愛國青年，具有獨立思想，能辨別是非，是金岳霖教授所賞識的學生。

十五年前（一九五四年）我從印度返國，參加台灣大學僑生輔導委員會工作，在校與海光晤遇，見其孜孜不息的好學精神無異往昔，而追求真理，嚮往自由，固執己見，立論有時不免稍偏，但一經辨正清楚，則又從善如流，不存成見。

兩年前患癌症，入醫院治療。視死如歸，無所畏懼。還家休養，醫師以絕症警告，仍處之泰然。方期利用餘年，對於本國文化多所了解，再以發見貢獻國家民族。每次晤敘，輒報告思想的轉變，有今是昨非之感。

海光壯志未伸，不幸短命死矣！

此一愛國學者不克在生前將其學術思想完整地貢獻於社會，實屬可惜！希望本書能使讀者對海光多些認識。是為序。

春蠶吐絲

——殷海光最後的話語

病中沉思

殷海光

論沉默

這時代受商業廣告的影響，任何事都要像上空裝一樣地暴露出來，好待價而沽——這是「市場文化」。這種「市場文化」受美國和日本的影響越來越厲害。

中國文化卻是講含蓄——溥博、崇高、深厚。人的氣象也是如此。

現代的人，在這市場文化中的人，深怕自己不重要，惟恐自己失去價值；深怕自己不為人所知，所以要叫喊。笛卡兒說：「我思故我在。」市場文化中的人卻「我叫故我在」。其實，這種人不知道沉默的偉大，沉默的力量。

火山未爆發前的沉默和沙漠豈是一樣嗎？

智者的沉默和呆子的沉默豈是一樣嗎？

不要以為你沉默就不存在了，不要以為你沉默就渺小了。正因你的沉默而更偉大。讓我們從沉默中培蓄力量，鍛煉自己。

知識和智慧

知識從很好的學院和健全的制度中產生，智慧則無這些憑藉。智慧從悲劇的情況中激發，從痛苦的心靈生出。

知識發展的線索很清楚，比如一篇博士論文，思想線索從哪個學派來的，根據哪一家的學說，文中所持的觀點都有由來而且很清晰。智慧則來也無蹤，去也無影。靈感像火花，這個火花可能把智慧帶出來。

論獨立思想

學院式的訓練與獨立思想很難兩全其美。有學院式的訓練，在程序中常把獨立思想消滅了；有獨立思想的人而缺乏學院式的訓練，他的想法常禁不起考驗。如今要有基本的學院式的訓練做基礎又能激發他的思考，能做到陸象山所說「六經為我注腳」的氣象，才是個思想人材，否則就像木頭底下的蛀蟲，永遠不會顯現創造的光輝，因而也不能把人類的光輝向前推進一寸。

（注：學院式的訓練所供給我們的只是生料，我們要吃這原料後，經過我們心靈的潤育而產生出嶄新的東西才行。許多人不明此理，便掉書袋子為樂。結果背著書袋子以老，背著書袋子表演，背著書袋子裝飾自己。結果，書袋子還是書袋子，他還是他。）

鞭子哲學

這個地球上，有各形各色的鞭子哲學，有各形各色的大眾哲學。這種哲學有種種說法：不能違背時代啦！要服從現實權威啦！要和別人同樂隊齊舞啦！

有些人心懷妬嫉與恐懼，用這鞭子哲學將孤獨者從靜僻中趕出來，和群眾一齊吶喊，一樣地做綿羊，做火牛，一樣地陪同他們做大眾哲學大教主的工具，來化作時代浪費的灰燼啊！

邏輯經驗論的基本缺點

邏輯經驗論有一個設定，以為一切知識都可「整合」（unity），邏輯經驗論的這種發展，結果造成了「知識的極權主義」。萊興巴赫（Reichenbach）建構「或然率」的方法便是一個例子。又如「組論」（set theory）想統一數學，至少企圖統一算術。但從萊布尼茲（Leibniz）至槐英（Quine）以來，他們為了要證明一加一等於二，要演證好幾頁。這種方法是否增加了「mathematical intuition」？是否會使得處理數學更方便些？

邏輯經驗論最使人不滿的是：以為解決了大腦的問題，就可以解決人生的問題。其實人的問題並不止於此。人最重要的問題是心靈的問題。

大腦的問題是「觸及」（touch）。由於心靈的問題不能確定，邏輯經驗論便認為心靈的問題是「假擬的問題」（pseudo problem）。也許從邏輯經驗論的論點來看，心靈的問題是「假擬的問題」，但它卻是「真實的問題」（genuine problem）。

人是有悲歡離合的。

（本節爲張尚德所整理）

大腦與心靈

大腦與心靈事實上是無法截然劃分的。現在只是為了方便起見，作這種習慣性的劃分。

我深深地體悟到大腦的要求和心靈的要求不一樣。大腦的要求是精確、明晰、嚴格；要求將對客觀經驗世界的認知系統化。從紀元前四世紀亞里斯多德開始，這種最高的標準表現在邏輯、物理學和數學上。現代的成就表現在登陸月球上。大腦的要求是一致的，所以它的成就可以標準化，最能顯示這種徵象的，便是科學與技術。

然而心靈的要求根本是另外一回事；心靈是價值的主司，是感情的泉源，是信仰的動力，是人類融為一體的基礎。人類要有前途，必須大腦與心靈之間有一種制衡，而制衡於大腦與心靈之間的主體便是理性。

實在說來，存在主義所要對治的問題是心靈而非大腦。現代人大腦過於發達，而心靈一點兒也不充實，而且愈來愈空虛。這是時代的根本問題。有些人用神話熱狂、意識形態來醫治心靈，結果造成「非理性的人」（Irrational Man），要醫治非理性的人，就必須要求理性。這是今天人類必須努力的一個方向。我們可在傳統中找到一些理性的根苗，而將傳統加以批評性地接受。對於傳統，我是個批評者，更新者，再造者。

一九六九年八月九日

古典中國社會的基本問題

美國大社會學家柏遜思（Parsons）把世界幾種主要的文明作了一個比較之後，發現中國社會有種基本的問題。我們現在就要進一步探究中國社會的基本問題是什麼，以及是怎樣形成這些基本問題的。

首先，我們應承認中國社會有表面的不穩定。一些講歷史文化的人，因為有自卑感在作祟而不敢承認有表面的不穩定，深怕趕不上近代的西方。這是不夠知識的真誠與勇氣。比如說中國歷代都有刀兵水旱之災、土匪、流寇，以及改朝換代時殺人流血的事件，但是這些卻像一個大湖裡面的漣漪而已。等到風平浪靜以後，湖面又恢復到它的寧靜。所以中國人民，尤其是廣大的農民，對於這些變亂，養成一種逆來順受的態度，以及漠不關心的態度。老莊的觀念可能有助於養成這種態度。這種態度，從近代西洋人的眼光看來，可能是由於被動的消極的和沒有辦法解決問題的心理形成的。但是就長遠的過程來觀察，卻足以維護一個民族悠久的生命和存在的價值。這是否能夠說中國人在無可奈何之中過著這樣無根的生活？大謬不然。因為我們在這樣表面不穩定底下有個基本的穩定，這個基本的穩定也是長期塑造出來的。從周秦開始，經歷兩漢，而六朝，而唐宋，而明清，我們的祖先不斷地塑造，不斷地添補修飾這個基礎，這個基礎形成中國社會基本的穩定——是無論怎樣改朝換代、水旱刀兵之災都沒有動搖過的。這個基本的穩定是什麼呢？

第一，農村經濟及其生活方式。

第二，基本的社會結構。比如說君臣、父子、夫婦、兄弟、朋友這些社會結構。

第三，儒家、道家與佛教三者經過衝突後的巧妙的結合。儒家所提供的是中國人生活的社會層面及政治層面；道家所提供的是中國人在現實中而不泥於現實的超越境界；佛教所提供的是宗教情緒的滿足及生死問題的安排。

這三大要素，構成中國社會的基本的穩定。歷代無論誰來當皇帝都沒有破壞這些基本的要素，且在稍微安定後總要把這些捧出來作為安定的基石。因此就中國的文明來說，表面的不安定，如燒殺、篡奪，這些只能算傷皮不傷骨的表面的騷動。所以中國古典文明的生命能維持這麼悠久。

（補記：維持中國社會的基本穩定，道統發揮了很大的作用。所謂「道統」就是指一貫的綿延不絕的治道，而它的核心就是體制。中國的地理環境是西面有高山峻嶺的阻隔，北面有戈壁大沙漠的橫隔，東南面有大海洋的封鎖，這地理的孤立性有助於道統意識一元性的形成。中國各地的風俗習慣差異性極大，然而倫理道德的思想系統卻大抵是統一的，這統一的倫理道德觀念透過同一文字的傳播，更加強了中國社會的穩定性。）

既不進又不退：一個偉大的存在的價值

由三種基本的人生態度和價值取向想起一個偉大的存在價值（existential value）：

（一）在生命的過程中，不能或不願面對現實人生的困難，遂向著死後趨進。如印度人成千成萬地跳向恆河裡毀滅自己，或另創一個精神境界（如涅槃境界）。

（二）文藝復興後的西方人的基本人生態度至達爾文的進化論影響後的進步主義。這受經濟起飛和技術的助長，乃有現代人的狂熱生活。他們所成就的乃是物欲的文明，富有刺激性，給人直接的便利；表面極其繁華，但內層卻是淒涼、徬徨、失落的。暖氣室裡住的盡是一個個冷冰冰的人。

（三）中國的人生態度和基本的價值取向：既不進又不退。中國人好稱古遠、效法祖宗，現在看來是很令人感到可笑的事。因為我們現在的時代精神是進步主義，以至於中國被迫放棄原有的價值取向，弄得大家積非成是。好！讓我們看看所謂的進步主義：「進步」本身其實只是一個程序而已；本身並不是價值，只是一個演變的程序而已！好！所謂「進步」，進步到哪裡？伊於胡底！沒有底止的進步，使人仍然在一個過程中滾動，像潮水一般；永遠沒有站穩似的，像狂奔的汽車一般。試問這種進步主義有什麼值得誇耀的地方？好！現在登陸月球是進步了，將來探索火星是進步了，本著這種進步主義的精神去推動，現在這些科學技術家究竟可以產生什麼樣的結果？這無非是製造緊張，製造繁忙，製造污染的空氣，或者把人類的占有欲帶到遙遠的星空而已。

這樣回想中國傳統中那種既不進又不退的淑世主義，方顯彰其人生價值。中國人的崇古法祖先，真正的意義只是把我們的生活價值、行為模式定著在一個標準上，也可以說是一種價值理想的投射。所謂法古，並不是要我們回到六千萬年前像小耗子一般的人類去，也不是要我們恢復到舊石器那樣古老的境地裡去，而是如雅思培（Jaspers）所說的「極盛的古典時期」。那是在三千年前左右，為人類文明成熟時期。好了！問題就在這裡：也許有人覺得二十世紀六〇年代比三千年前好，試問好在哪里？就人生價值，道德理想，認同的滿足，生活的溫暖，心靈的安寧，人與人之間的守望相助、友愛合作來說，好在哪裡？

也許有人覺得這個時代好，這就是進步主義在後面作怪。在進步主義的觀點下，所謂「好」無非是指技術的精進，技術精進除了帶給人物欲的滿足外，使人有更多的幸福嗎？使人有更高的精神嗎？西方文明走向死胡同了（此處吃緊）。這樣看來，進步主義雖然是時代精神，但實在沒有意義。而中國的古典文明，始終是圍繞著基本的價值主軸而存在。當然我們並不否認中國歷來改朝換代血流漂杵之事，但這個價值主軸在一九四九年以前，始終是存在著的。國泰民安時，內部常緩慢地滋生出一種力量來滋潤這個主軸——佛、老、孔三個層面所構成的主軸（此處吃緊）：孔儒主要在於社會層面的安排，佛教主要在於宗教情緒的安排，老莊主要在於精神生活與心靈境界的安排。中國人生活在這種氣氛下，既不如此焦急地向前盲目地追逐，以至於把心靈都撕碎、掏空，又不是像印度人那樣的厭世，否定現實生活；而是站在現實、肯定現實，來體味現實的美好。請問這樣既不進又不退的人生態度豈非比西洋和印度的更適合人生、更適合存在嗎？

一九六九年八月十七日

（注：我之所以欣賞古典中國的人生態度和基本價值取向，乃是因為它們比較妥當地處理了人生與心靈的種種問題。當然，我並沒有忘記中國文化在認知活動中所產生的弊病：理知作用經常碰到尊長、權威、顏面、地位、立場、情緒反應等因素就呈萎縮狀態。我這裡所談的是另一回事，乃就生命的層域而言的。）

徐復觀

一

他凶咆起來像獅虎，馴服起來像綿羊；愛熱鬧起來像馬戲班的主人，孤獨起來像野鶴閒雲；講起理學來是個道學夫子，鬥爭起來是個不折不扣的步兵團長；仁慈起來像春天的風，冷酷起來像秋天的霜。然而他充滿了生命的奮進、鬥氣，一分鐘也不停，一秒鐘也不止。

他和唐君毅比較起來，唐先生所樹立的是風範，所成就的是道德理想，不是知識。因為唐先生舊包袱太多了；他從我族中心主義出發，雙眼為道德的考慮所迷，所以他看不清楚中國的歷史社會文化的真相，而且才力也不夠。而徐先生卻能抖落一切舊包袱，且能擒拿現實，透視經驗世界，所以他可能在知識上有所成就。

徐復觀也有我族中心主義的色彩，但是他在建構知識時可不受此拘束，可消解這方面的作障。

二

如果人生比作舞台的話，有人自己搭台自己導演（第一流的人物往往如此）；有人借台唱戲，唱完便罷；有人把別人的台子占為己有來演唱；有人是主角，有人是配角；有人是小丑，有人是跑龍套。像徐復觀，具有單人獨馬打天下的霸才，他自己搭台、自己導演、自己當主角，可是有時他又讓一些牛鬼蛇神擠到台上和他合演，無奈這些人太不夠格了，根本無法配搭得上，所以反而把這主角的聲光掩蓋住。常常他自己一本戲還沒有唱完，就向別的戲台上拳打腳踢，這樣使他步驟混亂，精力分散，樹敵太多；有時意氣鼓動了，還跑到別人台上去當配角。

附：給徐復觀先生的信

佛觀先生：

八月十五日清晨，先生所提出在專制政體下純理思想難以伸展的問題，頗激起我對於這個問題的思索，甚為感謝。

八月十二日，先生偕唐君毅先生來舍探病，引起我對當代智識之士的若干基本問題的思考。

唐先生所樹立的為儒門風範，所成就的為道德理想，而非知識。以他的學術資本，思想訓練，和個人才力，顯然不足以完成他所要達到的目標和規模。古往今來，道德的奇理斯瑪 charisma 人物，往往如此。

相識二十多年，先生為光提到時常所厭惡的人物，但亦為光心靈深處所激賞的人物之一。這種矛盾，正是不同的生命火花激盪而成。一個時代創造動力的泉源，也許辯證地孕育在這一歧異中吧！

現在，復興中國文化的叫聲似乎頗大，然而一究其實，不過空泡而已。在我看來，對於中國的歷史、社會、文化的認知，尚是一大片未曾開墾的處女地。這有待真才實學之士的奮發努力。「山窮水盡疑無路，柳暗花明又一村」，就現實情況看來，今日若干知識分子的處境，似乎天小地狹；但是就開闢觀念和知識的新天地而言，則無限無窮。

今日有心人最重要的事，在於樹立一超越現實的自我，對外界的成敗毀譽，頗可不必計較。際此是非難辨之世，吾人必須學習隔離的智慧，抖落一切渣滓，淨化心靈；然後跨大鵬之背，極目千里，神馳古今；但又同時能如現代的探礦師，對於中國歷史文化的發展形態及去脈來龍，能有真實的了解。先生如能將認知模式稍加調整，也許在這方面可能作進一層次的努力。

光現與癌魔奮鬥，在不久的將來，果能康復，希與先生傾談上下古今，並請我吃腳魚與鰻魚。一笑！

謹祝

康樂

殷海光　一九六九年八月二十四日

唐君毅

唐君毅具有一種奇理斯瑪人物（charisma）的性格。有強烈的復興文化的使命感。其為人也，沉篤、厚重、真實。我一看見他就感到他是人文教主一樣。

他徹頭徹尾是個一元論者：道德的一元論和知識的一元論。（我在道德上是一元多面的，知識上是多元論的。）他論事如用一個無邊無岸的氈子，任何東西都用這個氈子去蓋。所以他是搞錯了行的道德詩人。

在知識上，他不可能有所建樹。他以他的人格、氣象來攝引這個時代，古往今來，這種人的成就，從來就不是知識，而是道德理想。從他身上去找知識一定會失望，但接近他可得到一些滿足；我在知識上、在哲學上和他是截然相反的，但我從他那裡，仍可得到滿足——篤厚、真誠、理想主義的色彩，這正是此時代最缺乏的。

一九六九年八月十二日上午八時半唐先生及夫人由徐復觀先生陪同看我

張尚德

你我都是在這時代極困難的過程中奮鬥出來的人。但因氣質和生活史的不同，所以你我兩人有許多不同的發展。

你整個的發展是個不平衡的發展。你由一個小兵而至於大學副教授，從社會的角度來看，是了不起的，因為你有生命的衝力，能從卑微的情況中，衝上較高的層面；但另一方面看，你氣盛於理，你有很強的 intension，然而你有很厚的一面——鄉村社會的素樸。所以雖然你的表現令我不滿，而我仍然惦記你。

你有一股常想向外突破的力量，可是你的本錢不夠，再加上現實的困擾，所以你不能一貫地做一件事情，故而表現得東碰西撞，結果精力分散，失去了中心的統一。

凡古往今來，任何成大業者，都只有一個主調。比如愛因斯坦，他只有一個主調——他所知的就是物理的世界。

你談邏輯，只能在教室裡談，出了門，一切的表現都是非邏輯的，你或許可以走生命哲學的路子。但是最重要的是：走一條路，貫徹地走一條路。切記！切記！

一九六九年八月十日下午

陳鼓應——Belied Personality（被誤解的人）

他——像一個冷漠的，灰色的小丘，在小丘底下卻蘊藏著巨熱的岩漿。岩漿在地下流奔，有時不可阻遏地要破殼而出。

衝霄而起，

但是被地面嚴霜凍結了。

這小丘又歸於寂靜。

病中語錄

殷海光

一

我是一個頭腦複雜而心思單純的人。

二

我是最少被人了解的。許多人認為我苛求、驕傲。但我對自己卻更嚴格，更苛求。

我最大的特質就是能否定自己。我覺得我以前所寫的東西，都沒有什麼內容，僅僅是我的心路歷程中的一些紀錄。

生命是不斷奮進的過程，一個知識分子更應該如此。

三

我以前所寫的都算不了什麼——我這是從嚴格的學術標準來作衡量的。雖然這樣，但我的思想發展的軌跡仍是有顯明的條理的：一方面，我跟反理性主義、蒙昧主義、褊狹思想、獨斷教條作毫無保留的奮戰；另一方面，我肯定了理性、自由、民主、仁愛的積極價值，我堅信這是人類生存的永久價值。

四

我是「五四」後期的人物（Post-May-Forthian），正像許多後期的人物一樣，沒有機會享受到「五四」時代人物的聲華，但卻遭受著寂寞、淒涼和橫逆。

我恰好成長在中國的大動亂時代，在這個大動亂的時代，中國的文化傳統被連根地搖撼著，而外來的觀念與思想，又像狂風暴雨一般地沖激而來。這個時代的知識分子，感受到種種思想學術的影響，有社會主義，有自由主義，有民主政治，也有傳統思想的背逆反應。每一種大的思想氣流都形成各國不同的漩渦，使得置身其中的知識分子目眩神搖，無所適從。在這樣的顛簸之中，每一個追求思想出路的人，陷身於希望與失望、吶喊與徬徨、悲觀與樂觀、嘗試與獨斷之中。我個人正是在這樣一個大浪潮中間試著摸索自己道路前進的人。

三十年來，我有時感到我有無數的同伴，但有時卻又孤苦地彳亍獨行；我有時覺得我把握著了什麼，可是不久又覺得一切都成了曇花泡影。然而無論怎樣，有這麼多不同的刺激，吹襲而來，有這麼多的問題，逼著我反應並求解答，使我不能不思索，並且焦慮地思索。

一九六九年八月十八日

五

中國的傳統和西方的自由主義要如何溝通？這個問題很值得我們深思。如果我的病能好，我要對這問題下一點功夫去研究。

許多人拿近代西方的自由思想去衡量古代的中國而後施以抨擊（胡適和我以前就犯了這種錯誤），不想想看：在思想上，老子和莊子的世界是多麼的自由自在？特別是莊子，心靈何等的開放。（要建立開放的社會，首先必須有開放的心靈。）再從社會層面看，中國在強大的帝制下，人民卻有很大的社會自由。拿猶太教和回教來說，比孔教要專斷多了。歷史的社會應與歷史的社會比較，拿歷史的社會與近代西方的社會比較，是一個根本的錯誤。

六

現代人講傳統，不知傳統為何，根本是傳統的棄兒。

傳統並不等於保守。傳統乃是代代相傳文明的結晶，知識的累積，行為的規範。傳統是人類公共的財產，為每個文化分子事實上所共有的。

七

一個人不可能既講革命又講傳統。如果這樣，那是一隻腳向左，一隻腳向右。

我所說的革命，乃是一種破壞性的，不是指科學性的革命（科學性的革命是革新或革進）。中國人談革命帶著很濃的打倒主義。

八

我根本不相信某一類狂熱主義的原因之一是：我不以為世界上有這樣完美的一種政治制度，其完美性居然要用人的生命、要塗人的肝腦才能實現。

九

行動人物往往口頭嚷著要改造世界，心裡卻只想占有世界。

中國之所以搞得如此混亂，無一成就，這是由於知識分子和政治人都缺乏知識的緣故。我們不能迷信革命主義，我們應有 constructionism。

十

滿清承襲了很多優良的傳統。清朝的士大夫多能固執於道德理想，所以為人甚有規範、風格。我認為成為社會明燈的，必須是知識分子。一個社會是否健全，全看是否尊重知識。

十一

中國的學問，或有中國成分的學問，除知識傳授以外，還要耳提面命地生活在一起，這樣才有一種性靈的感應，才能進入心靈的深處。

英國牛津大學實行導師制，師生長期在一起，才能得到真學問，像今日台灣的教學法，上課猶如流水席一般，來也匆匆，去也匆匆，真是鴨子背上潑一瓢水。

有些人文學科是和人的性分不可分的。愈有特色的人，愈不容易被了解。必須生活在一起，才知道他的究竟。

十二

台灣的知識界，學派成見極深，但都沒有學問的成就。讀書人的心思，常常拘鎖在芝麻綠豆的事情上。精力和時間常常浪費在無謂的爭吵上。

「大辯不言」，莊子這話一點兒也不錯。當你受到無理性的攻擊時，大可不必理睬；你不反應的時候，更使對方自卑、挫折、受創傷。

在文化市場上叫囂的那些人，都是時代的蜉蝣。我們要透過時代的霧，看未來。這樣，更能顯現知識的光芒。我們需要隔離的智慧，才能顯現自己的獨特性。

十三

隔離的第一個方式是 withdraw，這不是萎縮，乃是保存能力，培養工作的力量。

十四

今日台灣的知識分子，大事糊塗，小事精明。

十五

今日的文化界，到處可看到虛假的面貌。甲乙碰面：

甲說：「你的文章寫得真好。」

乙說：「哪裡！哪裡！」

一方恭維，另一方自衛。

十六

有些人名位越來越高，車子越坐越大，而心靈越來越萎縮。

十七

許多人藉崇拜別人來壯大自己。

十八

許多人用空虛來填塞空虛。結果還是空虛。

十九

不要怕承認自己的無知。我的老師金岳霖談起學問來，常說：這個我不懂，那個我不清楚。

二十

有一次，在清華大學教授組織的一個邏輯研究會上，有人提起K. Godel，金岳霖說要買一本他的書看看，他的學生沈有鼎對金先生說：「老實說，你看不懂的。」金先生聽了，先哦了兩聲，然後坦然地說：「那就算了。」師生對話，神色自若；學生不感到是冒犯老師，老師也不以為學生在頂撞他，面對學問的真誠如此！

二十一

一個文化要能存續與發展，不外乎：一、主動地或被動地吸收或適應外來文化。二、保存原有的文化。保存原有文化的程序可能是 revitalization movement。三、創造活動。

二十二

許多講中國文化的人，極力在中國文化中附會些科學。這實際是把科學的分量估計得過重，以為中國文化中沒有科學便沒有價值。其實中國文化即使沒有科學，並無損於它的價值。不過，對中國目前情形來說，用嚴格的方法來界定知識，檢驗知識，當然是重要的。

二十三

中國文化，不能憑藉四個人的觀念去把握：第一是不能憑藉達爾文的進化觀念，這個觀念把許多人導入歧途。第二是不能運用康德的超驗觀念。第三是不能通過黑格爾的體系哲學。第四不能通過馬克思的思想。中國文化不是進化而是演化；是在患難中的累積，累積得這樣深厚。我現在才發現我對中國文化的熱愛，希望能再活十五年，為中國文化盡力。

二十四

徐復觀說：「無論如何，你所表現的一種反抗精神，在中國長期專制的歷史中是非常寶貴的。僅僅這一點，就可使你不朽。」

殷海光說：「我不是反抗，而是超越。我希望徐先生也要走超越的路。」

二十五

陳鼓應說：「您給徐復觀先生的信，昨天我和張紹文送去了。在路上我問紹文是否覺得徐先生和殷老師有什麼不同的地方，紹文說：『徐先生的泥土氣息很濃，第一眼看見他，就感到他像個從堅硬的地殼裡冒出來的地鼠，對於這世界的一切，充滿了新鮮、好奇的感覺，充滿了一股向外躍動的生命衝力。而殷先生則像兀立在沒有一片葉子的枯樹上的老鷹，凌厲，高邁，孤寂，凝神。俯視物界，一目了然。鼓翼而飛，則一舉沖天，直入雲霄。』您覺得紹文的批評有沒有道理？」

殷海光笑笑說：「有趣！有趣！」

二十六

就思想的模式而論，我是長期沉浸在西方式的分別智中，我比較細密，講推論，重組織。徐復觀等人比較東方式，講直覺、體悟、透視、統攝。這兩種思想模式應互相補償，而不應互相克制排斥。

思想的轉折真不容易，如長江三峽，曲折彎轉，才能一瀉莫遏，直奔東海。

二十七

徐復觀有時出語石破天驚，擲地有聲。他的衝力大極了，常常向外衝時，變成了魔王，回到書堆時，又成為聖人。

二十八

徐復觀的話一點兒也不錯，時下有許多時髦的學者，沒有讀過一本經典著作，只拿美國淺薄的論調和名詞來唬在台的人。學問的功夫，必須深厚。

二十九

韋政通智力頗高，然而仍須向深沉處下功夫。他具有相當的工作力和潛在力，將來或可向中國哲學的園地上開闢一條路來。

三十

陳鼓應問：「老師這二十年來教了不少特出的學生，您是否可以找出幾位將來在學術上有工作能力或有所成就的同學，對他們作一些分析和批評？他們一定很希望聽到老師的評語。」

殷海光說：「可以的。像張灝、林毓生、林悅恆、羅業宏、何秀煌、葉新雲、洪成完、林昭田、林正弘、孟祥森等很多很多，還有些一時想不起來。你記下來，讓我對每個人構思一下，改天再作批評。」

陳鼓應問：「您覺得何秀煌怎麼樣？」

殷海光說：「他是個優秀的學院式的人物，也是很好的教育家。」

陳鼓應問：「葉新雲呢？」

殷海光說：「他有相當深厚的基礎，有思考力，智力高，反應敏銳。」

陳鼓應問：「孟祥森呢？」

殷海光說：「對於人性有深徹的透視力，看他的《幻日手記》，對於人性負面的意義抓得這麼緊，挖得這麼深，真是一本極好的存在主義作品。」

三十一

一般中國人搞西洋哲學，有三種：

（一）蜻蜓點水。

（二）霧裡看花。

（三）水牛吃草。

三十二

近百年來，對於中國文化的工作，始終停留在所謂漢學和宋學兩派之爭的小圈圈裡，轉來轉去：一是沒有思想生命的考據派，一是玄玄虛虛的義理派——雲霧哲學是也。

三十三

一般人談到中國文化就動輒說：中國文化是靜態的、中庸的、和平的、倫理的……一個個格子式的觀念往裡套，自己很安然地躲進思想的囚牢裡。

三十四

我們的思想範圍要像探照燈一樣，耀射到每一角落裡，不拘限於一個角落裡。

三十五

我這三十年來，像爬牆的蝸牛似的，付出體液，在思想的生命上蠕進。

名聲像一個影子，這個影子常比本人大。

三十六

許多人社會地位只剩下一點空影，但是在潛意識裡卻還殘存著優越的幻覺。

三十七

沒有自己的思想的人，只能算是一團肉，一團肉便做成什麼都可以。

三十八

知識分子要有人類的關切心為其推動力，如果沒有人類的關切心，就如同沒有情感的機械。

三十九

凡是以博士、教授一類的頭銜沾沾自喜者，都是不足掛齒的人。

四十

許多人活著，連自己是什麼都不知道，連自己搞什麼都不知道。

四十一

偉大的人物，只有一個主詞：如何重建自己，開拓學術思想的園地，其他的一切只是陪襯。偉大的人物是不談被迫害的。

四十二

真正需要隔離的智慧。要和別人隔離，必須先學習自己和別人隔離。

四十三

思想家是觀念的探險者，也是新境界的開拓者。他的心靈永遠對真理開放，對別人開放，他不拒絕傾聽和他自己的思想不同的思想。

四十四

在學問的面前，我像沙灘上玩貝殼的小孩子，永遠是那麼新奇，不停止，不滿足。

四十五

我的學問算不了什麼，但我有超時代環境的頭腦。三十年寶貴的經驗，沒有能夠寫下來，真可惜。這也是我不想死的原因。

四十六

從前有許多老和尚，在深山大澤的生活中安然地結束自己的生命，對生死看得很淡然，那是一種自我放棄。我不想死，乃是對生命有所留戀，乃是一種自我的肯定——這個自我的肯定，不是局限於狹小的個己，而是擴張到自我以外對人類天然的關切，是一種責任感，是對生命價值的積極肯定。

四十七

了解存在主義，必須要有這些基礎：

（一）要對尼采以來的生命哲學有了解。

（二）要對休姆、康德以後的哲學發展的線索有了解。

（三）要對傳統宗教有認識。
（四）要對現代文明的病態有認識。
（五）要對時代環境的問題有真切的感受。
（六）要對死亡的問題有體悟。

四十八

「鼓應，我對存在主義的認識不會太離譜吧！十年前你好幾次說我是中國的存在主義者，當時我聽了頗不愉快，現在才發現原來是同道人。等我病好了以後，我要和你跟新雲一塊來研究。還有，要好好地讀莊子，莊子對人性的了悟這麼深切，比現在的存在主義要高明多了。」

四十九

老莊的思想要從根地消解一切刑名制度，狂熱營求以及殺伐活動。他們要撇去與生命活動不相干的繁縟，而致虛靜，收斂生命的能量，提升越俗的自我，他們對於精神生活的安排，絕不是孔制所能提供的。

五十

孔制的價值系統和依它而制定的倫理規範，對於社會文化既有穩定作用又有拘束作用。事實上，任何價值系統和依它而制定的倫理規範，不可能只有維繫社會文化的穩定作用而沒有拘束作用；也不可能只有拘束作用而沒有穩定作用。

五十一

我現在悟到中國文化自孔子以來不尚機變之巧的偉大價值。

五十二

我對於中國文化的體悟和重新的認識所獲致的結論，在我整個思想過程的發展上來看，確是得來不易的，必須從我整個奮鬥的心路歷程中來了解才有意義。

絕對不可以把我的看法和錢穆這一般人混在一起，他們的腦子被既定的制式思想所凝著，雙眼被俗世的考慮所迷惑。他們思考問題純粹是從自己的感情出發，在沒有看清楚問題之前就搶先下價值判斷；他們富於根源感而缺乏展望力和分析訓練；他們全然是一群在朦朧的斜陽古道上漫步的人。他們的結論是輕而易舉地從堂廟裡或名人言論裡搬出來的，他們的古典是不敢（也從未曾）和佛洛伊德、達爾文碰頭的。因此，他們談中國文化只是在做文章，其結果不是空論就是玄扯。

嚴格說來，錢穆這般人乃是保守主義者，他們基本的心態是退縮的、鎖閉的、僵固的、排他的。他們不敢正視現實，不敢否定自己的錯誤。他們談問題時，經常和不相干的心理因素牽扯在一起。

我和他們是判然有別的，兩者之間的異點不可混淆。

五十三

我是傳統的批評者、更新者、再造者。

五十四

張尚德問：「在過去若干年中，您對西洋文化的熱愛遠超過中國文化，為什麼現在反而對中國文化有極大的好感？」

殷海光說：「人的思想是有階段的，而且是會轉變的。我之所以轉而喜歡中國文化，有四個原因：（一）從思考反省中所得的了解：中國文化對於生命層域的透視，對於人生活動的安排，我漸漸地有較深的認識。（二）從生活的經驗中體會出來的：回味以前的鄉居生活，這種生活給人帶來清新、寧靜、幽美、安然、自在——這才是人的生活，才是人所應過的生活，這種生活是產生中國文化的根源。（三）我受了 Eisenstadt、Parsons 等人的影響。（四）最近受了張灝和徐復觀先生的刺激，引起我對中國文化的一番思考。像 Eisenstadt 一些人，感到西洋文化已走向窮途末路，故而轉向東方古典文化中尋求出路。但這是一項極艱苦的工作，我們必須將東西文化作一個 comparative study，然後才能確定文化 evolutional 意義（這裡所說的 evolutional 並不是達爾文的意義）。

我們學哲學的，處在今日文化危機的時代，也正是我們為文化做莫大貢獻的時代。

五十五

張尚德問：「老師，你將來要研究宗教嗎？」

殷海光說：「是的。」

張尚德問：「要做神的信仰者嗎？」

殷海光說：「是的。不過不是傳統的和一般意義的。我的神不是有一個具體對象的，而是愛、同情以及與自然的和諧，就像愛因斯坦所信仰的那樣。」

五十六

我活不成了！平常看到人家把棺材一副副地抬出來，我們看了卻很淡然，為什麼今天面臨自己，卻有異樣的感覺呢？其實，對於死這件事，我老早就想透了，看淡了，我的潛意識裡都沒有一點兒恐懼感。只是我死得不甘心，我的思想剛剛成熟，就在跑道的起跑點上倒下來。對於青年，我的責任未了；對於苦難的中國，我沒有交代！

殷海光先生遺囑

一九六七年四月二十二日夜八時十五分，海光師在台北宏恩醫院口述，平景筆記。

我如今也快活到半個世紀了，對於個人的生死並不足惜，否則這五年以來也不會是這個樣子了。我所憾有四件事：第一，我覺得很對不起我的太太。她是很好的家庭出身的，以她的身世和相貌，大可不必和我這樣的一個人在一起。我歷經窮困，有時連買菜的錢都沒有，我脾氣又大，十幾年來經歷這麼多艱險，受過那麼多人的攻擊構陷，她受盡委屈，但從無半句怨言。第二，對不起孩子，不能給她更好的教育和適當的環境。第三，在我的思想快要成熟時，我怕沒法寫下來，對苦難的中國人民有所貢獻。第四，對青年一輩，可能沒法有一個最後的交代，《思想與方法》、《中國文化的展望》只是一個開始，何況我又一直在改變和修正我自己的思想。我若死在台灣，希望在東部立個大石碑，刻著「自由思想者殷海光之墓」，身體化灰，撒在太平洋裡；墓碑要面對太平洋。

殷海光遺稿

我對中國哲學的看法[1]

殷海光

從廣大的意義上來瞻望哲學的發展，我心中有一個遠景——我憧憬著未來將會有一種世界性的哲學在人類中出現，這種世界性的哲學是把西方哲學、印度哲學和中國哲學往古各自的傳統和現今努力的成果作了高度諧調的綜合。如果這個理想能夠實現，那麼，世界人類彼此之間的關係將因此而趨於正常化了！

現在我暫且順帶藉著和西方哲學的比較，來簡短地陳述一下我對中國哲學的看法。

一、中國哲學的特質

為了說明清楚起見，首先必須提到對中國哲學的一個理所當然的觀點，即我們必須承認，中國哲學和印度哲學一樣，並不是一門在程度上與西方哲學不相同的學問，它根本上便是另一種的哲學。與其說中國哲學是純然智性上的產物，不如說它是對人類的生活、歷史以及中國哲學家作為一個文明人而生活於其中的社會的一種反省。

融合與展現 在中國哲學中，進行哲學思考活動幾乎和過一種哲學的生活具有同樣的意義。中國哲學家很少有完全不顧現實社會和現實人生的，這和當代西方專技哲學家（如Hempel、Scriven、Putnam等）有很大的不同。中國的哲學家不僅僅把他的哲學作為信念而已，他實在是投身其中，將它作為個人和社會的一種生活方式。一個中國本土式的哲學家，不把哲學看做是一些僅僅為了純心智上的領悟或樂趣而構想的觀念的組合。大致說來，中國哲學是聖賢的格言的組合，它不但反映在中國哲學家的言談中，控制了他們的內在的思維，甚而影響到他們的外在舉止。這種情況產生的原因是由於中國哲學把倫理、道德、政治、反省思考甚至相當程度的社會生活作了緊密的融合，然後將它們具體而微地展現在各個領域之中。在這種意義之下，中國哲學是一元論或者聖人主義的。

天人合一 中國哲學的另一特色是天人合一。天人合一的思想就是萬物融為一體，天人

1. 鼓應案：這篇文章是殷先生一九六六年左右用英文寫的一份講稿，題名「My View of Chinese Philosophy」。大家都知道殷先生一直在倡導邏輯和科學方法，從這篇文章上，可以看出他對中國哲學有一個轉變性的看法，無疑地，這是一篇很珍貴的遺稿，相信大家都樂於讀到它。本文初稿由我的學生鄒台蒂譯出，特此致謝。

合一的最高體現是：人類在心靈上或認知上都和大自然完全地契合，即是人類返回自然，自然同化人類；而自然的法則便是人類行為的準則。因此，順應自然就是人類行為最正確的途徑。「征服自然」的觀念雖然遍及整個西方，卻未曾在中國思想中萌芽。天人合一的思想甚且經常表現在中國詩歌、散文和繪畫之中。

未完全發展的邏輯的、知識論的思考

大家都知道，許多西歐哲學思想家們早已熟悉和適應的一種思想方式淵源於古希臘，它是種極富理性推理的思考方式。這種可稱之為邏輯的、知識論的思考，在希臘本土的發展要比在世界任何其他地方來得更為完備！中國哲學的明顯特性之一，就是這種思考方式的未完全發展。意識到邏輯和知識論可意含著意識到認知的、抽象的思考方法。由於缺乏這種思想工具，中國本土式的哲學思想也極少利用精密的邏輯思考方法來開展其思想。這對於中國哲學的發展有極深遠的影響，自然，對於中國文化的發展也很重大：

（一）倘若，古代希臘中邏輯的、知識論的思考方式的高度發展對於西方人之富於科學思想有所貢獻，那麼，中國思想之欠缺科學性的思考也必然是受到欠缺這種邏輯思考方式的影響。

（二）由於缺乏邏輯的、知識論的思考方法，中國哲學家並不以有系統的方法來表達他們的觀念和體驗。這可能導致那些對邏輯的、知識論的思維方法念念不忘的西方哲學家們產生這樣一種想法：即中國哲學是曖昧的、含混的、不清晰的，又是沒有組織，不易把捉得到的，甚或有時難免使人產生莫測高深的感覺——這些感觸都不是他們期望的「哲學」可以容納的性質。因而對那些想正確地從中國哲學中學習一些東西的西方人而言，這無疑地使他們氣餒不已！

然而，中國哲學之欠缺邏輯的、知識論的思考方式，絕不意指它不具有其他哲學上的重要意義。中國哲學中洋溢的「睿智」，和德語世界及英語世界中使用的「Lebensanschauung」（人生觀）、「Weltanschauung」（世界觀）、「Interpretation of history」（歷史解釋）這些字眼具有同樣的特質。

中國哲學常以雋永耐人深思的短語和警句的型式來表現出來。它們雖然看來似乎是不相關聯而又漫無組織，卻是非常適切地表達了其原作者的原創思想。維根斯坦的文體是近代西方世界中引人注目的範例，而《莊子》的文體則是中國出類拔萃的典型。當然，對那些習慣於幾何型態的哲學思想的人而言，《莊子》一書彌漫了不夠清晰的心智型態和思想不連貫的氣氛。然而，他的哲學表現於優美如詩的散文中，到處洋溢著哲人的睿智和詩人的隱喻，充塞了無比高潔的美感想象，富於超越的取向，禮讚至高無上的人生理想。你可以在其中尋覓出至真至善至美的人生境界，卻找不出一點對教條的迷信和盲從。在《老子》和《莊子》這些書中，文章的型式雖是如許精簡，然而，毫無疑問地，它充溢著提示性，以及自由富於創意的思想。

中國哲學是創造性的，而非調練性的思想。

二、研究的途徑

由前所述，我們知道，中國哲學研究方法和西方哲學的研究方法多少是有些不同的。關於這一點，我願將我的觀點作個簡明的陳述。直至今日，尚未有一種具有普遍特性的方法可對一切研究具有使人信服的效力。嚴格說來，在研究某一學問之際，我們企圖找出一種具有普遍特性的方法，而目前這種實際探討的過程，還只是在嘗試階段。我們只能這樣說：研究任何學問所要使用的方法必須與所研究的題材互相配合；換句話說，研究題材和研究方法愈是緊密相連，則我們的成果也愈為豐瞻。前面已經提到過中國哲學的特質，我們不難看出：要想研究中國哲學，絕不能忽視由於研究方法和研究題材之不能配合而產生的錯誤存在。傳統上，中國哲學的教師們總是著重於課本的誦讀和注釋，當然，這些都是必要的，然而，並不是足夠的。如前所述，中國哲學是和每一生存個體、個人生存其間的社會環境以及時代的脈搏息息相關，無法分割的。因而，為了對中國哲學作一番透徹的了解以說明清楚起見，必須把這些因素和情況作很審慎的考察。意圖對中國哲學有適當認識的，則在後設語言學上的探索是不可或缺的；又由於哲學家的精神人格和其思想的脈絡有極其密切的關係，所以對哲學家的人格發展也不能不予以注意。

儒家思想支配中國達兩千多年，它多少有些像西方中古世紀的基督教，也在中國思想信仰的體系中居於正統的尊貴地位。因而，如前所述，儒家思想極其根深柢固地把中國的政治、倫理體制、個人行為、社會活動以及理想的生活方式，一一加以融合和擴展出來。所以，透過文化人類學和知識社會學來研討中國哲學，自然是十分必要的。

然而，我們討論到此，並不暗示我們將引用任何行為科學的法則和理論，而用人類行為的結果來「涵蓋」（照 Hempel 的意義）中國哲學。在物理科學中，用一般的法則或理論來涵蓋一類個例，我們總會得到有效的說明；但就人類行為而論，每一件行為都有其獨特性。用行為科學的法則和理論來解釋人類行為，到目前為止，所收到的結果十分有限：行為科學也不能完全解釋人類行為的困惑。我們不能過分沉湎於科學主義之中。解釋人類的行為是相當棘手的大問題；但是，這也並不意味著研究行為科學是完全沒有用的。行為科學有助於我們發掘人類行為的特徵、基本動機和一般傾向，以及海耶克所提出的「行為模式」。我以為假如把行為科學視作普通啟發性常識的累積，那麼，它對於了解（包含哲學性的了解）人類行為是能有所貢獻的！

殷海光生平

殷海光先生傳記

陳平景

這個傳記是我的朋友平景根據殷老師講述自己的生平寫成的，這也是記載老師以往事跡唯一較詳細的文字。

三年前的熱暑，老師正處於深沉的憂患之中，他既感慨於外間對他的毀譽多出於誤解，又覺得在憂患之中更懷念早年讓他成長及給他教育的山川人物。於是，他想要把自己的生平用最平實的文字記錄下來，印成一本書。七月下旬開始，他向平景講述這篇傳記，每週在家口授三次，每次兩小時。由平景寫成文字，再經老師批改訂正。傳記共歷兩個半月完成，他一直說要設法出版，並說稿費要送給平景，讓他好好去念書。但是，這傳記一直沒有機會印出來，直到今日。

一貧如洗的平景，那時在台北溫州街租了一間四個塌塌米的小房間，蹲在屋角，揮著汗水，晝夜不停地埋頭撰寫。他的熱情和真誠使我們十分感動。

去年平景赴美，文稿存放在我這裡。現在徵得他的同意，把它發表出來，讓有心人能有機會一讀。

——鼓應記

一、一個逃掉的小商店學徒

殷海光出生在一個經濟破產、思想新舊糅雜的大家庭裡，他的伯父和父親是這一個大家庭的兩個要角。這兩個要角又都是名副其實的過渡人物，這兩個過渡的讀書人的生命歷程，反映出那時中國向現代化蛻變的歷程。這在被他們目為家庭領袖的伯父身上，尤其表現無遺。

他的伯父和父親的一生，代表了那時候的讀書人的悲劇。對於儒家思想，他們隨時表現出一個舊時代讀書人的傾慕之情。友朋相聚，他們就高談宋明理學和佛學，什麼「半部《論語》治天下」；可是他們又嚮往新制度，渴望著吸收新的思潮。整個世界變了，中國變了，從武昌起義到「五四」運動，由「五四」運動到北伐戰爭，這些個中國歷史上從未曾有過的變局，激盪著中國許多知識分子的心靈。不管你戀不戀舊，也不管你喜歡不喜歡革新，時代的洪流像怒吼的江河，毫不留情地衝激著古老的中國，毫不留情地洗刷掉多少褪色的夢。他的伯父變成一個激進的革命黨人，為了民國的實現，他付出精力、熱情和生命，一直到民主共和的招牌掛出來了，他才脫離了政治。在從事革命的時候，他被滿清政府逮捕下獄；民國出現了，出獄。他看見的是革命者們爭權奪利，把理想丟在腦後。他幻滅了，為著重新撿回自己，他皈依基督，在三十七歲的中年重新做一個聖經書院的學生，終於成為傳教士。殷海光的父親本在鄉下種田，受了他大哥的影響，同時為著上進，也進入一個神學院，後來也成為一個傳教士。

殷海光「家住長江頭」——一個位於長江頭的落後小村，這是殷海光的老家。在武昌，他們也有一個家。這個大家庭實際上早已各自為政。可是，他的伯父以一家之長的地位，堅持要這個大家庭撐住一個不分散的局面，以免露出家庭的敗象，為故鄉父老所恥笑。一個破落戶怎麼能夠全憑血統關係來撐持呢？於是猜忌、自私、死要面子、虛偽便在這個貌合神離的大家庭裡出現了。這使殷海光對於傳統中國文化的結晶——家——的黑暗洞悉無遺。這也種下了他對中國固有東西的厭惡和反叛的主要種子。

他的少年時代正值「五四」和「北伐」之後，正所謂在大浪之後的餘波。那時的青年少年們愛高談主義，無論政治上的或是學術上的主義都談。他們對於主義的真面目往往渾然無知，頂多是一知半解，停留在新聞報導的那一個層面上。可是，不管懂或是不懂，他們都談得那麼起勁，那麼熱烈，甚至於對它效忠，為它抛頭顱、灑熱血。他們對於社會國家的前途抱有責任感，愛追求理想，希望古老的中國現代化，希望新生的中國強大。那時沒有升學的競爭，也沒有留學的熱潮，問舍求田的人被認為是沒有出息和落伍的人物，要談只談大事，要追求只追求理想。

初中時代，殷海光就是個任性自由發展的學生。在武昌的一間中學念書時，他喜歡的功課成績特別好，他不喜歡的功課常不及格。他的伯父和父親為了這件事鬧了意見，父親說他

「不堪造就」，決定把他送到外面去當學徒，學學生意，將來好混一碗飯吃。就這樣，他念完了初中二年級就被送到漢口去，在一家食品店裡，開始了他的學徒生涯。

這家食品店是一個會說英語替洋人當翻譯的人開的。這個老闆長得很帥，高高的個子。老闆在家的時間少，舖子裡的先生和老闆娘就作威作福，頤指氣使。這個成績常不及格的初中學生來到店裡學生意的第一步工作是學坐櫃檯，因為這個小學徒念過一點書，懂得一點算術，所以這件工作在智慧上本來可以愉快勝任的，可是，就當時流行的想法說，學徒總不是讀書人可以幹的。他坐在高高的櫃檯上默想，萬一不巧，被舊日的同學看見，那多難為情啊！因此他窘態畢露，整天低著頭，漲紅著臉，如坐針氈，生怕遇見熟人。可真不巧，有一天，一群舊日的同學竟然結伴光顧了這家食品店。說時遲，那時快，他要藉故躲藏起來，但已經來不及了，只好尷尬不堪地敷衍著同學，支支吾吾地回答他們的問話，真感到無地自容。

店裡最辛苦的活兒是清晨四點鐘就要冒著寒風趕到一家麵包作坊去「搶」麵包。為什麼要「搶」？因為這家作坊生意好，不「搶」，一忽兒就沒有了。他大清早得趕到工廠，那裡已經有好多別家食品店的學徒等著。做麵包的大師傅把熱烘烘的麵包從烤爐裡扔出來，往外一摔，一群來自各商店的學徒立刻圍上去，死命去搶那些剛剛出爐的麵包，回去趕早市。熾熱的鐵烤盤子由爐裡摔出來，摔到誰身上，誰身上就是一個大泡。為了生意，為了老闆的面孔，這群可憐的學徒經常被燙得怪聲怪叫，露在衣服外面的皮膚斑痕點點。這種麵包也有賣不掉的時候，店裡為了顧惜成本，有時把隔夜的麵包塗上一層糖水，表面看來很光亮，像是新鮮的，把它混在新鮮麵包裡賣給客人。這種商場造假的行為，在他的腦筋裡留下深刻的印象。

那位作威作福的鋪子裡的先生跟老闆娘有曖昧行為，店裡的夥計學徒們早有傳說，在背後議論紛紛。老闆是一個懦夫，對她莫可奈何，因此之故，這對男女在店內越發我行我素。事為黃岡來的那個小學徒所聞，他非常不齒這兩個人的行為。有一天，奸夫淫婦正在樓上作陽台之會，恰巧小學徒因事到樓上來，知道這對衣冠楚楚的人在做什麼。由於一種厭惡感的驅使，他毅然把房門倒扣上。這對男女被鎖在裡面，想盡了辦法，攀過另外一間房間才得出來。追查的結果是，小學徒理直氣壯地承認這件事是由他做的，老闆娘大為震怒，公然質問這位「多管閒事」的小學徒。

他到底不是一個學徒的好材料。在這家食品店八個月之久，殷海光清清楚楚地知道自己不是走這一條路子的人。於是他決心離開這裡，重新尋覓他自己的道路。機會來了，他存夠了旅費，在一個黃昏不辭而別，離開這家食品店，回到黃岡的老家，成為一個沒有學成就逃掉的學徒。

他的伯父和父親起先對他十分不諒解，可是他們到底都是讀書明理的人，經過這個沒有學成的小學徒一再的說明和懇求，終於允許他回到武昌，復學讀書。終於，殷海光找到了另一條路子。

二、翻譯一本厚厚的邏輯書

高中時代的殷海光是一個愛跟別人講大道理、又愛辯論的人，性情又非常激烈。少年氣盛，自以為自己所說的就是真理，每辯論總想戰勝別人。因為他想以理服人，認為說話得合邏輯，所以，他開始找邏輯方面的書籍。那時，世界書局出版一種「ＡＢＣ叢書」，其中有一本《論理學ＡＢＣ》，這是他生平第一次讀到邏輯書。這本書不但給予他最基本最粗淺的邏輯知識，擴大了他閱讀的視野，並且激起了他對邏輯和哲學的關心。那時，張崧年在天津《大公報》主編《世界思潮》，介紹當時世界的新思想以及哲學家的動態。這份《世界思潮》成為最吸引殷海光的讀物。通過《世界思潮》，他看到了張蔭麟的文章。張是梁啟超的得意學生，極有才情。他用「素痴」的筆名，介紹羅素等西方第一流的學者。《世界思潮》上也介紹有關邏輯的書籍。一個有理想的少年人求知的熱誠，在這一個見所未見、聞所未聞的視野中，得到了適當的滿足。他的伯父原是一位好藏書的人，在這以前，殷海光在他伯父的藏書中就曾讀過羅素的一篇名作〈一個自由人的崇拜〉，因此他對羅素本來就有一個印象。後來讀《世界思潮》上的介紹，他對羅素的印象也就更明晰。這位才華橫溢、光芒萬丈的大思想家、大哲學家，使殷海光的思想一生深受影響，也深受著鼓舞。這注定了他一生走自由主義、人道主義和個人主義的道路；注定了他一生要為追求友愛、真理、和平及人類的幸福，做一支寂寞而又高傲的水山上的蠟燭。

正當殷海光醉心於西方大學者的思想，走向廣漠無垠的思想原野，驚羨邏輯這朵花的美豔迷人時，一位在清華大學念書的同鄉由北平帶給他一本厚厚的邏輯書。這本邏輯書上有彎彎曲曲的符號，著實引人入勝。這就是一九三九年由清華大學出版部出版的一本金岳霖所寫的書，這本中文邏輯書對他學習邏輯的幫助太大了，他用這一本結構嚴謹、分析細密、見解精闢的書，打下一個基礎，使他後來能夠更進一步邁向邏輯的原野。因為這本書，他寫信給著者金岳霖，這是他們師生關係的正式開始，這件事影響了他的一生。

那時，大學教授在中學青年們的心目中具有何等崇高的地位！何況那時的金岳霖教授，在清華大學執教以前，曾在國外大學任教；在清華任教以後，陸續有論著在國外有地位的哲學雜誌發表。殷海光是一個內地中學的學生，既無一面之緣，又沒有人介紹，他直接寫信給金教授，和他討論邏輯上的問題。這在一般人看來簡直不可思議！可是，受一股求知熱望的驅使，受一種對金先生景仰之情的驅策，他寫了一封信給金先生。很快地他收到了回信。信中金先生除了答覆他的問題之外，同時表達了對他見解的欣賞，並且願意多思考這個中學生提出的問題，又告訴他有哪些書可以寄來借他讀。這種鼓勵，這種親切的態度，遠超過了殷海光的想像，也遠超過了他的期待，他想不到一位這樣有地位的學人對他會有這樣的反應。後來他寫了一篇討論邏輯的文章，金岳霖介紹刊在張東蓀主編的《文哲學報》上。這對一個剛踏進學問之門的少年的鼓勵太大了。

為了學習邏輯和哲學，他開始對介紹思想的書著迷。他經常跑武昌的書店，雖然錢少，經常不夠買書，不過他總是看一看他心愛的書，等錢夠了，把它買回去，慢慢地、詳詳細細地讀。在商務印書館，他訂購到一本 Chapman 和 Henle 合寫的《邏輯基本》（*The Fundamentals of Logic*），殷海光得到這本書，真是如獲至寶，他從頭到尾仔細讀完，決心把它翻譯成中文。這件事得到當時中學老師的鼓勵，在他高中二年級的冬天，漫天飄雪的日子裡，他一邊用木炭烤手，一邊翻譯這本大書。

一個中學生，在幾門功課不及格的情形之下，居然要翻譯一本與高中的功課毫無實際關係的大學用書，這種舉動不但得不到家長們的支援，甚至，長輩知道這件事之後，把他目為「怪物」。先是父親反對，其次是兄姐們冷嘲熱諷，說他不自量力。但是，這些都絲毫沒有動搖過他的決心。為了求知，也為了理想，他在那麼孤立無援的情況下，接受了他生平第一次艱苦的考驗，他不知道自己會不會成功，可是，他知道自己終必把這本書翻譯出來。熬過多少嚴寒的冬夜，經歷過多少心智上的艱苦，克服了多少文字技巧上的困難，有時如山窮水盡，有時又是柳暗花明，整整經過了半年之久不停不撤的努力工作，在一九三六年一月一日，這本四百十七頁的書終於翻譯成功。

只有實際從事過學術著作翻譯的工作者，才明白譯事的困難。在這一本書中，我們不但可以看出他對邏輯有清楚的認識，而且可以看出一個少年人一般不容易具有的嚴謹的透視力和分析力。為了明瞭殷海光少年的才氣，我們且看看他的「譯者引語」。在這一萬五千字的「譯者引語」中，殷海光除了對所譯的原著做了一番介紹和批評之外，還對一般人（甚至邏輯學者）所誤解的邏輯作了一個澄清的工作，他將不是我們所謂的邏輯列舉了幾條出來：（一）邏輯不是研究思想的學問。（二）邏輯不是試驗的學問。（三）邏輯不是研究科學方法的學問。（四）邏輯不是研究語言文字的用法的學問。（五）邏輯不是辯論術。（六）邏輯不是推理的學問。

現在，我們摘出其中的三項來看看：

邏輯不是研究科學方法的學問

嘗見有許許多多邏輯書中講到科學方法。由此可以知道，許多邏輯家認為邏輯一部分的職務是研究科學方法。這似乎是一種極其普遍的混淆。這種混淆就是沒有認清邏輯的正當田野和限界——邏輯的本身和它的應用之不同。我們必須認識或清楚：科學方法只是應用邏輯原理規律於科學的探究上的一種程術。如科學方法裡的歸納法是以邏輯中的概然理論為依據；科學方法裡的演繹法是以邏輯中的一些關於必然關係的規律或原理為依據。這樣看來，可見科學方法只是邏輯的一種應用。既然只是一種應用，自然不是邏輯的本身，而許多邏輯家將科學方法當作邏輯的一部分，豈不是沒有認清邏輯的正當領域麼？

所以，依據我們的這種見地，培根、穆勒輩完全不是邏輯家，而是科學方法論家；因為他們所研究的、所貢獻的只在科學方法論，對於邏輯毫無貢獻。純粹邏輯史上不當有他們的地位。這並不是輕視科學方法論。沒有正確的科學方法論，便沒有正確的科學方法。沒有正確的科學方法，哪有今日這樣燦爛輝煌的科學？我們的思想不過是說科學方法不在邏輯範圍之內罷了。

邏輯不是研究語言文字的用法的學問

一般古典邏輯書中總有許多篇幅被講文字的妙用、音調抑揚、麗辭綺語、譬喻比擬、分謂合謂等等的題目占據了。從純粹邏輯的觀點看來，這些題目全然不是邏輯所研究的對象。邏輯所研究的對象並不是所用的文字語言的本身，而是藉著它們所表出的種種型構。人類所應用的自然文字是深深地受著風俗、習慣、運用者的特殊習性等等因素的影響，而邏輯卻是普遍的、獨立的、超然的；所以自然文字根本不適於作表示邏輯的工具。因著這種緣故，於是現代革命的邏輯家廢棄文字的應用而創作符號以代替之。這樣一來，不僅可以純粹程示邏輯，而且更可以研究這些玩意，竟至完全與邏輯不相干了。可是，到現在仍然有許多古典邏輯家不了解這個道理。所以弄來弄去，結果還是遠在邏輯殿堂之外。

邏輯不是辯論術

有許多究習邏輯的人將辯論術——包括希臘辯學、中國名學，以及印度因明——當作邏輯的一部分。我們不同意這種看法。我們之所以不同意這種看法，有兩種理由：（一）我們嚴格地區分「學」與「術」的不同。我們認為兩者的不同並不完全是在內容上或本質上一定有什麼的差異。同識的產品，從致知的觀點看去是學問，從致用的觀點看去卻是技術。譬如統計學研究關於相應（correlation）等等學理的時候便純粹是一種學問；但是它利用學理來作統計時，便成為一種技術了。可見「學」是人類純粹求「致知」的一種努力；「術」是人類純粹求「致用」的一種努力。兩者雖有密切的聯繫，但是各有其作用，不可混為一談。依同理，雖然辯論術裡有時應用著邏輯，但是僅僅是應用而已，絕對不是邏輯的本身，老實說，何況那古人片斷的辯論，根本談不上怎樣有系統地擴大地應用過邏輯呢！（二）凡屬稍稍體驗過邏輯的根本性徵的人，當會知道辯論術中固然常常含有邏輯的某些原理，而邏輯中卻沒有含著辯論術。不同的辯論術往往顯示同一的邏輯，而同一的邏輯很可以用各種不同的辯論術表達出來。由此可知邏輯與辯論術是兩種全然不同的東西。既是這樣，我們也就不可將邏輯當作是辯論術了。

澄清了各種誤說之後，殷海光給邏輯下了一個界說：

我們可以將邏輯暫且界定如下：

邏輯是型構的科學

總而言之，我所意謂的邏輯十分嚴格：我認為邏輯根本不可加以任何解釋（interpretation）。因為加了解釋以後，就不是邏輯了。所以，我以為 $a \oplus b = b \oplus a$ 是邏輯，而 $a + b = b + a$ 不是邏輯，不過它裡面潛伏著邏輯就是了。同時，我甚至認為現代符號邏輯裡的類（classes）和命辭（propositions）都不是邏輯的根本題材。我認為類和命辭只不過是人類現在所知的邏輯之最簡單的最直接的表出者。這也就是說，藉著命辭和類，我們才可以最簡單最直接地表出邏輯。既是如此，所以我們不可以將類和命辭當作就是邏輯；所以類和命辭還不是邏輯的根本題材。明白了現在所討論的種種，我們就會同意以下的必然結論：

邏輯不動，也不靜，即與動靜問題無關。邏輯不肯定實質世界裡的什麼，也不否定實質是界裡的什麼。邏輯不僅可以型定某一特殊對象，而且可以型定任何特殊對象。邏輯不唯心，邏輯也不唯物。它是我們人類處理經驗的一套最完備的工具，如果就用途上說的話。

以上是一個高二學生對邏輯的見解。

三、朝嚮往的地方走

自清代建都以來，北京一直是中國學術的中心。「北伐」完成之後，中國頗有一番新興的氣象，學術文化也不例外。北京經過「五四」運動，更成為中國新的學術思想中心，當時的北京大學和清華大學更是南北知識青年嚮往的學府。一九三六年的秋天，高中畢業後，殷海光決心到北平去求學。為了這個計畫，他先寫信給金岳霖先生，徵求他的意見。金先生回信鼓勵他。可是，他的家庭對於他繼續求學的事不太熱心，原因是一來他讀書不合常軌，二來沒有這筆錢。但是，這阻止不了他熾烈的求知欲。他自己東奔西走，勉強湊足了一筆數目極小的旅費。一個內地從來沒有出過遠門的少年，穿著一套黑色土布的高中制服，提著一隻箱子，單身搭上平漢鐵路的火車，做他有生以來第一次的離家遠行。坐上平漢鐵路的火車，向遙遠而又陌生的北平進發。

揮別大別山，出武勝關，穿過河南全境，到了河北省。東望是一片無垠的黃淮平原，西望是隱隱在目的太行山脈。開闊啊！無限的開闊啊！沿途看見多少平原、山谷和河流，紅色的棗樹像無邊際的原始林向他招手，深秋的藍天向他微笑，洗去了多少鄉愁。

經河北的保定再往北走，上車的旅客說的話就多是北平道地的京片子了。這種京片子代表著京城官方的語音，帶著多少古典的文化氣息。這在一個滿口湖北土腔的孩子聽起來，實在覺得混身舒服。京城近了，京片子更多了。從此以後，他開始憋著學京片子，半年之後，他也能說京片子了。

第三天，向晚時分，他終於到了北平——這一座五朝京城，它繼承了中國黃金時代的文化，被包圍在方形的城牆裡，皇宮像一張長方形的大安樂椅，在這張五朝的搖椅裡，一代王朝興起，一代又接著滅亡，但是北平卻始終屹立無恙。皇宮的西面，有三個互相銜接的湖——南海、中海和北海，湖間駝背形的石橋，沿湖百年的古樹和盛開的荷花，陪著宮殿黃色的釉瓦閃耀著北平特有的光輝。北平城像一座古老的公園，它靜靜地躺在成千成萬的綠蔭中。

車停處，他看見一座廣大的火車站，燈火如晝，人潮滾滾，這個鄉下的少年茫失在人潮裡，面對這樣陌生而又雄渾的大都，他不知道應該怎樣走。提著箱子，踏著自己的影子，信步沿街尋走，他在轉角處看見「順城街」三個大字。這是他在北平認識的第一條街道。走了一段路，找到一家小旅館，住到二樓的房裡，剛剛坐定，待要打開行李休息一會兒，他看見門簾掀起，一個面目姣好的女子出現了，對這位年輕的旅客嫣然一笑。這一笑，使少年的殷海光滿面窘態。看到這個不明世故的鄉下佬，布簾重又放下。人走了。這個少年旅客獨自一人坐在屋子裡發怔。

第二天一大早，他拿著金岳霖先生給他的地址，找到北總布胡同的金宅。這是一間舊式的大房子，庭院裡有古樹，花木扶疏。門房問明來意，把他領到客廳。一刻工夫，他看見一位個子高大，臉型方正，前庭飽滿，戴眼鏡，白髮梳到後面，酷似一個英國紳士的中年人站在他的面前，這就是他心儀已久的金岳霖先生。這個中年紳士給他的第一印象是厚重、嚴正、深沉，有英國紳士的風味。金先生問他的姓名，少年把名字報出來。只聽到他很和氣地點頭說好。接著，金先生邀這位遠道來投的客人共用早餐，態度是那麼地自然。早餐桌上所見的全是西化的食物：西點麵包、雞蛋、牛油、小山芋、美國的小玉米、咖啡還有水果。這是那時候的教授所能享受到的早餐。在吃飯的時間，金先生並沒有寒喧這一路北來的情形，而是談學問，他問殷海光讀過什麼書，有沒有讀過懷德海和羅素合著的 *Principia Mathematica*，他說沒有。金先生立刻把這部大書借給他。其實，以殷海光那時的邏輯程度，怎能讀得懂這部著作呢？金先生是一位深刻的學人，但是實在不太懂得教學方法。

早餐之後，金先生領著殷海光去看他的書房，在金先生的書架上，歪歪倒倒地放著二三十本書，如此而已。可是當時享有大名的學人如張東蓀、李季、郭大力等人的書，連一本都沒有，只有羅素、休謨、布萊德雷等人的書，此外還有約翰威斯頓的 *Mind and Matter*、瑰英的 *A System of Logistics*。這使殷海光非常詫異。當時因為初見面，不敢問他怎麼只有這樣的書，沒有流行的中文著作。以後熟了，談起書的事，金先生說：「時下流行的書，多是宣傳，我是不會去看的。」言下之意，要看嘛，就要看羅素之流的書。這給殷海光的影響很深遠。金先生看書跟他喝咖啡一樣，他喝咖啡就要喝好的，否則寧可不喝。他讀書要讀就讀像樣的。

殷海光和金岳霖第一次見面的時候，頗使他震動的是金岳霖的談話方式和態度。從內地中學教育薰陶出來的殷海光，談起話來滿口的「我認為一定怎樣……」，「我敢說如何……」，金岳霖的口氣是「如果怎樣，那麼怎樣」，有時又說「或者……」，「可能……」。這使殷海光的思想方式起了重要的變化。這是他和金先生第一次見面的經過。那時大學已經開學了，他只好先住下來，一方面接近金先生，一方面準備第二年夏天投考北平的大學。他搬到北大附近叫沙灘的地方住下，那裡有許多學生公寓，他就住在一家公寓裡。每一週約好和金先生見面一次，一起吃飯，談學問。

住在公寓的期間，有一天，張東蓀派他的學生，北大的講師孫道升來看殷海光，過了幾天，張東蓀自己又親自來看他，談哲學，談邏輯。那時，碰巧在他的書桌上放著一本 C. I. Lewis 和 C. H.

Langford 合寫的 *Symbolic Logic*，張拿來翻翻，說：「邏輯這東西其實是很簡單的。」殷海光覺得張並不知道邏輯，至少他不知道邏輯之艱難，所以信口亂說，以後就不願意和他多來往。不過，孫道升那時三十多歲，張東蓀已經五十左右了，而且正享大名，他們肯親自來看一個籍籍無名的少年人，這在今日看來，未嘗不是一件有意義的事。

當時金岳霖在北方提倡研究邏輯頗力。他自己在《哲學評論》上發表許多有關邏輯的文章。清華、燕京大學的教授組織了一個邏輯研究會，主腦人物是金岳霖、沈有鼎、張東蓀、張崧年、汪奠基。他們每週聚會一次，討論與邏輯有關的問題。殷海光也去旁聽，敬陪末座。那時 K. Godel 開始享大名，會中提起這個人，金岳霖說要買他一本書看看，他的學生沈有鼎對金先生說：「老實說，你看不懂的。」金先生聞言，先是「哦哦」，哦了兩聲，然後說：「那就算了。」殷海光在一邊看到他們師生兩人的對話，大為吃驚。學生毫不客氣地批評，老師立刻接受他的建議，這在內地是從來沒有的。

後來沈有鼎來找他，和他談了一些邏輯方面的問題，指導他如何去學邏輯。沈有鼎也看見他書架上的 Lewis 和 Langford 合著的 *Symbolic Logic* 那本書，他說這本書很淺。同樣的是說「很淺」，殷海光聽出張東蓀說的空泛，沈有鼎所說係出自一位真正在邏輯上訓練有素的人之口。

這時熊十力住在離北河沿不遠的地方，殷海光常去看他。熊的住宅，紙糊窗戶，破破爛爛。

殷海光與他談起胡適、馮友蘭和金岳霖，熊十力對於這三個人都有很嚴厲的批評。這位黃岡籍的學者向來以脾氣大為人所共知，他說：「胡適提倡科學，胡適的科學知識不如老夫。馮友蘭不認識字，金岳霖所說是戲論。」後來，殷海光對金岳霖提起熊十力，他希望知道金岳霖對熊十力的看法。金岳霖說：「據我所知，熊十力是中國研究佛學最深刻的一個人。」殷海光接著說：「先生好打人、罵人。我親眼看見他在梁漱溟背後打三拳，還罵他是一個笨蛋！」金岳霖說：「呃，人總是有情緒的動物。是人，就難免打人罵人的。」深受英國經驗論習染的人和受中國思想習染的人，在論人論事上竟有這樣的不同。

如果拿金岳霖和熊十力兩位先生來作一個比較，金先生對於別人的談話總是靜靜地聽著，他愛分析問題，他客觀，是如何就說如何，從不武斷，很少把自己的主張加在別人身上。熊十力先生固然執持真理甚堅，但多半不聽別人說話，他似乎認為：「你們小孩子有什麼話說！聽老夫的！」別人和他談話要是說錯了一個字眼，他就破口大罵，有時武斷得出奇。殷海光帶著一顆追求真理的心到北平，他對於隨便哪一路的哲學都沒有先入之見。可是，他在接觸了這二位很不相同的大師以後，細心加以比較，終於不得不跟著金岳霖走。他現在的思想所表現的經驗論的傾向，早在那時候就已經根植了。

初到北平的時候，金先生要他去看看清華大學，叫他到北大沙灘去搭燕京大學的校車，金岳霖在清華大學門口等待他。燕京的校車是銀頂的豪華巴士，上面坐的男女學生穿著很摩登、很講究的衣服，模樣很斯文，也有些洋氣。殷海光穿著鄉下黑土布的高中制服，蹿身其間，顯得土頭土腦，很不調合。他自己一個人，又沒有人跟他說話，顯得更忸怩不安。車出西直門，一下車，金先生果然在清華校門口等他，見到了金先生，他真像見到了自己的親人一樣。金先生帶他參觀一番，談了一會，最後到一個很講究的餐廳吃飯，金先生約了幾個熟識的男女學生一起。那些清華、燕京的學生舉止斯文，有點高貴氣質，他們談話之間常夾著英文。殷海光的個子又矮又小又瘦，英文又不行，大學裡的情形知道得更少。相形之下，他有些自卑。只有金岳霖找些話來跟他談，金先生每跟他談一次，他心頭的壓力就減少一分。

有一次，他到北大學生宿舍去找一位同鄉老大哥——北大哲學系四年級的學生。北大的學生宿舍非常講究，單人房間，有熱水汀。那位留著兩片鬍子的同鄉在讀艾思奇之流的小冊子，圈圈點點，異常認真。他問這位同鄉大哥說：「天下的好書這麼多，為什麼偏要讀這麼淺薄的東西？」這位同鄉大不以為然，認為這位小弟夜郎自大，目中無人。他說這書才有真理，殷海光說：「我看全是鼓勵政治情緒的詞兒，哪有什麼真理？」兩人就各不相讓，在宿舍裡大辯起來。那時的殷海光師事金岳霖、沈有鼎先生，對於書籍的品鑑力已經很高，一般書本看不上眼，何況宣傳的東西。二人弄得不歡而散。

那年十二月的某一天，學生公寓裡，有一位高高瘦瘦的人說：「今天是我最痛快的一天。」殷問：「為什麼？」他說：「在西安的張學良把蔣委員長抓了起來，他不抗日，所以抓起來最痛快了。」殷海光聽了這話，十分氣憤，他告訴那人說：「我今天最難過……蔣委員長是抗日的，只因為我們準備不夠，時間還沒到來，所以沒有發動，蔣被抓起來，誰領導抗日？眼見國家要四分五裂了。」兩人各執一詞，激烈爭辯起來，竟因此感情完全破裂，以後見面不理。殷海光為此幾乎屢次和人動武。我們且看一九四五年十二月，他在重慶嘉陵江畔為光明出版社寫的一本小書，叫做《光明前之黑暗》，就可知道。這本書在當時是很暢銷的。他寫這本書的動機是眼見當時重慶左派思想彌漫，大家都一邊倒。殷海光獨具慧眼，獨排眾議，仗義執言。

第二年暑假，他正想入清華讀書，不料「七七事變」爆發。他只好告別北平，回到湖北，靜待局勢的改變，做其他的安排。

四、回到故鄉

一九三七年的秋天，醞釀了好久的中日戰事終於爆發了。南北交通頓時中斷。來自南方的青年，生活的資源斷絕，完全受到日本軍人的威脅，同時都存心抗日，所以紛紛設法回到南方去，那時南歸匯成了一股潮流。我們要明瞭「七七事變」前後的形勢，最好看蔣夢麟的《西潮》，在那本書第二十六、二十七章裡，他對中日關係和「七七事變」的真相，有很扼要的描述。他說：

一八九四年（甲午）中日第一次戰爭以後，中國這位小姐開始崇拜日本英雄。她塗脂抹粉，希望能獲得意中人的垂青。但是她所崇拜的物件卻報以鄙夷的冷笑。……

中國固然無法獲得她意中人的愛情，但是她希望至少能與日本做個朋友。想不到日本竟出其不意地掏出匕首向她刺來，差一點就結束了她的性命。這就是大家所知道的「二十一條」要求。從此以後，她才逐漸明白，她的意中人原來是個帶著武士道假面具的歹人。後來日本倒轉頭向她示愛，她也一直不肯再理睬他了。因為這時候她已經知道得很清楚，他向她追求不過是為了她的豐富妝奩——中國的天然資源而已。

接著來的是一幕謀財害命的慘劇。日本這個歹徒，把經濟「合作」的繩子套到她脖子上，同時又要她相信那是一條珍珠項鏈，叫做「東亞共榮圈」。民國二十年九月十八日晚上，正當大家都沉睡的時候，他忽然把繩圈勒緊了。

……民國二十一年（一九三二年）一月二十八日下午，我前往上海車站，準備搭火車回北平。進車站後，發現情勢迥異平常，整個車站像荒涼的村落。……

日本已經展開對上海的攻擊。結果引起一場民國二十六年（一九三七年）以前最激烈的戰事，但是中國終於被迫接受條件，准許日本在上海駐兵。

未改名北平以前的北京是文化活動和學生運動的中心，易名以後則變為中日衝突的中心。民國二十六年（一九三七年）之初，北平附近事端迭起，戰事已如箭在弦上，不得不發。七月七日的晚上，終於發生蘆溝橋事變。日軍在夜色掩護下發動攻擊，從蘆溝橋的彼端向北平近郊進襲，城內駐軍當即予還擊。

戰事斷斷續續相持了好幾天。十二天以後，北平城外的零星戰事仍在進行……

在此後的兩個星期內，戰事像洪水一樣泛濫北平附近。宋哲元將軍英勇奮戰，部下傷亡慘重。……宋哲元將軍仍舊希望把事件局部化，要求兼程北上的中央政府軍隊暫時停留在保定。結果中央部隊就在保定留下來了。

但是現由少壯軍指揮的日本軍卻並未停止前進，宋哲元將軍的部隊四面八方受到攻擊。一位高級將領並在作戰時陣亡。宋將軍不得已撤出北平，日軍未經抵抗即進入故都。

日軍已經控制北平了。

在進城之前，人們看見日本兵常常在郊外演習，也看到宋哲元的大刀隊。後來戰雲密布，蘆溝橋事變終於發生了。先是在北平城內隱隱聽到隆隆的炮聲，其次是看見日本的灰色戰鬥機低空掠過。北平的青年學生愛國情緒激昂。在北河沿的土堆上，殷海光看見學生們領著街上閒蕩的野孩子，在手舞足蹈地唱著反日歌曲：「打倒日本，打倒日本，除漢奸，除漢奸！」在這批愛國的青年學生中掀起一片悲憤。他們生活在緊張中，也在興奮中，他們反日的情緒日益高漲。這樣經過不久，突然有一天，砲聲沉寂了，日本人進城了。日本人進城的時候，殷海光目睹了這淒涼的一幕。在東單排一帶大街上，平素很熱鬧的地點，這一天，殷海光和幾個青年走過這一帶，街面上忽然鴉雀無聲，行人低著頭走過。這種光景好生令人奇怪。殷海光回頭一看，原來是一大隊日本兵舉行入城式，一大隊日兵撐著太陽旗，騎著戰馬，穿著土黃色的制服，刺刀閃著耀眼的光芒，他們邁著整齊的步伐，面目嚴肅，由東向西。這是他第一次嘗到亡國的滋味。他決定離開北平，離開這座被征服的故鄉，回到南方去。

最先，他找到一群南方來的學生，他們在一起商議如何逃出北平，回到南方去。他們分頭打聽，利用什麼交通工具才能離開。那時殷海光身上沒有旅費，他必須要去找錢，只有金岳霖才能幫助他。於是，他到北總布胡同去看金先生。

在古城被敵軍攻占的那種日子裡，局勢相當紊亂，人心惶惶，城內一片淒涼景象。「華北維持會」正要成立。金先生依然在家裡寫作，外面的變亂，好像並沒有攪亂這位學者的工作。

殷海光把來意告訴他，他說：「你回南方去！這裡局勢動盪不定，我恐怕你流落在這個地方。時局可能不是一時能安定下來的，一切須要從長計議。盼望你平安回到家鄉。」最後，金先生給他五十塊錢，這筆錢作為北平到漢口的旅費，足夠有餘。殷海光就這樣暫時辭別了金先生和一些青年，輾轉向南方走。

南方來的學生們打聽到一種逃亡的方法。他們決定坐平津路的火車到天津，再由天津到山東，由山東走陸路回南方。計畫已定，同行六七個人由窗戶擠上開往天津的火車。這火車真像擠沙丁魚一般，廁所這時成為旅客的聖地，裡面站滿了人。大小便毫無辦法解決。由清晨到夜裡，整整挨了一天，火車才到天津。

他們一夥人在天津法租界一個豪華住宅的大門口站了一會，一個華籍的司閽出來趕他們。他說：「九點了，快要戒嚴了，你們是什麼人？快離開這裡！」離開這裡到哪兒去呢？北方深秋的天氣已經很冷了，可巧那天又下著微微細雨。每一家旅館都是客滿的，真正是「無立錐之地」。夜更深了，大家急得像熱鍋上的螞蟻。更急的是殷海光，他憋了一天的小便，找不到地方方便一下。好不容易在一個小巷裡找到一個坑，解了生平最長的一次小便。解過之後，他覺得全身鬆了下來，經過一整天的舟車勞頓，的的確確是太累了，他需要休息。可是，到哪裡去休息呢？他們在租界地跑來跑去，最後在平民區找到了一間弄堂，敲門之後，他們向主人說明自己的身分，告訴他說他們是北平逃難的學生，要求主人讓他們在這裡歇歇腳，度過一夜。這家主人聽說是逃難的學生，倒很同情，開門讓他們進去，發動幾個家人搬了些竹床、籐椅，讓他們在天井裡過了一夜。因為太累了，他們也就很快地睡著了。

第二天，他們要做的是找船。好一點的客輪都擠滿了逃難的人，不容易買到船票，停留了兩天，找到一艘日本的小貨船，他們就決定到碼頭去。到碼頭的中途有一座橋，河的兩面就像是中日的邊界，兩個日本騎兵騎著高頭大馬，揮著鞭子，企圖阻止難民逃到橋的那一邊，逃向碼頭。可是鞭子並沒有阻止洶湧的人潮。在日本人的鞭打下，難民仍然湧向碼頭。殷海光靠他短小的身材，躲在人潮中，躲過了日本人的皮鞭，終於擠到了碼頭。到了這個碼頭就像一半到了祖國，他們終於找到一條逃回內地的路徑了。

這艘名叫什麼「丸」的日本小貨船實在太小了，漂在海上實在顛簸不堪。但是，在那種局勢之下，他們考慮不到危險或是安全的問題。他們登上這艘小輪，離開了天津，離開了陸地，在星光黯淡的夜裡，殷海光站在船上眺望茫茫無際的大海，回想北平的那段啟發心智的生活；想到如今漫天的烽火，想到眼前的局勢變幻，興起了無限的感慨。

在船上過了一天一夜，到了山東半島北部一個原來由日本人經營的小城龍口。龍口因為中日戰爭發生，才由中國政府收回經營。這是一個安靜而又整潔的小城，街上有許多新的房子，有各色各樣的水果。這群流浪的學生先要飽餐一頓美味的水果，再找旅館。龍口的旅館門口都有一個夥計在招攬生意，他們邊走邊看，看了許多家旅館，如果他們說這家旅舍不好，那招待旅客的夥計並不生氣，也不留客，他們不說自己好，還請客人上別家旅館去看看。這種待客的態度，是孔子故鄉的特色。

幾經轉折，他終於回到南方，住在長江邊上一個小城裡，這個城叫做鄂城。在鄂城小住的時候，一天，江上突然冒起了白煙，後來才知道那是封鎖長江的演習。那時南京戰事失利，這種演習是為了要對付日本海軍逆江而上的。那時國人對馬當要塞深寄厚望，以為是天險不能飛渡，但是，日軍來了，毫不費力氣一下子就突破。日本空軍飛機，時常從下游飛向當時抗日戰爭的指揮中心武漢，有時低空掠過鄂城一帶，這說明戰事快逼進武漢了。在鄂城聽到局勢日漸惡化，殷海光決定要到後方的昆明去求學。這次遠行，他同樣沒有錢，他的姐姐送他五十元，他的父親對他的遠行也猶豫不決了。留或不留這個孩子都不是辦法，只好給他極少的一點零用錢，先讓他到武昌再說。那時，長江南岸新築的汽車路從南昌向沿江城鎮延伸，他就在矮小的鄂城城牆外面搭乘汽車，到武昌去。那是一次黯然的分離。漫天烽火，此去何日重聚？他們只能把一切交給不可知的未來，讓歲月和命運安排一切。他父親卻登上了城牆，表情淒涼，對慢慢在消逝的汽車揮手。想不到！這一次分別，竟有八年，更想不到，這一次分別，中國竟發生了這麼大的歷史性的變化。

他到了武昌，住在三一小學伯父家裡，一住半年。他在那裡寫信給昆明的金先生，金先生回信鼓勵他去昆明，並且說抗戰是要打下去的。於是，他決定隻身前去昆明，追隨金先生。這一決定，影響了他的一生。

五、向後方流

一九三八年，殷海光由漢口搭一隻小船，經過洞庭湖。船到洞庭湖，停泊在湖畔，那是一個有星星的夜晚。

正是：「波渺渺，柳依依。孤村芳草遠，斜日杏花飛，江南春盡離腸斷，蘋滿汀洲人未歸。」（寇準〈江南春〉）

有一隻小船遠遠地、緩緩地划來。船上打著燈籠，由遠而近，在火輪上的人都驚惶得亂成一團。有人說是強盜船。到底是什麼船呢？船沒靠近，先聽到叫賣的聲音，原來是一隻賣點心的小船。小船靠近，賣蓮蓬、酒、辣子肉……。驚惶變成笑聲。好酒對星星光照下的名湖，有人就開懷暢飲。殷海光不善飲酒，他買些點心，想起張孝祥這位南宋詞人的一首〈念奴嬌・過洞庭〉：

洞庭青草，近中秋，更無一點風色，玉界瓊田三萬頃，著我扁舟一葉。素月分輝，明河共影，表裡俱澄澈。悠然心會，妙處難與君說。應念嶺海經年，孤光自照，肝肺皆冰雪。短髮蕭騷襟袖冷，穩泛滄浪空闊。盡吸西江，細斟北斗，萬象為賓客。扣舷獨嘯，不知今夕何夕。

他到達湖南，又在公路上擠進汽車，向雲貴高原走去。這條路口，東南來的難民像一條河似的向西流。讓我們看一看《西潮》對於那時上海、武漢、湖南的形勢這一段史實的描寫：

在長沙我們不斷有上海戰事的消息。國軍以血肉之軀抵禦日軍的火海和彈雨，使敵人無法越過國軍防線達三月之久。後來國軍為避免繼續作無謂的犧牲，終於撤出上海。敵軍接著包圍南京，首都人民開始全面撤退，千千萬萬的人沿公路湧至長沙。卡車、轎車成群結隊到達，長沙忽然之間擠滿了難民。從南京撤出的政府部會，有的遷至長沙，有的則遷到漢口。

日軍不久進入南京……。新年裡，日軍溯江進逼南昌、中國軍隊結集在漢口附近，日軍則似有進窺長沙模樣。湖南省會已隨時有受到敵人攻擊的危險。……

在常德，他住在教會裡，遇見由武昌來的熟人，在那種兵荒馬亂的歲月，格外顯得親切。

後來一起向貴陽進發。到了園林，看見一個十八九歲的女教師，率領著一群小學生，有的小到八九歲，向內地流亡。他們唱著歌謠，慢慢地走在崎嶇不平的土路上，那歌聲象徵一個民族的苦難。

流亡時，在貴陽遇到洪謙，他是一位德國留學生，要到西南聯大去教書。在雲南和貴州交界的地方，好像是經過德法兩國的邊界一樣，雲南士兵要旅客下車檢查，對旅客盤問一些問題。最後放行的時候還對這批難民說：「你們要注意呀！」也沒說要注意些什麼。

到了昆明，他住在流亡學生團，準備考試入學。

六、像詩篇又像論文的日子

一九三八年秋天，殷海光終於進入他嚮往的西南聯合大學哲學系讀書。從此以後，他在西南聯大整整度過七年漫長的歲月。回憶西南聯大的生活，殷海光常帶著憶念，帶著興奮，也帶著已逝的惆悵。

當時西南聯大哲學系教授的陣容是這樣的：講經驗哲學的有金岳霖，教中國哲學有馮友蘭，教數學邏輯有沈有鼎和王憲鈞，教黑格爾的有賀麟，教中國佛學的有湯用彤。

開學以後，他選鄭昕的哲學概論，鄭先生是德國留學生，對康德有很深刻的研究。他在學生堆中發現殷海光也在聽他的哲學概論，就對殷海光說：「你不用上我的課，下去自己看書就好了。」殷海光照他的話做。到學期考試，殷海光的哲學概論得最高分。他又選了金先生的基本邏輯，金先生看見他來上課，對他說：「我的課你不必上了，王憲鈞先生剛剛從奧國回來，他講的一定比我好，你去聽他的吧！」結果殷海光去聽王憲鈞的課。他們上課不上課都非常自由，這種情形，不是我們今日所能想像的。

哲學系每兩個禮拜有一次討論會，哲學系的老師和有興趣的學生都可以參加。老師上台講話，學生也可以上台講話。研究黑格爾的賀麟教授有一天講了一個叫「論超時空」的題目，賀先生講了半天，金岳霖先生起立發問，他問賀，什麼叫時？什麼叫空？怎麼個超法？賀答他的問題，答了半天也沒說清楚，最後，金先生起立說：「對不起！」戴上帽子就走了。金先生認為賀的物理學不行，時空的問題根本搞不清楚，再說，也不過是搬弄幾個空名詞，耍字遊戲而已，所以就很禮貌地離開還沒有結束的討論會了。這兒，在學問面前，沒有敷衍，也沒有人情。

在西南聯大的學生活動中，壁報、演話劇和演講是很多的。當時學生的成分有左傾有右傾，也有中立的，所以活動多帶有政治色彩。在這裡，講現實，趨附權勢的人是抬不起頭的。對國家社會的前途懷著一種強烈希望的一般青年大多向左轉或者開始向左轉。這裡，我們彷彿看到激變裡的中國之未來，也許，這一未來尚須在痛苦中經過許多轉折，最後導出平坦吧！

當時的學生在經濟上十有九人是窮困的。靠「貸金」來維持飯錢之外，零用錢自己設法找。找錢的方法五花八門：做工、家教、賣文為生，有的放午炮，甚至跑滇緬公路，做黃魚。學生的興趣也是五花八門：有的專愛念書，有的專好關心政治，還有一種是求田問舍，找現實利益的。但這種人成不了主流，這就是前面說的黃魚。這黃魚是因為自海口被日軍封鎖以後，通往內陸的公路只有一條滇緬公路，有汽車、貨車或軍車來往於雲南和緬甸之間。有些學生冒了翻車的危險，穿過怒江、瀾滄江，穿過惠通橋，帶些日用貨物，做一本萬利的生意。李定一曾經做過滇緬路上的英雄，他回來時，曾贈殷海光一把鈔票，殷海光像乾久了的魚得到一滴水似的。學生長期逃課是常事。

在西南聯大上課的學生，愛上不上完全是自由的，即使老師正在上課，你聽了一半不高興聽下去，就可以跳窗離開教室。殷海光就是其中的一個，他一聽不對勁，一溜煙就跑了，一點也不含糊。學生上課愛發問，愛辯論，他是少不了的人物。到了晚上，學生紛紛到街上茶館喝茶、聊天，或者看書，有的看妞兒，藉談學問來談情原是年輕人的常事，在校內拉手走路的情侶司空見慣，一點也不稀奇。剛剛到雲南的時候風氣未開，平津的學生拉手在昆明散步，昆明的警察跑來干涉，拿出戒尺對他們喝道：「伸出手來！你們妨害風化！」起初，拉手的情侶們莫名其妙，又緊張又氣憤。可是，不久，雲南本地的青年男女也公開牽手散步，警察的戒尺也就不見了。

那時，唯愛情主義的人很多，為了愛情，他們編出多少可歌頌的事，令人羡慕。情侶情投意合，就在外面租房共賦同居，這是常有的事。人人覺得這種事情光明正大，對他們的愛情投以羡慕的臉色，很少認為這是「不正派」的。事隔數十年，這種唯愛主義的風氣，已經散得無影無踪了。

那時的士大夫還保持著一股清高，士人保守著一些觀念，他們有所不為。他們認為學術至上，愛惜清高，鼓勵讀書。他們對於大官實在瞧不起。在西南聯大，有一天，有一位重慶的大官來演講，他不知風色，站在台上大發議論。學生站在那兒，雙手插在褲袋裡，東倒西歪。對他的演講不感興趣，從後一排起，漸漸溜掉了。大學生以為當大學教授最好，要不也做些文化事業，從沒想到要去當官，如果有的話，這在學生心目中的地位就一落千丈。如果有教授常常跑重慶，人人就覺得他有顏色了，漸漸也和他產生了距離。當然，他們對於真正有學問，有抱負，獻身抗戰的教授，像在軍事委員會政治部做事的張蔭麟先生，倒也尊敬，不過這是較少有的例外。這是受到北平一帶學人獨立精神的影響，那時西南聯大的學生聽說中央大學的教授把大官給他的名片、請帖，壓在玻璃板下，向人顯示他的交遊和重要性，引為笑談。這種情形，現在更是司空見慣了。

比起台灣大學來，西南聯大在物質方面可憐得多。當初沒有固定的校舍，只是東借一間破廟，西借一家祠堂上課，後來在西門外搭蓋了一片草屋，才算有了固定的校舍。可是，草廬出奇人。楊振寧就是這裡出身的，錢思亮、吳大猷、陳雲屏、毛子水、樊際昌都是這裡的教授；查良釗是訓導長，他最關心學生們的福利問題，成天東跑西奔，為學生們想辦法。學校墳地上一片草房，一部分當寢室，一部分當教室。床鋪是上下鋪的。「水泥」、「柏油」都是書上的名詞。校舍內的路全是土築的，天晴時，小姐先生絡繹不絕，倒還可行，一到天雨，泥滑路濕，可苦了這群學人士子。有一年冬天，連續下了三十六天的雨，地面全是水，那時雨鞋雨具是稀世之寶，沒有雨鞋的人，腳給泡爛了。

殷海光一到西南聯大，就鬧了許多趣事。他好奇，也好強，特立獨行，被人目為怪物。

初到西南聯大，學校旁邊有兩座又高又粗的無線電杆，幾個同學圍著看。有人說：「誰敢爬這電線杆？」殷海光大聲答道：「我敢！」他果然爬上去，他說上面的風很大，震動得厲害，下面的人都笑起來。校舍附近那塊墳地，同學都說夜裡有鬼，忽然有人問誰敢在夜黑風高的時候到墳地之一邊，殷海光說他敢，他果然從墳地回來。從此，許多同學覺得他有點與眾不同。他的許多奇怪的行徑使他贏得了一個綽號叫「神經病」。

跟來自戰區的學生一樣，殷海光很窮，但他比一般人更窮，他除了賣文為生之外，還替中央銀行的一個職員補英文，月薪二百元。有一次，他去教英文，獨自走過翠湖，忽然倒了下來，不省人事。可巧那邊沒有水，否則就淹死了，這是因為窮，營養不夠的緣故。他在西南聯大穿的褲子因為補得太久了，由長褲變成短褲，嘴饞起來，便把褲子賣掉吃東西。不穿襪子是常有的事。有一兩次，他居然穿新襪子，同學見了，傳說：「殷福生穿新襪子。」他常常對人說：「一年三百六十五天，有三百六十天我過著沒錢的日子。」沒有錢時，就在學校伙食團吃「八寶飯」，稍微有點錢，他就到鳳翥街去吃回鍋肉、宮保雞丁、煮豬耳、乳餅、牛肉乾粑之類的東西。更有錢呢？他到大街豪華去了。他雖窮得這樣，但是，從不知節制為何事，有錢就愛上街買東西。把錢花到精光為止，連吃飯都成問題，他都不後悔，下次有錢又照花不誤。這就是他的脾氣。

在西南聯大期間，除了金先生，沈有鼎先生是他最欽佩的一位老師。沈先生教的是數理邏輯，學問很好，為人小氣，他愛寫情書給女學生，隨興之所至，走筆如花，收到信的女生如獲至寶，以為這位有名的教授有意於她，等她回信示意，他又寄信給第二位女生了。搞多了，大家說起來，知道沈先生寫情書是即興所發，不一定真的屬意何人，而是實行柏拉圖氏的戀愛。他也不管別人回不回信，根本不把這事放在心上。沈先生又以小氣出名，他的錢放在隨身攜帶的小皮箱內，有錢而又捨不得花，所以同學常常故意要他請客。殷海光找他去喝茶，吃點心，他吃得津津有味，喝完了茶，揩揩手想走的時候，殷海光說：「老師，我們沒錢，你有錢，請你付帳吧！」

殷海光選沈先生開的維根斯坦和胡塞爾。最先，聽課的有十多人，後來，剩下七八個人，最後，只剩下殷海光等兩三人聽沈先生的課。他的課實在講得太深，也太好了。用德文講義或英文，他的學問真能使人崇敬。只剩下二三個人怎麼上課呢？他們索性不在教室裡上，學校後面有一個英國花園，林木參天，後有田野，左臨小湖，這兒是野鳥聚合的地方。他們師生就常來談哲學。沒有教室上課的氣氛，沒有師生形式上的分別，他們的靈感更多了。

殷海光和沈有鼎先生有一共同之點，那就是經常不理髮，有一次，六個月之久不理髮。髮長過耳，沈的鬍子又長又髒，氣味大得人未到先聞到頭髮味道。為什麼久未理髮呢？據殷海光說，這是因為一來窮，二來沒有想到這些小事上面去。他們的頭髮實在留得太長了，常引起旁人的注意。有一天，走過文林街，那副怪相惹得行人注視，互相耳語：「那是西南聯大的沈有鼎，旁邊那個瘦小的年輕人是他的學生殷福生，他們的頭髮好長，弄哲學的，就是這副怪模樣！」有一天殷海光領到一筆稿費，碰巧又想起理髮，於是跑去告訴沈先生說：「沈先生，我們六個多月沒有理髮了，可巧，我現在想起了這件事，我們找一家最講究的理髮廳理髮如何？」沈先生同意了，兩人就跑到青年會全昆明最講究的理髮廳去理髮。那些理髮師都是廣東人，一看這兩人「秀髮」披肩，不禁相顧失色。他們用廣東話先「丟老嘛！」一聲，再說：「我們今天運氣好，一早就接到好生意，這兩個人的頭髮又硬又髒喲！」再來一聲「丟老麻晦！」也真巧，他們兩人都不懂廣東話，這幾句話卻偏偏懂得，師生相顧大笑不止。

花五毛錢，理完了髮，好像變了一個人，走在路上，幾乎沒有人認得。沈、殷兩人理髮，變成了大學新聞。

離學校不遠，有一條小河，雲南人管它叫做盤龍江。由學校走路到這僻靜的小河，要三十分鐘路程。在學校洗澡難，團體生活又不講究衛生，因此，大家身上都長滿蝨子。冬天太陽出來，稍微做點運動，出點汗，蝨子就咬人，奇癢難熬，這真是要老命的事。殷海光看上了盤龍江，找到中文系一個又狂又懶的高個子，一起到盤龍江去洗澡。到了盤龍江，兩人脫光衣服，用肥皂洗身體、洗衣服。洗好的衣服在石頭上曬。人就對著清澄的水，談人生，談哲學、文學及天下大事。他們戲稱這種事叫王猛抿蚤而談，酸溜溜！有時身上有錢，他們就帶點醬肉、大餅，在那江上吃起來。坐到太陽下山，四顧蒼茫的時候，他們才散步回到學校。

那時的青少年，生活似乎被興趣所吸引，昆明郊外有一大觀樓，在郊外大滇池旁邊。那地方有平巒、荷花，湖邊有小船，月影在湖中蕩漾。他們幾個知己的同學常在半夜三更，說要出去夜遊，說走就走。月夜，走在平坦的泥路上，路邊有油加里樹，有麥田。風吹來，麥田在月光下像浪一般地波動。這時有露，大家望見月影更斜了。

抗戰末期，日本飛機經常轟炸這個不設防的大學。轟炸行為顯然是故意的，因為西南聯大的校址在城外，附近並沒有軍事目標。有一次轟炸居然把學校的教室房舍炸壞了不少。以後他們就常常躲警報。躲警報有各種活動，殷海光經常和沈有鼎先生一齊跑到郊外去，在水田的小溪旁邊，有雙排柏樹，他們常躲到那邊去。其他的同學，有的聽老師講學，有的情侶藉著這個機會帶著愛人去談情說愛，有的打橋牌。有時躲了七八個小時，小販趁機出來活動，所以，在郊外可以買到花生、燒耳塊之類的點心。有時，他們走得更遠，躲到山腳下的小鎮去了。在那個小鎮，有錢的還可以吃小館子；在松林裡看書，倦了睡一個覺，在空襲裡度著偷閒的生活。

在那古城，他看見可愛的落日，他們在溪上學童子軍露營、烤火，吃鹹板鴨和瓦罐裝的蜂蜜。學生舉辦的郊遊他偶爾也參加。有一次，團體到路南的石林去參觀，據說世界上義大利的石林第一，第二就在這兒。路南這地方要經過黑白龍潭，金鼎、滇池，真江到城固。他們到路南非常費事，先坐火車，再騎馬或走路，翻山越嶺。那裡是一座古樸的小城，他們住在紫金宮，這是一座道觀。他們睡在墊著稻草的地上。他與林伯陪點著油燈在大殿中談天，下象棋。第二天去看石林，那裡有蝙蝠成群倒掛，他們點著電石火把，到達一個小山口，只有一人能出入，到洞底，有一小口，可以見到光亮。

一九四二年的夏天，他結束了這個多采多姿的大學生活。在這畢業的同年，殷海光進入哲學研究所。這個研究所在建制上不屬於西南聯大，而屬於清華大學。在他在研究所二年多的時間中，大部分在攻讀西洋知識論方面的書。

一九四四年，局勢已是最黯淡的時期，政府號召青年從軍，殷海光懷著滿腔愛國的熱情，毅然投筆從戎，成為全國第一個從軍的研究生。

七、不及格的士兵

抗日戰爭後期，軍事形勢逆轉，雲貴高原告緊。西南聯大的青年們的心，在自身的安全和國家的危亡兩頭打滾。正在這個時候，政府成立青年軍，號召青年從軍救國。西南聯大發動王牌教授，鼓勵學生到軍中去，聞一多教授就是其中之一。在一群大學生入伍前夕，學校開會歡送他們，輪到聞一多教授演說。他用他那富有磁性而低沉的聲調說了許多話，最後說到高昂處，他提起嗓子道：

「各位去從軍，拿槍桿，奪政權！」

他的話還沒說完，電燈突然熄掉。聞一多教授在黑暗中大聲說：

「混帳！你們想要搗蛋，我們更要奮鬥。」
殷海光在暗中納悶：
「我們從軍的目的明明是為了抗日，怎麼又是『借風過河』，乘機奪政權呢？」
西南聯大的學生結伴到了離校舍不遠的北大營，成為青年軍二〇七師的士兵，在北大營開始入伍訓練。
最少從民國以來，大規模的知識分子從軍，這算是首開紀錄。由此，政府在洋人配合這批知識青年的各種業務上，辦得很賣力，入伍時發下來的軍衣是灰色平布衣服，還有帆布鞋。在軍官和官佐方面，選擇最優秀、知識水準最高的人充任。吃的米也不再是「八寶飯」了，這是戰時吃到的最好的一種米。殷海光連上的指導員，聽說是一位義大利留學生，只不過不會說義大利話就是了。班長待這些大學生很好，疊被子經常由他效勞。後來，大夥兒就戲呼他為「疊被班長」。入伍訓練緊張而又刺激，這批大學生所表現的動作不一定好。早晨，聽到早起的號聲立刻起床，在十分鐘內打好綁腿，穿好衣服，漱洗完畢，然後集合，跑步，聽長官訓話。做完了這一套就吃早飯。
殷海光笨手笨腳，動作總比別人慢，打的綁腿尤其不高明，經常散掉，在大隊跑步的時候，他常常喊「報告」，出列，再重新打好綁腿。

上午學術科都有，中午才稍微有一點時間休息，並做別的活動，剛剛開始入伍的時候，大家都覺得不慣於這種緊張的生活。尤其在軍隊裡不能辯論，凡事只有服從。這是軍隊與學校的最大分別。

入伍訓練不久，聽說要調這批少爺兵到印度去受汽車駕駛訓練，大家非常歡喜。第二年早春一月，他們調到印度的命令下達了。那天，他們由北大營步行到巫家壩。那是一個春寒料峭的早晨，三點多鐘，他們草草吃了早飯，野行軍到了巫家壩機場。在清點人數之後，未上飛機之前，辦事人員在每個人的左臂上蓋了一個藍黑水的印戳，標明各人的號數，殷海光立刻覺得人的尊嚴受到侮辱，他對類似這種方式的侮辱最敏感，也最痛惡，因為他向來重視人的尊嚴。他認為喪失了這個，人與其他動物何異？

美軍的飛機C46載著他們離開中國的領土，這是殷海光首次出國。飛機升空之後，遠遠望見太陽從地平線上慢慢地升起，替朵朵白雲染上了多彩的顏色。穿過白雲，又有漫無邊際的白雲，飛機飛過無數的山峰，又有無數的山峰，彷彿漫遊在大海中。飛越瀾滄江、駝峰，最後，在那天下午，到達印度的阿桑姆斯，下機以後，耳朵被震得幾乎失靈。

他們由一個少校率領，魚貫步出機場，這位軍官開始向他們訓話：

「我們現在到了外國，處處要保持一個大國國民的風度，要保持國家的尊嚴。不要隨地吐痰……。」

這批大學生聽了有些不好受，心想，誰不知道這套起碼的生活上的規矩呢？何必多費這番口舌呢？

在機場搭上汽車，他們被送到雷多。雷多是一片沙地，上面長滿了菩提樹，那裡有一座第一次世界大戰監禁德國、義大利戰俘的營房，在那座房子裡，這批來自中國的士兵們住了下來。沙漠加上茫茫一片的叢林，使人置身其間有絕世之感。嚴格的汽車駕駛訓練就在這裡開始。

到了雷多軍營的第一步工作是把每個人身上的衣服全部脫光，原來的衣服和皮鞋都不要了。為了衛生的原因，把帶來的東西全放在蒸汽中蒸老半天。人人又洗了一個痛快而又徹底的澡，然後配發新的軍衣、毛襪、呢綁腿，穿著瘦長而又神氣的新軍服。跑步似乎是中國軍隊的必修科。團長簡立少將心血來潮時命令這批新到的士兵在炎熱的叢林裡跑步，他自己帶頭跑。士兵們穿起厚呢綁腿、毛線襪子跑，一直跑到每個人全身都是大汗才停了下來。

這批遠來的士兵下機以後，每個人對異國的每一件事都感到新奇和驚訝。阿撒姆地方正處於產茶地帶，附近有一望無際的紅茶園。烤茶的紅磚房和採茶花五色繽紛的衣服，點綴在綠葉中，襯托在遠山白雲裡，描成一幅印度情調圖。

他們在雷多紮過營。這裡和印度別的地方一樣，蚊蟲多，蛇也多。此外，在叢林中有吃人血的螞蝗。螞蝗掛在樹上，在草地上，或在沼澤中，乾濕的地方都有。這種螞蝗吃血最厲害，他們到雷多不久，聽到一個有關螞蝗的傳說：有一個士兵在叢林中遺失了，隊伍回營後，點名發覺有人失落，於是，官長派人四處尋找。第二天，這個遺失的士兵被發現在一棵樹下；可是，人只剩下一堆骨頭和一些衣服。雷多的猴子也多，在他們駐紮在對面的山頭，有著香蕉樹，每當日落黃昏，猴子叫聲四起，和著蟲鳴，在遊子聽來，交織成一曲淒涼的音樂。

他們在印度的待遇是每個月月薪十六個半盧比，領到薪水的時候，到小鎮上吃華僑開的餐廳，喝英國人的汽水，買巧克力糖。

在印度可以看到美國人財力之雄厚，這是沒有目擊的人難以想像到的。這也使看見過的人更相信沒有後方就沒有前方的名言。在印度，可以見到美國軍事工廠連營八十畝地，坐在汽車公路上，或者往森林裡走，常常可以看到炮彈、車胎、槍彈堆積如山，那是被丟掉的，沒有人拿得走，沒有人再去管它。

在雷多森林住了八十多天，吃的米、蔬菜、芒果、罐頭都由雷多城運來，他們的伙食是英國供給，就是少了伯他油。平日的生活除了緊張的訓練之外，閒時有人打牌、下棋。殷海光因為教營長英文，所以平常不出勤務公差。因為他經常公開痛罵共產黨，揭穿他們在軍中行動的種種花樣，左派的士兵聯合起來對付他。當時大家吃的飯由大家做，他因為教營長英文，營長不許他做飯。這個把柄給左派分子抓住了。臨到他去吃飯時，有人高喊：

「不做飯的人沒有飯吃！」

此語一出，大家齊聲附和，弄得他窘不可支。左派人多勢眾，他幾乎吃不到飯。營長關照叫他去他那兒吃飯，才解決了這個大問題。這是他初次親嘗左派「迫害」的滋味。

他們在藍伽的一個大規模的汽車訓練場，這個大場氣魄雄偉，訓練他們的主要車輛是由北非調到這兒來的。他們那時的建制是屬於軸重第二團，班長之類的幹部則是中國人。助教年紀約有十八九歲，常對著他嚷：

「你活著幹什麼喲！腦筋這麼笨！」

這是殷海光有生以來，第一次聽到說他腦筋笨的話。

訓練隊的隊長是哈佛大學的一位講師，不苟言笑，大家對他敬而畏之。在訓練駕駛的過程中，殷海光是第一批被刷下來的不及格的駕駛兵，他得到的評語是「愚騃」。這種被刷的士兵通常有兩條路可走，第一條是送回國，第二條路是降為炊事兵伙夫。想到這兩條路，殷海光枯坐營房裡，為自己的前途發悶。但是，他到底沒有做成伙夫。還好，同遭斥退的還有另外兩個人，他總算有了「同志」。別人出場訓練的時候，他們就悶在營房裡談論天下事。

畢業之後，又出步兵操，那種機械式的生活過久了，讓人覺得有些無聊。殷海光那一班多是熟人，那時一班中最高的李藻圃是班長，最矮的劉世超是副班長，殷海光倒數第二名，他們排在一起，自然也就親密起來。

藍伽訓練結束，又調回雷多，他們在森林中住著。天長日久，跟外界幾乎完全隔絕，這些少爺兵感到生活實在枯燥，他們一心只想駕車回國，度過一些單調的日子。美國終於發給他們吉普車，這批學成的駕駛兵，將要回到中國的戰場服務。隊長是一位美國人，車隊由他率領，經由險峻的史迪威公路開回中國。那位技術熟練、經驗豐富的隊長，一手駕駛，一手指揮這隊人馬，口裡嚼著口香糖，他所表現的是那麼鎮定、沉默和老練。

不及格的士兵——殷海光，坐在一個十九歲的軍士車上，隨著車隊回國。

八、從昆明高原到嘉陵江上

去國八個月之久的士兵們，回到雲南滇池邊的車家壁之後，就像回到自己的故鄉那樣興奮。他們看到山、雲、樹、屋、田野，靜靜的湖，是那麼動人遐思。車家壁距離昆明很近，他們每天回到西南聯大去看望舊日的師友，看看他們住了多年的校園。那時，在內地坐公共汽車還是一件新奇有趣的事。車家壁與昆明之間已經有公共汽車可通。殷海光和其他的同學穿著印度軍服回到母校去，舊日眼中破舊的土房，如今看來多麼親切。軍人的生活是純男性的生活，他們已經八個月沒有看見女性了，這次回到校園，看見每個女同學都覺得很順眼。同學們紛紛來探聽他們軍中生活的情形，士兵們興高采烈地述說在軍中，在印度的見聞，每一個士兵都掛著光榮的色彩。

在車家壁住了幾天，不出操，不上學科，大夥兒過著悠閒的日子。八月九日的下午，忽然聽到有幾戶人家放鞭炮的聲音，頃刻之間，到處鞭炮聲大作，大家爭問發生了什麼事情，有人跑來告訴他們說：「日本人投降了！戰爭結束了！」戰爭真的結束了？這天大的喜訊突如其來，整個部隊歡聲雷動，每一個人都在手舞足蹈，像是中了風一樣，頃刻之間把八年來心頭的積鬱化為無比的歡樂。

在雲南苦挨了漫長的七年時間，少年人變成了成熟的青年人，遊子的歸心似箭。第一個浮現在殷海光腦海中的念頭是如何回到故鄉去。應該如何回故鄉呢？他和一群同學離開了部隊，回到西南聯大，找同學們商量如何回故鄉去。

有一個同學送給殷海光兩萬塊錢，這筆錢可以由昆明到重慶。可是，他拿到了錢，先到昆明專賣美軍用品的商店去買巧克力糖以及其他好吃的東西，把錢用掉了一大半。錢已經不夠了，但不夠也得走。怎樣走呢！有人介紹他搭黃魚車。他坐在卡車的貨物上面，因為沒錢，那司機滿臉不高興。到了霑益，那車子丟下了他，他只好徬徨街頭。最後，他和一群修機場的人住在小旅館裡。第二天又找到另外一部汽車，搭了一段，又被丟下來。他看見一個留西裝頭的工人，兩人搭訕起來，工人知道他是西南聯大的學生，不但招待他吃飯，還把行軍床讓出來給他睡。並且第二天介紹一部商車和一個跑江湖的朋友給他。就這樣，他繼續往前走。

他們到了一個繁榮的市鎮，司機和商人下車，到一個大餐館吃飯。殷海光又餓又沒錢，不知如何是好。此時，那個工人介紹的跑江湖朋友拉著殷海光說：

「老弟，我們也坐上去吃吧！」

「這怎麼好意思呢？」殷海光拉著那人的衣袖低聲說。

「老弟，我們在外面跑，如果還講這一套，那不就要餓死了嗎？走，我們也坐上去，管他的！」

說著，他被拉上了這桌來。坐定，他連頭都不好意思抬起來，硬著頭皮就胡亂吃些東西，司機和商人互相敬酒，大吃大喝，連理都不理會這兩個不請自來的「客人」。這是殷海光生平唯一的一次硬著頭皮吃到的酒席。

剩下的路程，他又遇見一位北大的老學長，送他三千元，招待他在家住了幾天。有兩個當傘兵的金陵大學的學生，人長得很帥，聽說殷海光是西南聯大的學生，也招待他吃住。後來，殷海光在南京金陵大學教書，這兩個學生回到學校，同時做了他的學生，大家談起這次邂逅，都覺非常好笑！

到了遵義，找到一家教會，一位牧師出來聊天，並且招待他住的在家裡。第二天，領著他上苗山去看苗人的生活。苗人住在深山裡，紋身，以石投鳥，過著半原始的生活。他們身材矮，卻滿臉紅光，住在不清潔的矮屋子裡。第三天，牧師把他送上車，還替他買了車票。

他到了重慶以後，就找到重慶北岸黃角椏的夏家。這家的三小姐是殷海光大學時代的同班同學，她為人豪放，有男子氣概，女扮男裝。在昆明的時候，街上有男子對她們姐妹輕薄，她氣勢洶洶，伸手一掌打去，嚇得那個男子倒退三尺。

有一次，她和殷海光在文林街碰見了，她走路很吃力的樣子，說腳太肥了，鞋太小了；殷海光說我的腳太瘦了，鞋嫌大了。「那麼正好，」她說，「我們何妨換一下？」他們就當街換鞋。她是聯大各路英雄中，很特殊的一個人。

夏老先生是步兵專科學校的畢業生，官拜中將，他為人善良而又好客，殷海光在他們家裡受到殷勤招待，真是賓至如歸。夏老先生後來成為殷海光的老丈人，他們夏家的四小姐成為今天的殷太太，那時夏家四小姐還只是一個初中的學生。夏家後來搬到漢口，再搬南京，又回到漢口，大陸鼎革前，四小姐由廣州與南京的殷海光取得聯絡，後來到了台灣，台大畢業之後，與殷海光結婚。

殷海光到了重慶之後，並沒有買舟南下，卻在重慶江北的一家出版社當編輯，也搬到江北，在那裡開始他的編輯生活。他這個編輯很特別：不簽到，不坐辦公廳，興致來了，遊山玩水，嘉陵江畔常有他的遊踪。後來王雲慕名造訪，他就搬到一個洋樓上，和王雲夫婦一起住。他開始讀羅素的《懷疑論集》，他們有時談得投機，就到附近鄉間路邊一棵大樹旁小酒店吃炒鱔，喝橘酒，過著無拘無束的生活。

抗日戰爭結束了，外省人大都回故鄉了，長江北岸的這個小鎮十室九空，顯得好清寂，好淒涼，他常在林木深處的小徑上獨自徘徊，浸沉在寂寞的深思裡。漸漸地，大家都走光了，他連吃飯也困難，這年十月二十六日，他就買舟東下。

這是他人生新的旅程的開始。

九、金陵回憶

中日戰爭開始的時候，北方的難民往西南一帶遷移。戰爭結束，西南的人口又流向華中、華北、東北。這是戰爭帶來的人口的大播遷。戰爭已經結束了快要一年，但是，當殷海光買舟南下的時候，在重慶的船隻還被各機關訂光。後來找到一條小船，船主在艙位上畫好了白線，每個人的寬度只有一英尺，每位客人真像沙丁魚似的塞在裡面，一個人要翻身，便會影響大家。因為船太小，風稍微大一點，或遇見急流險灘，船身歪得連船的肚皮都可以看清楚。穿過三峽的時候，河道曲折，西岸峭壁如刃，隱天蔽日，中國人從前不太注重交通，陸路上有「老爺車」，殷海光所乘的這條船堪稱「老爺船」。殷海光從重慶到漢口整整乘了二十一天的船，船上沒法子洗澡，因此他二十一天沒有洗澡。抵達漢口時，他的第一件大事就是到澡堂去洗澡，洗完澡，他好像再生了一次。

船到宜昌以後，才算順流而下，每到一個小城都停船。在四川一帶很難吃到魚，東南來的人喜歡吃魚，他們在四川一帶困了八年，少吃到魚，一到長江邊，他們看到鮮活的魚，嘴就饞起來，船一靠岸，紛紛上館子吃魚。

慢慢吞吞，他終於到了南京。對他而言，南京是個陌生的地方，到南京做什麼？殷海光自己也不知道。人，就像一隻海鳥，有了翅膀就要飛，飛到哪兒就到哪兒。

到南京的第一夜，他住在一個熟人家裡。第二天在離玄武湖不遠的巷子裡找到五席大小的房間，後來姓溫的一個青年來和他住在一起。這麼一個斗室，放兩張床，一個小桌，兩個小書架，殷海光就在這種環境中從事寫作。

那時國內的學界隱隱然有北方學派和南方學派的分別。殷海光是北方學派出身的，他對於設在南方的中央大學沒有什麼印象。中央大學是南方學派的重鎮，他在南京找不到事情做，中央大學也不會要他，唯一可走的路子，只有賣文為生。他成為許多搖筆桿、爬格子的文人中的一員。

這位賣文為生的青年既無地盤，也沒有熟人，靠他在西南聯大的訓練和重慶當編輯的一些經驗，單人獨馬在南京打天下。他經常在饑餓的邊緣。愈窘困，他就愈賣力，生活的鞭子逼著他埋頭窗下。

那位姓溫的同學是一位公子哥兒，不事生產，講究衣著，不會操勞，但性好活動。殷海光厭惡活動，也不會活動，但他卻十分刻苦。每天清晨起床，先起爐子，他煮愛喝的咖啡，然後讀書、寫作。每天的生活都很規律。他們訂好一個契約，寫好的文章由溫姓同學去賣，得到的稿費，殷拿三分之二，溫拿三分之一。姓溫的青年覺得這種交易很公道。這位青年常常是等殷海光生好爐子以後才起床。起床之後就到外面活動，往報社或雜誌社推銷殷海光寫的文章。他們兩人雖然這麼窮，可是格調又那麼高。他們窮時，只啃冷饅頭，可是稿費來時，卻把窮境忘到九霄雲外，他們第一件事是吃館子。這種習氣，殷海光一直延續到來台結婚成家以後才戒掉。殷海光沒有嗜好，也不講究衣著，可是除了喜歡吃以外，他喜歡喝咖啡，不但要喝，而且要喝好咖啡。他愛咖啡的習慣一直保持到現在。可是，他根本是一個窮教書人，沒有充裕的錢買。他的學生知道他有這個嗜好，常買咖啡贈送這位老師。你跟他談天，如若他起身煮咖啡給你喝，那就是他高興的表示。

在南京賣文為生的日子也夠刺激的。清晨起來看報，看自己的文章有沒有被登出來，尋找的那一刻，心情非常緊張。登出來，心中暗暗高興，有時喜形於色；如若沒有刊出，就懷著一顆失望的心回去。稿費在這麼艱苦中得到，送稿費的工人還要剝削文人，比方說送五百元給寫稿人，工人要扣掉五十元。「人吃人」本來到處都有，現在吃到窮文人頭上來了。

這種生活過了幾個月，殷海光生活改變的日子終於來了。他被一個識貨的人延攬到一家大報去擔任撰寫工作。這真是平地一聲雷。他由五個塌塌米的小房間，搬到一座大建築物的三層樓上的一間大房去住。

然而殷海光是一個自由鳥。他的心靈不受任何拘束，他還是憧憬著過教書生活。他固然要生活，但他更要真理，為了自由和真理，金錢同名位打不動他的心。在這家大報撰稿的工作究竟不能不受到一些拘束。於是，他直接找金陵大學文學院的負責人，說明他想要到金陵大學來教書，那位負責人要看他的著作，他就把著作送給他看，結果，他被聘為講師，教哲學概論和邏輯課，後來擔任副教授。金陵大學有幽靜的校園，古木參天，綠草如茵，校舍的建築代表一個古老的教會大學的風格。如果拿這個學校和北大、清華相比，也許它不如北大的學術水準，但是，它有一種真實和安穩的氣息，學生也比較活潑開朗。

年輕的殷海光在金陵大學教書的時候，就表現了他特具的吸引力，很快就成為受歡迎的人物。當冬天的陽光照在草地上時，在教室裡，他說：「我們為什麼不到大自然界去？」一群學生立刻起來，隨他奔跑到草地上去，坐在一塊，圍著他聽他講學。

後來，徐蚌一帶作戰，形勢萬變，人心惶惶，不可終日，中央大學、政治大學和金陵大學三校副教授以上的人在金陵大學的禮堂開會，討論救國的辦法。會中有人提議這個會必須有個名稱，有人主張叫「南京中國教授救國會」。但是，有人反對。一個學國文的教授說這個名詞不對，他說：「兄弟是學國文的，覺得這個會應該叫做『中國南京教授救國會』。」為了這點小事，雙方展開辯論，足足辯了兩個小時，但是毫無結論。殷海光坐在一個角落裡靜靜地聽著，這才真正是「宋人議未決，而金人已渡河矣」啊！

淮海戰役正在緊急的時候，殷海光以南京某大報主筆及金陵大學副教授的身分到前線為作戰的將士打氣。他這股傻勁很得到人們的欽佩和鼓勵。那時他住在南京新街口，整天見到的是燈紅酒綠、六朝金粉的盛況。這次離開都市，他親自目睹這場戰爭的慘烈，也體會到中國人民的苦難以及士兵生活的艱苦。一場長期的對外戰爭剛剛結束，另外一場對內的戰事又起。殷海光沿途所見，使他深受刺激，他的思想也開始有了新的調整。

他離開南京的時候，在下關見到形形色色的江北人拿著幾隻雞到下關來，預備換點東西。過了長江，在津浦路的調車廠看不到工人的影子。煙筒也不冒煙了，無限淒涼。江北的難民坐在弓形的棚下，緩緩地抽著旱煙斗，彷彿是向他們的命運作無言的抗議。是誰使他們飽受戰火的洗劫，是誰使他們顛沛流離，淪落異鄉？

淮海戰役結束以後，主要戰場南移。共產黨的軍隊由安慶蕪湖渡江而來，南京附近已經有了游擊戰，局勢一天比一天更為動盪。南京開始亂了，許多人在打主意離開這六朝金粉的所在，紛紛變賣帶不走的東西。齊白石和溥儒的字畫，家具、古玩充斥街頭。他一個單身漢，倒不那麼恐懼，為著好奇，他隨手買了幾樣紀念品。

南京的秩序更亂了，蔬菜、水果、糧食的供應愈來愈缺乏，街上發生搶糧食的事件，警察開槍制止，秩序大亂。在這種情形之下，殷海光也沒有東西可吃，他自己上街找東西，可巧，碰到有人挑了一擔芋頭，他如獲至寶，買回來煮著吃。他從新街口住所的三樓往下面看，街頭到處都是散兵遊勇，日落以後，到處一片淒涼。

在南京的那家大報已經計畫搬到台灣來。一位大員含著淚對殷海光說：「局勢已經這樣，我們只好先到台灣去搭一腳，以後再說。」神情非常悽愴。這樣的話深深打動了殷海光的心，他決定和這家大報共同搬到台灣來。

另外一個原因也促使殷海光選擇了台灣：在南京失守之前，國民黨發表一個「上海宣言」，強調他們要聯合自由主義者，共同反共。這也決定了殷海光的選擇。他想，在這樣的大失敗之後，也許正是國民黨大反省和徹底改變作風的時候。他是自由主義者，他永遠追求他的理想，沒有比自由更吸引他，也沒有比「上海宣言」更能迎合他的胃口。他來到台灣。

十、飄過海來到台大

一九四九年六月三日，經過長途的航海，殷海光懷著興奮的心情到達台灣的基隆港。當他所搭的中興輪慢慢地駛進港口，他由船上眺望基隆的第一印象是這個港市小而落後。下船以後，他在碼頭上遇見七十二烈士的唯一生還者莫紀彭老先生。莫老劈頭第一句話對他說：「殷海光！你不來看我，混蛋！」這是他一上岸聽到的歡迎詞。莫老和殷海光是在南京認識的，他為人粗豪、直率，非常真誠。後來殷海光真的一直沒有機會看見他。

殷海光來台之後，住在天母一座日本人留下來的倉庫裡。由住的地方進城須要四十分鐘的路程。他在那裡讀書寫作，清晨和傍晚在田野散步，有時漫步到士林街上，買點香蕉吃。閒來沒事就和友人談天、下棋，那段日子的確享了一點清福。

那時的天母居民很少，除了零星的農舍，沒有什麼像樣的建築物，小花遍野，綠草如茵，蔥翠的山巒靜靜地躺在白雲朵朵的天空下，田野裡渠溝處處，汩汩地流著清澈照人的溪水。在殷海光的印象中，當時台灣的社會安定而寧靜，人民生活樸素又守秩序。街道整潔，一片農野景象，但是文化相當落後，一般人民的知識也相當差。他由烽火連天的大陸，初到這個安靜的地方，覺得這是海外的一個樂土。

這時，他除了擔任南京遷台的那家大報的主筆外，還兼任《聯合報》前身的《民族報》總主筆。他用尖銳而深厚的一支筆加上敏銳細密的大腦，而影響著報界的輿論。他年輕又幹練，才氣橫溢，那時真是鋒芒畢露。可是他為人處世實在太硬，太不講究技巧。他採用稿子的標準又是認貨不認人，一點情面都不講。因此，常得罪那些愛拉關係講面子的人，他們認為他目中無人。後來「大撤退」之後，大批文人湧到台灣，葉青和張鐵君等人也在報上寫文章，殷海光對他們的稿子稍加修改，引起這批自認老牌文人的不滿，報社又因他不會耍手腕，不通人情而排擠他。於是，有五六家報紙攻擊他，用大號字登在報上，寫他是「別字主筆」、「狂妄」、「驕傲」、「夜郎自大」……這是他第一次受到的大圍剿。殷海光對這些罵他的文章很少看，有人告訴他文章的內容，他也只是笑笑而已。不過，那時罵人還守些分寸，不像今天罵人的人多半是扣帽子，拿泰山壓頂的名詞來洩私人的恨。甚至這種風氣已經傳到讀書人迫害讀書人來，社會正義之淪喪，道德之墮落，更是日甚一日了。

經過這次大失敗、大撤退，渡海來台之後，殷海光滿以為一定有一番新氣象、新格局，沒想到一切依然故我，陳腔濫調，遇事敷衍，他自覺此行是抱著一種理想，如果這樣下去，他看不出生機何在！他既不能扭轉風氣，他又不肯流俗，於是決心放棄這份工作，預備回到教育界去。他先辭掉這份工作，再預備去謀教職。他的朋友戴杜衡為人比較世故，處事比較溫和，認為辦事不能這樣決絕，萬一兩頭落空怎麼辦？他說這是表示決心。他不顧一切，辭去報社職務，要走進學校，從事學術工作。

那年八月，他隻身來到台大，他穿一件夾克，模樣看來像個剛進大學的學生。他走到台灣大學的校長室找傅斯年。他直接了當告訴傅斯年說他想要到這個學校來教書。傅斯年先和他談，後來告訴他說學校是需要一個教邏輯的老師，問他過去教書的經歷，他說他在南京金陵大學當過副教授，傅斯年不承認他的資格，要他由講師做起。他說：「好吧！做講師就做講師。」就這樣，他到台灣大學教書，一教就是十七年。

殷海光這種毅然的決定使很多人為他慶幸，也有人為他惋惜。如果他肯繼續留在報界服務，名利地位皆在眼前，比一個講師的待遇強多了。以他的文名來做這一家大報的主筆，可拿優厚的薪水，獨居一棟住宅，出入也有汽車可坐，可是對於這一切的一切，他都拋棄了。那種只問現實利害，不問真理的黨派氣氛，使他窒息得透不過氣來。有一次開編輯會議，他聽到王新命還彈那種老調調，他的頭幾乎要爆炸了，趕快站起來，跑到走廊上納納涼氣。這一次，他下定決心，回到學問上來。

他在台灣大學教邏輯的時候，年紀輕，教書很賣力，他拿西南聯大的標準來衡量學生，學生趕得上的很少。頭一個學期考試的結果，這門課就有一百零五個學生不及格。這件事引起軒然大波。家長會派代表問傅斯年校長，傅校長找到殷海光。

傅：「你打分數怎麼這樣苛？」

殷：「分數是照卷子給的。」

傅：「你不能太過分吧！」

殷：「我不過分，這是照卷子給的分數。」

傅：「那你根據什麼標準呢？」

殷：「根據清華、北大的標準。」

傅斯年到底是講理的人，他聽到殷海光的話，也就沒話可說了。然而，這件一百零五個學生不及格的事，卻成為他到台大之後的第一炮，也是響亮的一炮。

那時，他住在松江路，每當考試的時候，學生知道他嚴格，分數還沒有宣布就紛紛跑到他住的地方去看分數。他住的院子有一道矮牆，牆外都站滿了人。他對這一排專為看分數而來的學生說：「凡是要看分數的人，通通向後轉，立刻離開這裡，要談學問不要分數的人可以進來。殷海光的學生是不談分數的。」他自己做學生時，視分數如煙，因此他看不起愛分數的學生。

儘管他給分數這麼嚴，可是，他不久就成為台大最受歡迎的教師之一。他上課的風度，講課的內容，給人呼吸到的氣氛，形成對學生莫大的吸引力。他的演講更是引人入勝，座無虛席，時常掌聲不絕，聽眾多得甚至擠破了玻璃窗。他給人的印象是他有一股強烈的、熱誠的、深刻的情感。加上他對時代的透視力、分析力和期望，還有他的那一股無形的力量、氣度，抓你，震蕩著你的心靈。

他平日教學生獨立思想，讀書人的是非不要跟著現實的權勢走。他要人目光遠大，不要被一時一地的思想左右你自己的看法。他實在是一個典型的自由主義者，把人當作最後的目的。

除了在學校教書外，他也可以說是台大的老學生。在知識進步日新月異的今日，他不斷在充實自己！不斷覺得自己不夠，不斷追求，他在台大旁聽過陳雪屏的心理學，沈剛伯的希臘史，黃堅厚的變態心理學，也聽過他的學生洪成完的數理邏輯。最使人感動的是他在《自由中國》半月刊寫文章的時候，他的名氣如日中天，那也是他最忙的一段歲月，潘庭洸在數學系講組論，他整整聽了一學期的課，從不缺席。無論上課的老師或是聽課的學生，對於這位老學生的向學精神都感到由衷地佩服。有一次他初到一間教室去聽課，那位教授見他也夾在學生群中上課，講課講得很不自然，學生們看到他來，也覺得驚奇，稍稍有點騷動。他轉過頭來對同在聽課的學生說：「我是一個老學生嘛！」同學報以欣然的一笑，沖淡了緊張的空氣。

他的獨生女文麗長得靈慧可愛，真是他們夫婦的掌上明珠。當她六七歲的時候，早上跟著她的父親去上課，她小小的模樣坐在教室的最前排，很認真地聽他父親講書，她的父親寫黑板，她也認真地在自己的小筆記本上寫筆記，態度那麼認真，又那麼自然。下課以後，父女拉著手走回家去。這一副父女上課的情景，留給台大的學生們深刻的印象。

（鼓應按：殷老師四十八歲得胃癌，五十歲去世。這個傳記，只記了他三十來歲以前的事跡，我們沒有能夠讀到他在台灣這十幾個年頭的生活記述，很可惜。）

殷海光先生晚年紀事年表

一九六六——一九六九 [1]

陳鼓應

一九六六年

一月

《中國文化的展望》一書由文星書店出版。同年，文星書店被迫關張。

十四日，在致韋政通的信中說：「書生處此寂天寞地之中，眾醉而獨醒，內心常有一陣一

1.本年表在編輯過程中，主要參考了《殷海光全集（十九）．殷海光林毓生書信錄》（殷海光、林毓生著，台北：台大出版中心，二〇一〇年）與《殷海光全集（二十）．殷海光書信錄》（殷海光著，潘光哲編，台北：台大出版中心，二〇一一年）中的相關書信，以及《煉獄——殷海光評傳》（王中江著，北京：群言出版社，二〇〇三年）與《殷海光與近代中國自由主義》（何卓恩著，上海：上海三聯書店，二〇〇四年）中的附錄部分，以及《殷海光學記》（賀照田編選，上海：上海三聯書店，二〇〇四年），特此說明。北京大學中文系博士生李浴洋提供了大量幫助，謹致謝忱。

陣莫可名狀之淒寒。寂寞之長途旅人，甚願見路邊之煙火人家，靈魂有個慰藉的小茶店。喝口熱茶，暖暖心頭，打起精神，重新走上征程，或可發現一個新境界於迷茫之外也。」（《殷海光書信錄》，第六五頁）

同日，在致陳鼓應的信中說：「內心有難以言狀的淒涼。幸得二三知己，稍感慰藉。人和人內心深處相通，始覺共同存在。人海蒼茫，但願有心肝的人多多互相溫暖也。」（《殷海光書信錄》，第二九一頁）

孤寂心境的抒發，是殷海光晚年書信的重要主題。

二月

十六日，在致陳平景的信中說：「有些人把我看成胡適一流的人。早年的胡適確有些光輝。晚年的胡適簡直沉淪為一個世俗的人了。他生怕大家不再捧他，唯恐忤逆現實的權勢，思想則步步向後溜。」（《殷海光書信錄》，第二八七頁）

三月

十六日，在致台灣大學哲學系主任洪耀勳的信中說：「論新陳代謝，本系情形實在欠佳。

下一代的人似乎並不一定都比上一代的人優秀。這種光景，像我這樣不上不下的人看在眼裡，內心實在難過。在此時此地，要說能把哲學系辦得夠上國際水平，當然是唱高調；但是，最低限度，在選取師資時，必須以有追求真理的熱忱和致力學問的誠意作條件。然而，就我默察，哲學系選人距離這一標準好像越來越遠。有的人並非對所教的課程有絲毫把握及低度興趣，而這種人之所以百般欲進台大者，明明白白是要利用台大招牌以滿足虛榮，以提高地位，而惑世沽名。有的人對中國哲學並沒有作學問上的努力，而只是藉機創教，自作教主。類此情形，早已騰笑校內外。……

本地老輩即將萎謝，新輩不夠健全。脫節癱瘓現象，已灼然可見。這種結果是十六七年來種種因素積漸形成的。這樣下去，如不整頓，不認真慎選師資，那麼不出五年，哲學系的光景將不堪設想。將來受害者無疑多為本地青年。辦理行政者，對此似應負有較多責任也。」（《殷海光書信錄》，第四八—四九頁）

此信最後，還有陳鼓應、劉福增、王曉波與陳平景等人的簽名。

四月

在政治大學做題為「人生的意義」的演講。

五月

拒絕在〈給美國人民的一封公開信〉上簽名。此信係台灣當局為測試知識分子的忠誠度而策劃。

胡秋原在《中華雜誌》上發表〈為學術詐欺告各有關方面——論不可誤人子弟及要有一個師道尊嚴運動〉，攻擊殷海光。此前，胡秋原已經先後發表了〈評兩本錯亂欺人的書（一、《邏輯新引》）〉（《中華雜誌》一九六五年八月）與〈評殷海光另一本更錯亂詐欺的書《思想與方法》〉（《中華雜誌》一九六五年十月、十一月、十二月與一九六六年一月、二月、三月、四月連載）兩篇文章。

六月

胡秋原致信台灣大學校長錢思亮，提出二十五個問題，要求殷海光答覆，否則視其為「不學無術、誤人子弟」，認為應停止其授課資格，或者改任職員。

此前，在二十世紀六〇年代初期，台灣「教育部長」張其昀在國民黨「中常會」上向王世杰發難，認為殷海光不能申請「國科會」（全稱「國家長期發展科學委員會」）的專案資助，得到蔣介石的支持。王世杰希望殷海光主動撤銷申請。殷海光旋即去函「國科會」，聲明撤銷。「國科會」的專案資助為殷海光重要的經濟來源，其生活自此出現困難。

七月

殷宅（溫州街十八巷）開始受到監視。

《中國文化的展望》一書被台灣當局以「反對傳統文化精神，破壞倫常觀念，足以淆亂視聽，影響民心士氣，違反台灣省《戒嚴期間新聞紙雜誌圖書管制辦法》第二條第六款之規定，依同辦法第七條之規定，應予查禁並扣押其出版品」的罪名查禁。

八月

台灣當局以聘請殷海光出任「教育部教育研究委員會委員」的名義，試圖將其調離台大。殷海光首先從洪耀勳處得知這一消息。不久，安全人員將他從家中帶往警備總部，威脅他接受聘書，被他斷然拒絕。

此後，安全人員再至殷宅，要求殷海光與台大斷絕關係。殷海光與校長錢思亮面談後，雙方商定他是年仍為台大教授，但停止授課，到次年七月即不再續聘，自動終止與台大的關係。

十五日，在致徐傳禮的信中說：「自由之實現是要付出代價的。在這太陽被烏雲遮蔽的時代，我之身受，正是為自由所付出的代價。也許還得再付出哩！」（《殷海光書信錄》，第九二頁）

九月

安全人員三至殷宅，要求殷海光接受「教育部教育研究委員會」的聘書。殷海光大怒，予以痛斥。同月，安全人員阻止其外出參加海耶克來台座談會。

十月

十五日，在致屈萊果的信中說：「關於我最近發生的不幸，並非三言兩語所能清楚形容和分析的。這件事本身是值得研究中國問題的學者（sinologists）去弄弄的個案，研究的主題。……我被迫離開台灣大學不是起因於一個低級官員的偶然行動，而是國民黨經過長時間的考慮，陰謀對待異端的結果。……

今年夏天，一份一千四百多名文化工作者抗議『美國的共黨姑息分子』的宣言匿名地出現，沒有人知道它是哪兒來的。……國民黨通過簽名者和拒絕簽名者名單，可得知誰擁護它，誰不擁護它。文化工作者如果拒絕簽名，似乎都會面臨可能被懷疑為『不忠』或失去工作的後果。……作為一個自由人，我率直地表示我對這個準共產主義伎倆（quasi-communist trick）的憎惡感覺，拒絕簽名，於是引燃了爆發點。我實際上被台灣大學免職。事實上，台灣在這個秋天發生了一系列的清算事件，我的一群學生靜靜地被免去在學校裡的職位，而我是第一個被開刀的。」（《殷海光書信錄》，第一八七—一八九頁）

在「清算殷黨」事件中，陳鼓應、劉福增與張尚德，分別被文化大學、東海大學與政工幹校解聘。

十二月

撰寫〈我被迫離開台灣大學的經過〉一文。

從是年起，殷海光的晚年都在威權政治的高壓之下度過。本月一日，他在致林毓生的信中說：「你知道我在這個島上是島中之島。『五四』以來的自由知識分子，自胡適以降，像風捲殘雲似地，消失在天邊。我從來沒有看見中國的知識分子像這樣蒼白失血，目無神光。他們的亡失，他們的衰頹，和當年比較起來，前後判若兩種人。在這樣的氛圍裡，懷抱自己的想法的人之陷於孤獨，毋寧是時代的寫照。生存在這樣的社群裡，如果一個人尚有大腦，便是他的不幸之源啊！」（《殷海光林毓生書信錄》，第一六〇頁）

一九六七年

一月

三日，在致胡越（司馬長風）的信中說：「光的困境之造成，與台灣大學無關；而係若干文字警察所製造的空氣，被校外特殊勢力利用作為煙幕，強迫光脫離台灣大學所致。現在，此間任何文教機構，一提起『殷—海—光』三字都神經緊張起來。所以，光如坐圍城，且無地容身，實際的低度生活也日漸困窘。」他特地提醒身在香港的胡越，不宜將他在信中的言論直接示人，因為「港地複雜，而我已如籠中雞也」。（《殷海光書信錄》，第五〇、五四頁）

十日，在致許冠三的信中，殷海光重申：「我的近況，實在和台大無關，更和錢校長無關。……我像一隻籠中鳥，眼看著籠外自由鳥振翅高飛，心中好不煩悶。其實，我的翅膀跟他們一樣健，為什麼我不能也飛？近三四年來，特別自我被迫離職的半年來，我為了『奔向自由』，作過相當的努力，可是迄今毫無收穫。」（《殷海光書信錄》，第一〇四頁）

所謂「奔向自由」，是指離開台大以後，出於學術理想與現實生計兩方面的考慮，殷海光一直謀求赴美任教的機會。

二月

二十二日，在致陳鼓應的信中說：「我希望在最近的將來，能為存在主義而努力。」（《殷海光書信錄》，第一九三頁）

三月

一日，在致許冠三的信中說：「中國近數十年來，所有政治言論，除了作主張以外，就是發黨見。……我們必須遠離這些烏煙瘴氣，才能真正認清時代，創建新的觀念思想，構造新的價值系統，為今後的中國人民指出可行的新方向。」（《殷海光書信錄》，第一〇七頁）

八日，在致張灝的信中說：「我是一個特別愛想的人。近年來，我常常要找個最適當的名詞來名謂自己在中國這一激盪時代所扮演的角色。最近，我終於找到了。我自封為『a post May-fourthian』（『五四』後期人物）這種人，being ruggedly individualistic（堅持特立獨行），不屬於任何團體，任何團體也不要他。……於是，在這一時代，他像斷了線的風箏。這種人，注定了要孤獨的。……

真不知哪兒來的勇氣和頑強。一切狂風都吹不散我心頭的那點追求自由的理想和肯定的人理價值。正因這樣，我不僅變成一個生活的孤島，而且是一個價值的孤島，以及一個感情的孤島。……我常常在近來想，我這二十多年來的生命歷程，正好象徵著『五四』後期自由知識分子的悲劇。」（《殷海光書信錄》，第二七一—二七二頁）

十日，在陳平景等人陪同下，赴台南遊覽。回台北後，食欲不振。

四月

入宏恩醫院檢查，確診為胃癌，立下遺囑。月底，轉入台大醫院就診。

五月

一日，在台大醫院進行手術，胃切除三分之二。十五日出院。此後以居家休養為主，很少出門。

六月

羅業宏在《明報週刊》第十八期上發表〈胡秋原對殷海光的誣評——評胡著《邏輯實證論與語意學及殷海光之詐欺》〉，為殷海光辯誣。

羅業宏在文中說：「胡書用了十幾萬字來謾罵殷氏甲乙二書，無非是要用來支持胡氏給殷氏羅織出來的兩個罪名：（一）殷氏二書『句句不通』，『在學問上亂扯亂說』，是一種『學術詐欺』；（二）殷氏是台灣一個『陰謀賣國集團』的『學術領袖』，並且和一個『國際陰謀集團』（指哈佛教授費正清等）勾結。……

殷氏二書的內容有沒有錯誤的地方呢？當然是有的，而且其中有些錯誤也給胡氏指出來了。……但是，一本書的內容有錯誤並不一定是一種天大的罪過。我們記得哈佛大學的邏輯教授 Quine 先生那本 *Mathematical Logic* 出版後不久就被人指出其內容有自相矛盾的地方。矛盾雖是邏輯上的大忌，但這位教授並未因此而被人寫十幾萬字謾罵一番，他的人格和學術地位並未因此而動搖，而且那本邏輯著作稍經修訂後依舊是學界公認的權威作品。……

如果胡氏在邏輯上哲學上有相當修養，純粹從學術上的立場對殷氏二書加以評論，自然是一件好事。但是胡氏既沒有足夠的語文根底，又沒有冷靜的頭腦，一味從自己的成見出發來讀殷氏的書，存心要挑毛病，其結果為謬誤百出，自是意料中事。胡氏承認自己不是學邏輯的，只因一九六二年被殷氏兩個學生的文字所攻擊，胡氏一口咬定殷氏為幕後主持人，然後逐漸讀了殷氏的書，最後才發現了殷氏的『罪行』，覺得他有非『揭發』不可的『責任』。他曾寫公開信給台灣大學，要求校方停止殷氏授課，又寫公開信給教育部，說殷氏接受國家長期發展科學委員會的補助『無非是浪費國家金錢』。現在，殷氏已被迫放棄國家長期發展科學委員會的補助，並已被迫脫離台灣大學了，胡氏的要求已經實現，他得到了什麼好處呢？」（賀照田編選：《殷海光學記》，第四八〇—四八一頁）

七月

收到台大續任聘書，但仍不准授課。殷海光決定退回，被徐復觀勸阻。

二十八日，在致徐復觀的信中說：「為了顧全大體及可憐的學術尊嚴，我沒有退還台大的聘書，但在我未離台之前是不會應聘的。總而言之，我在台灣教書為業的事是得告一段落了。我之所以迄今堅持這種態度，非與何人等爭意氣，意氣只像煤煙。我主要係為中國知識分子保持一點殘餘的尊嚴。三十餘年來，由於戰亂頻作，播遷失所，經濟破產，技術的身價抬頭，諸勢力集團的操縱利用，中國知識分子的尊嚴本已江河日下；而知識分子之間不自覺地互相煮煎，使江河日下的地位更形江河日下。每一念及，光頗感傷！今日之事，首須知識分子從這一泥沼裡主動地超拔出來，並生相互矜惜之心。」（《殷海光書信錄》，第八五頁）

八月

在陳鼓應的安排下，往台中大度山訪徐復觀。

行前，在七月二十八日致信徐復觀說：「我想和鼓應同行。對於現代這種煩雜生活，我愈感難以適應。相形之下，我已成一鄉下佬了，所以請鼓應帶領。」（《殷海光書信錄》，第八六頁）

歸來後，在致信徐復觀的信中說：「可能有一天，在真理之前，中、西、古、今的隔格，變得全無意義。古、今、中、西學術思想的整合可能逐漸實現哩！」（《殷海光書信錄》，第九〇頁）

二十日，又致信徐復觀說：「這幾晚真是月明風清。我常徘徊院內，以至深夜。有時雖聽雞聲喔喔，不禁興故鄉之憶。很少人不是情感的俘虜啊！」（《殷海光書信錄》，第八七頁）

九月

七日，在致何秀煌的信中說：「我覺得這次是我出來的最好機會。如果這次不行，又不知等到何年何月啊！所以必須盡力爭取。這三個月來，我們曾多方努力，但皆無效。在這『山窮水盡』的時候，我認為只有採取聯絡海外知識分子寫信向此間手操實力者呼籲之一途。」（《殷海光書信錄，第二二一頁）

不過，殷海光出國事，仍舊未果。

十一月

哈佛燕京學社主任裴理哲訪台，前往殷宅拜訪，商定在殷海光離台前，預先支付研究經費，資助其《中國近代思想史》撰寫計畫。

十五日，在致黃展驥的信中說：「這裡有人以我為胡適的繼承人自居而吃醋，這真是好笑！不用說等到我頭髮白了，就從大學二年級開始，胡適逐漸被丟在我的腦後。」（《殷海光書信

錄》，第二九九頁）

十二月

一日，在致林毓生的信中說：「無論身在何處，工作是不能停的。《中國近代思想史》的寫作，醞釀了許久，現在非動筆不可了。」（《殷海光林毓生書信錄》，第一八七頁）

在同一封信中，殷海光較為具體地談及了自己晚年思想的變化：「我一向讀書，因長期受羅素及邏輯經驗論的影響，偏重於讀通則性質的書……久而久之，於不經意之間，我認為只有這類才算得是知識，其他不具此格的一概不算，於是輕而忽之。……我近來有機會接近一點文學著作……第一流的文學著作固然不是純知識，但刺透人生特殊角落之深，啟發想象力之激動作用，遠非普遍性的知識所能及。這一比較的觀察，使我了悟，我們既要把握住 generality（通性），又要抓住 particularity（殊性），才算是得到豐富的知識。」（《殷海光林毓生書信錄》，第一八八—一八九頁）

殷宅受到監視後，經常來看望殷海光的只有他的幾位學生。同樣是在這封信中，他說：「我近來身體還算好，只可惜『獨學而無友』。這裡有二、三學生可談，但學力究竟差了一段，因此談起來不夠勁，也使我吃力。四十歲以上習文法科的，幾乎大腦退化到跟周口店人的差不多，簡直無可談者。何以至此，說來傷慘！我除了讀書、寫作以外，就是在院內小水泥徑上來回踱步。」他自況為「這一時代一個孤獨的心靈的光景」。（《殷海光林毓生書信錄》，第一八九頁）

在同年致朱一鳴的信中，殷海光說：「我有同胞愛，我有故鄉之戀。午夜夢迴，聽雞聲喔喔，輒興故鄉之憶，心情淒然。我生長在中國，我在中國的動亂裡成長，作為一個好思想而且有責任感的中國自由知識分子，我對於置身其中的大動亂不能不體驗，不能不努力認識動亂的前因後果。為此，二十多年來，我幾乎沒有一天停止。

四十年前，中國的知識分子，康、梁、譚、陳等人，對邦國大事何等有責任感，何等熱心。我把他們同今日的中國一般知識分子的現狀對照起來，真是有隔世之感……在大陸的怎樣我還不太清楚，在台灣的許多變成了自了漢，天天公開叫囂的則變成權勢集團的播音筒，對中國的現狀無知，對前途是一片迷茫的幻想。自胡適以降，他們對國事完全失去獨立思考的判斷力，幾乎完全以權勢集團的是非為是非。在海外的知識分子，大多數各人自顧各人的，只追求金錢和個人地位。儼如飄零的花，一群失散的羊，自謀生路，各不相顧。」（《殷海光書信錄》，第一三一一一四頁）

一九六八年

一月

八日，在致張灝的信中說：「我這半輩子追求自由，當我在院內散步，想到這裡，內心有時不免些微感傷。我感到我像故鄉田畔夜間撲磷火的小孩。他是的確看見了磷火，他喜愛它，他想得到它。但當努力向前撲去時，往往撲一個空。當然，這一撲向自由的『內在的動力』，並不因挫折而消失。也許這正是人類文明突破性的創造力之所繫，也許這正是人類值得活下去的基本理由。」（《殷海光書信錄》，第二八〇頁）

十五日，在致張偉祥的信中說：「回憶我三十年來的生活歷程，可以說是為著尋找自己的生活原理與價值觀念並且依之而生活的奮鬥歷程。我想我毫無成就可言。唯一值得一提的，我沒有被中國和世界這幾年的驚濤駭浪同現實的誘惑而淹沒了自我。我感覺到我的自我在種種打擊中逐漸堅強並且淨化起來。現在，我可以說，任何書房外的熱鬧不能動搖我；任何無端的侮辱不能刺激我；任何現實的利益不能把我從追求真理的路上引向別處。」（《殷海光書信錄》，第二六七頁）

三月

二十五日，在致盧鴻材（蒼蘆）的信中說：「生長在這樣一個時代，像我這樣的一個知識分子，可以說極有價值，也可以說極無價值。就純粹的學術來說，我自問相當低能，絲毫沒有貢獻可言。就思想努力的進程而論，我則超過胡適至少一百年，超過唐、牟至少三百年，超過錢穆至少五百年。個中的進程，我自己知道得很清楚。這些知識分子在種種幌子之下努力倒退，只有我還在前進不已。」（《殷海光書信錄》，第三一七頁）

四月

十日，在致卡根夫婦的信中說：「我的家人尚未獲得到美國的通行證。這兒的官僚對我們的申請既不批准，又不否定。他們只是無限期延遲作出決定。」（《殷海光書信錄》，第一八〇頁）

二十一日，在致盧鴻材（蒼蘆）的信中說：「我不愛跟門外的人打交道。我安於在這個院落裡讀書、寫作、沉思、看朝陽、望明月，獨自徘徊，凝視白雲舒展。我覺得我也許屬於過去，或者屬於未來，但不屬於目前。目前的種種，跟我愈來愈疏遠了。這個樣子的社會，不需我這個脫節的人，我也實在沒法參與這樣沒有靈魂的社會。然而，我並不對人類絕望。我原因為著人類的未來作思想上的努力，努力地奉獻自己的心靈。」（《殷海光書信錄》，第三二〇—三二一頁）

二十二日，在致林毓生的信中說：「我看見有Marjorie Grene的《存在主義導論》（*Introduction to Existentialism*），我也希望你一併贈我一冊。我為什麼也急於要讀這本書？原來老早有人說我有頗深的存在主義的時代感受，而且我的思想構成中有這一面。我對於這一點並不太自覺。」（《殷海光林毓生書信錄》，第二〇三頁）

五月

在陳鼓應等人陪同下赴新竹清華大學等地遊覽，五四當晚在青草湖畔與學生漫談。

九日，在給林毓生的信中，殷海光記錄了此次出行的感受：四日，「一覺醒來，今天就是五四了。……多年來『五四』不是被distorted（歪曲了），便是被eclipsed（蒙蔽了）。真令人浩歎。我住台灣將近二十年，幾乎哪兒都沒有去過。待會兒八點鐘，我要同幾個學生搭火車往新竹一佛學院一遊，作為紀念此一屬於中國知識分子的偉大節日」。五日，「昨天下午往遊新竹附近的青草湖。湖水渺遠，楊柳依依，荒煙蔓草，魚躍鷗飛，野趣盎然。哎！羈台將近二十載，這

是我第一次感到自由」。（《殷海光林毓生書信錄》，第二〇八—二〇九頁）

在同一封信中，殷海光談及關於人本主義與科學兩者關係的思考：「人本主義（humanism）及科學本是近代西方互相成長的一對雙生子。可是，西方文明發展到了現代，科學通過技術同經濟的要求，幾乎完全吞滅了人本主義。時至今日，我們已經很難看到『文藝復興人』了。我們只看見大批『組織人』、『工業人』、『經紀人』，紛紛出籠。他們不是被歸隊於公司，就是被束縛於工廠。我們偶爾瞥見個把海耶克，彳亍在西歐的街頭。大部分人的活動及個性逐漸被科學技術織成的組織之王纏住。大學也企業化、工商管理化，教師成為雇員。地球的面積為一常數，人口則不斷增殖。自由所需的物理相度（physical dimension）是『廣漠之野』，一隻加拿大狂歡鶴需有一百六十畝才能生存愉快，現代都市人住鴿子籠，談什麼自由！」（《殷海光林毓生書信錄》，第二〇五頁）

十二日，在致玉仁的信中說：「清華之遊，給予我很多的愉快。五四跟弟等湖心夜談，使我得到不少靈感，夠人回憶的。」（《殷海光書信錄》，第二〇一頁）

二十三日，在致周堃的信中說：「我蟄居台北將近二十年，幾乎哪兒也不曾去過。五月四日為了紀念『五四』，幾位學生約我同遊新竹清華大學，順道一遊附近的青草湖。湖光山色，荒煙蔓草，垂柳依依，白鷗悠然水上，我第一次感到我有點自由。」（《殷海光書信錄》，第

二三四頁）

二十四日，在致盧鴻材（蒼蘆）的信中說：「我認為我過去的寫作，除了文筆鋒利及思想快捷以外，在內容方面距離成熟遙遠得很。《中國文化的展望》那部書，在我現在看來，只能算是開風氣的作品。如果我有兩年時間，把那部書重寫一遍，我想我可能寫得較好。我常常對人說，清末以來胡適等知名人物的著作，絕大部分只有『歷史的價值』，很少有『學術的價值』。我這樣批評別人的著作，我自己的寫作何嘗不也是如此？」（《殷海光書信錄》，第三三〇—三三一頁）

六月

體重驟降，食欲不振，以為舊病復發，赴醫院檢查後發現虛驚一場。

七月

同意盧鴻材在香港為其出版《海光文選》。

八月

十八日，在致盧鴻材（蒼蘆）的信中說：「在這樣一個迷茫、紛亂而又失落的時代，心靈的相通真是稀有而又十分可貴的事。回憶我在故鄉時，談得來的人不算少。在昆明西南聯合大學的歲月裡，和我心靈契合的老師及同學隨時可以碰見。在學校附近文林街一帶的茶店裡，在郊外滇池旁，在山坡松林中，常常可以看到我們的蹤跡，常常可以聽到我們談東說西。現在，我回憶起來，總覺得『夢魂不到關山難』！內心說不出的想念。可是，我在台灣一住將近二十年，越住越陌生。我在台灣大學十八年了，當我在校園散步時，我實在感覺不到那兒有獨特的靈魂，足以引起我夢迴午夜。戰後的世界，人是愈來愈多了，可是人心的距離反而愈來愈遠了。我們饑渴地追求心靈，真誠的心靈。」（《殷海光書信錄》，第三四四頁）

二十一日，為《海光文選》作自敘，總結一生經歷，談到：「我恰好成長在中國大動亂的時代。在這個時代，中國的文化傳統被連根地搖撼著；外來的觀念與思想又像狂風暴雨一般地衝擊而來。這個時代的知識分子感受到種種思想學術的挑戰：有社會主義、有自由主義、有民主政治，也有傳統思想背逆的反應。每一種大的思想氣流都形成各個不同的漩渦，使得置身其中的知識分子目眩眼搖，無所適從。在這樣的顛簸之中，每一個追求思想出路的人，陷身於希望與失望、吶喊與彷徨、悲觀與樂觀、嘗試與武斷之中。我個人正是在這樣一個巨浪大潮中試著摸索自己道路前進的人。

三十年來，我有時感到我有無數的同伴，但有時又感到自己只是一個孤獨的旅人；我有時覺得我把握著了什麼，可是不久又覺得一切都成了曇花泡影。然而無論怎樣，有這麼多不同的刺激，吹襲而來；有這麼多的問題，逼著我反應並求解答。這使我不能不思索，並且焦慮地思索。一個時代的思想者，必須有學人的訓練和學問的基礎，然而一個時代的思想者，他的思想方向和重點，畢竟和學院式的人物不相同，這正像康德和伏爾泰之不同一樣。在這本文集裡所選的文章，正是我上述心路歷程的一個紀錄。這些文章反映著中國大變動時代，而這個大變動時代也是孕育著這些文章的搖籃。無論怎樣，這些紀錄是可貴的。」

他特別說：「我在寫這自敘時，正是我的癌症再度病發的時候，也就是我和死神再度搏鬥的時候。這種情形，也許正象徵著今日中國自由知識分子的悲運。今天，肅殺之氣遍布著大地，自由民主的早春已被消滅的無影無蹤了。我希望我能再度戰勝死神的威脅，正如我希望在春暖花開的日子看見大地開放著自由之花。」（〈海光文選．自敘〉，《明報月刊》第四十六期）

不過，《海光文選》此後因故未能出版。

九月

二十四日，在致林毓生的信中說：「在家世方面，當我童少年時，家道已經中落，但是長一輩的人還要擺出一副架子，說話矯揉造作，室屋之內充滿理學式的虛偽。我簡直討厭透了！這成為我日後不分青紅皂白地反傳統文化的心理基礎。」（《殷海光林毓生書信錄》，第二三〇頁）

十月

一日，在致屈萊果的信中說：「我現在幾乎好像一個隱士那樣生活。我不去看電影。除了看書、寫作、思想之外，我通常做一些手工過日子。但我不把現代化看作具有至高無上的價值。」（《殷海光書信錄》，第一九三頁）

九日，在致林毓生的信中說：「我自己在幾年以前有西化和現代化的傾向。現在，如果有人問我，是西化好還是中化好，是古代好還是現代好，我的答覆是：我不知道。……

直到約五年以前，我一直是一個 anti-traditionalist（反傳統主義者）。現在呢？我只能自稱為一個 non-traditionalist（非傳統主義者）。雖然，我現在仍然受著中國文化的許多扼制，但是

我已跳出過去的格局，而對它作客觀的觀察。」（《殷海光林毓生書信錄，第二三六—二三七頁）

在同年致朱一鳴的信中，殷海光說：「午夜夢迴，苦思焦慮的，就是故土故人，大地河山，七億同胞的和平、生命、幸福的問題。我雖身陷困逆，對這些問題未嘗一日去懷。

今後中國的知識分子，如果要為七億同胞服務，必須把數十年來各黨各派一切主義式的叫囂，抖落得乾乾淨淨，而另闢思想和行動的新境界。今後中國最重要的事，是從一切黨政之中徹徹底底抽出來，獨立而不移地確立國家民族的大是大非，做時代的燈塔。」（《殷海光書信錄》，第二一、二四頁）

一九六九年

一月

一日，在致何友暉的信中說：「我的為人，好惡分明，壁壘森嚴，是非之際毫不含糊。這樣的心靈結構，不難被人摸透。來騙我的人一進門總是談點民主自由的口號，淺薄地談點羅素，科學的哲學，再附帶地罵罵人，說錢穆是義和團，唐君毅的頭腦像漿糊，我便為之激動，像古人一樣，立刻『相見大悅』，馬上引為知己，相與推心置腹。來者的這一『木馬計』（the policy of Trojan Horse）既然得售，接下去的演出就是我上當了。

……然而，我無悔，我並不因此對人類絕望。一個理想主義者常常不免要為他的理想付出這類吃虧的代價的。我們沒有決定性的理由（decisive reason）來斷言這個地球上就沒有真誠的人。我們可以碰，也可以尋找，與我們共心通靈的人。」（《殷海光書信錄》，第三二—三三頁）

在同月十一日致黃展驥的信中，殷海光也表達了類似觀點。

二月

九日，在致何友暉的信中說：「單說人生經驗，胡適總比××深廣得多。他常常被人利用而不自知。尤其雷案發生以來，他更是被哄得團團轉。胡適這人反應算是靈敏的。他曾經是時代的寵兒，可惜他的思想基礎太淺薄，不能刺透時代激變的裡層，加之他又不耐寂寞，喜在酒會哈哈哈。比起俄國的克倫斯基，他真是差得太遠了。克倫斯基從俄國亡命美國以後，數十年來鍥而不捨地為自由民主努力研究和思想，他始終是獨立不移的。胡適則始終跟實際的政治權勢糾纏不清，所以難免作權勢的工具。

……胡適數十年來常常勸人：『你想某黨變好，必須加入某黨才行。』結果，連他自己這位清客在內，所有加入者都被某黨吞食，而絲毫無補於事，徒喪社會元氣而已。……胡適的淺識薄見，實在自誤又誤人。在我同胡適私人接觸時，我的內心立刻產生二人相距千里之感。」（《殷海光書信錄》，第三八—三九頁）

三月

二十二日，在致盧鴻材（蒼蘆）的信中說：「關於中國近半個世紀以來驚天動地的大問題，我們自由的知識分子必須力求從各個不同的重要層面作可能的客觀了解。這樣才算是誠心追求真理。」（《殷海光書信錄》，第三六六頁）

二十三日，在致鄧文光的信中說：「對於這樣的一個時代而言，適當的孤僻，是一種防腐劑。」（《殷海光書信錄》，第三一一頁）

五月

「五四」五十周年紀念，在家中放鞭炮慶祝。此為殷海光生平唯一一次放鞭炮。

為慶祝羅素九十七歲壽辰，在羅素照片下切蛋糕紀念。

六月

胃癌復發，入台大醫院治療，使用西醫療法，無效。

一日，在致盧鴻材（蒼蘆）的信中說：「左右雙方任何文獻皆不能左右我的判斷。但我渴望擴大視野，以刺激思想活動。」（《殷海光書信錄》，第三六八頁）

為撰寫《中國近代思想史》進行準備，是殷海光晚年最為重要的學術工作，直到他去世前不久，仍在努力搜求與閱讀相關文獻。

七月

決定出院，病情繼續惡化。

八月

在家中嘗試中醫療法，病情稍有緩解。牧師不時為其禱告。

開始口述著作《思痕》，由陳鼓應筆錄。計畫口授六十萬字，分為思想、知識、哲學與人物等四項。開始兩週以後因病情急轉直下而被迫終止。存稿由陳鼓應整理為《春蠶吐絲—殷海光最後的話語》一書，於次年出版。

期間，撰寫〈自敘〉一文。徐復觀陪同唐君毅夫婦前往殷宅探望。

二十四日，在致徐復觀的信中說：「八月十二日，先生藉唐君毅先生來舍探病，引起我對當代智識之士的若干基本問題的思考。唐先生所樹立的為儒門風範，所成就的為道德理想，而非知識。以他的學術資本、思想訓練和個人才力，顯然不足以完成他所要達到的目標和規模。古往今來，道德的奇理斯瑪（charisma）人物，往往如此。……今日有心人最重要的事，在於樹立一超越現實的自我，對外界的成敗毀譽，頗可不必計較。際此是非難辨之世，吾人必須學習隔離的智慧，抖落一切渣滓，淨化心靈。然後跨大鵬之背，極目千里，神馳古今。但又同時能如現代的探礦師，對於中國歷史社會文化的發展形態及去脈來龍，能有真實的了解。」(《殷海光書信錄》，第八八頁)

九月

十二日，入台大醫院搶救。十六日下午五時四十五分在醫院去世，享年五十歲。十九日，遺體火化。二十日，骨灰安放在懷恩堂。二十一日，在懷恩堂舉行了追思禮拜。一九七八年，遷葬於南港「自由墓園」，根據遺囑，在墓碑上鐫刻「自由思想者殷海光先生之墓」。

關於殷海光去世前後情形，師母夏君璐在給友人的書信中曾有詳細記錄：

七月底老師身體開始有顯著的惡化，腳及腹開始腫，接著面頰也腫。……人雖然慢慢消瘦，精神還算不錯，只要與友人、同學談學問談問題，精神就百倍，尤其與張灝同學常常可談一個多鐘頭。

到了八月下旬，人更瘦了，胃口更壞，每天一共喝半杯豆漿及數茶匙baby food度日，周（益川）醫師的藥種繁多，一天要吃七八道，每吃一次就如打一次仗，因吃下去胃部感到很不舒服，有時會引起嘔吐，常常吐完了，休息一下，又繼續吃下沒有吃完的。有時吐完了還沒一下又拿起書看。……

老師精神越來越差了，陳鼓應及張尚德同學的筆錄早已停頓了，來探病的客人多半被我攔在大門外，因為每次談話結束後老師會覺得很不舒服。不過老師很喜歡與懷恩堂的周聯華牧師談，他們談過幾次，周牧師對神學研究很深，周牧師所講的引起老師莫大的興趣，並請周牧師寫下幾本重要的神學著作，說以後要買來看。周牧師離去前，老師總請求為他行按手（按在胃部）禱告。九月初老師已無力氣起身，因為他的房間東曬，早上抱到我的房間，下午又搬回，以前是他自己走，後需要人扶，現在由我抱來抱去（可見瘦到什麼地步），大小便皆在床上處理。……

張紹文、鼓應及尚德他們常常來，看老師的情形主張住進台大醫院以防萬一，九月十二日早鼓應請毛子水老師一齊去台大醫院交涉到公保二等病房的床位。下午查良釗老師、周牧師、陸頌熙教授（懷恩堂董事長）、鼓應、尚德、張紹文、廖融融、韋政通等皆來我們家勸老師住院治療。老師說不能治療了，進醫院有什麼用呢？經大家勸說後，老師總算同意了，他說：『我現在不能自己起來大小便，要住頭等才方便。』台大醫院頭等病房很不容易得到，馬上要根本不可能。鼓應說他明天去交涉，一有馬上搬去。當天晚上九點多，老師突感不適，他說他不行了，要馬上去醫院，我急忙打電話給鼓應請他馬上去台大醫院借救護車來。鼓應不久來了，沒有借到，我就去找台大醫院主任劉培動先生請他設法，回到家老師越來越不行，手腳冰冷，全身流冷汗，老師說他不能等，要坐taxi去，但是老師一動也不能動，如何能抬進那樣小小的門？這時來了許多朋友及同學，大家心急如焚，宋英女士、王子定太太也來了，十時多劉培動太太坐著救護車開到我家大門口，當時真像天使從天而降，工人用擔架把老師（連墊的褥子）抬進救護車，正要開車時毛子水老師也趕來了。鼓應和我隨車同去，一到醫院門口便衝進去趕辦住院手續。……

十五日早上情形轉壞，我嫂嫂詹大夫一看見他的樣子眼淚就奪眶而出。十點多宋瑞樓大夫來診察，然後對我說殷先生沒有希望了。至此老師更瘦得不成人形，感覺漸漸消逝，整天靜靜地呼吸，有時嗯嗯出聲，我們就把他身體移到另一邊，並時時為他按摩。……十六日人更不行了，感覺已沒有了，一直非常微弱地呼吸，有時左手會翻動一下。……下午四點多，同學們勸我先回家休息一下，我看老師呼吸很均勻，醫生說也可能拖到明天，想一下不會怎樣，於是與我弟弟五點鐘時離開台大醫院，剛剛到家，他們打電話來要我趕快去，當我趕到病床時老師已去世十五分鐘。看老師被病魔折磨得只剩一副骨架，真是淒慘。……

……李敖、我哥哥夏邦錚及廖融融坐李敖的車子送我回家。到家不久李敖及孟祥柯和我一齊去懷恩堂與周牧師商量一些事情及決定追思禮拜的日子。張紹文先生去各報館發布老師去世的消息。第二天紹文及鼓應去《中央日報》登訃聞啓事，辦理死亡證明書及印刷訃聞等事件。第三天上午查良釗、毛子水老師、齊世英先生、洪耀勳主任、宋英女士、鼓應、尚德、曉波、周牧師等在台大哲學系開治喪委員會，會中討論老師遺稿、書籍及遺族善後的問題。……第四天下午我、文麗及許多親友到台大醫院太平間收殮老師遺體，周牧師先作簡短的讀經禱告，然後我們一齊跟老師的遺體去火葬場。……二十日早上我弟弟去撿老師骨灰，下午三點，我、文麗、詹大夫、奧華特等在懷恩堂以迎接周牧師及我弟弟從火葬場帶回的老師的骨灰。……二十一日的追思禮拜由周牧師、陸老師安排，同學分作各項事務，這次老師的後事因得查老師、毛老師、我哥哥嫂嫂、周牧師、陸老師、張紹文、鼓應、尚德、曉波、正弘、新雲及許多無法一一記名的朋友們幫忙，使得一切盡善盡美，我及文麗衷心地感謝他們。……（賀照田編選：《殷海光學記》，第六—一一頁）

紀念文存

殷海光——一些舊事

聶華苓

一束玫瑰花

一九四九年，我一到台灣，就有人談到殷海光；談的時候，笑裡透著點兒警告：殷海光孤僻、傲慢、拒人於千里之外，最好不要去惹他。

不久，一群年輕朋友（現在已是年近花甲的人了！有的已經凋零了）有個聚會。我們剛從戰火中跑到台灣，在棕櫚、陽光的海島上，許多年輕人的心情卻是惶恐落寞的，要在戰爭廢墟中探索、追尋一點兒希望：中國人究竟該朝哪個方向走？那天的聚會，殷海光也來了。朋友們在小房的榻榻米上席地而坐，大家希望聽聽殷海光的意見。他比其他的人並大不了多少，但在智力上、在思想上，他是那一夥年輕人的「大帥」。然而，大帥不講話，兩眉緊鎖坐在那兒，筆挺的希臘鼻，很深很黑的小眼睛，兩道清光把人都射穿了，蓬亂的頭髮任性搭在額頭上。他彷彿有千斤重擔壓在肩上，不知如何卸下才好。他開始講話了，打著湖北腔的官話，一個個字，咬得很慢很清楚。他逐漸「熱」起來了，談到他的「道」了——他那時的「道」認為中國必須全盤西化，才能建立自由民主的社會。他反對傳統。[1]

後來在另一個場合，突然有人在門口叫了一聲：「聶小姐！」抬頭一看，正是殷海光。我站起來招呼他，他卻臉一沉，頭一扭，硬邦邦地走了。許久以後，我才知道，他發現屋子裡有個「氣壓很低」的人。

殷海光應傅斯年之聘，在台灣大學哲學系教書；卻住在《自由中國》從台灣省政府借來的房子裡（松江路一二四巷三號）。三房一廳的房子，只有殷海光一個人住。那時的松江路只有兩三條街的人家，四面是空蕩蕩的田野。地方偏僻，交通不便，又加上一個殷海光！誰也不願搬到那兒去。我家若有選擇的餘地，也不會搬去。我拖著母親、弟弟、妹妹到台灣，白天在《自由中國》工作，晚上在夜校教英文，收入僅夠糊口，哪裡還有選擇住處的自由呢！我們一家人是懷著凶吉不可卜的心情搬到松江路去的。

搬家那天下午，殷海光正在園子裡種花，看到我們笑咪咪的，沒有多說話——他好像沒有

1. 殷海光一生不斷地摸索、掙扎、「焦慮地思索」，思想道路不斷地改變。在他逝世前幾年，他已開始對中國傳統文化重新估價，逐漸承認傳統價值。

不歡迎的樣子。但來日方長，擠在四堵灰色土牆內，是否能相安無事呢？不知道。我對未來的一切，全不知道。唯一知道的是，我必須硬著頭皮討生活。沒有信心，沒有希望。早上蹬自行車去《自由中國》，一直到晚上十點才蹬自行車從夜校回家——日子就那樣子過下去。

搬家第二天早上，我一醒來，眼睛一亮——大束紅豔豔的玫瑰花！殷海光園子裡的玫瑰花！他摘來送給我母親。我家住在一大間本是起坐間的屋子裡，空空洞洞的屋子，窗前放了一束玫瑰花，立刻就有了喜氣。那是我們台灣生活中第一束花。

我對母親說：「別擔心。殷先生是個愛花的人。」

母親笑笑說：「我才不怕他！」

就從那一束玫瑰花開始，殷海光成了我家三代人的朋友。他在我家搭伙，我們喜歡吃硬飯和辣椒，他一顆顆飯往嘴裡挑，辣菜也不沾，尤其痛恨醬油，但他從沒說什麼。後來母親才發現他有胃病，問他為什麼不早說呢，他說：「人對人的要求，就像銀行存款，要求一次，存款就少一些。不要求人，不動存款，你永遠是個富人！」

母親把飯煮得軟軟的，辣椒醬油也不用了。殷海光仍然是有一搭沒一搭地吃著。他和我們一起吃飯，好像只是為了談話：談美，談愛情，談婚姻，談中國人的問題，談未來的世界，談昆明的學生生活，談他景仰的老師金岳霖……有時候，在黑夜無邊的寂靜中，他從外面回來，只聽見他沉沉的腳步聲，然後咔嚓一下開房門的聲音。不一會兒，他就會端著奶色的瓷杯，一步步走來，走到我們房門口：「我——我可不可以進來坐一坐？」母親看到殷海光總是很高興的，招呼他坐在我家唯一牢靠的籐椅上（其他的椅子不是斷了腿，就是搖搖欲墜）。他淺淺吸著咖啡（咖啡也是西化吧？），也許一句話也不說，坐一會兒就走了；也許又娓娓談起來。他說話的聲調隨著情緒而變化，有時如長江大河，一瀉千里，有時又如春風緩緩地吹：

昆明的天，很藍，很美；飄著雲。昆明有高原的爽朗和北方的樸實。駝鈴從蒼蒼茫茫的天邊蕩來，趕駱駝的人臉上帶著笑。我們剛從北平搬到昆明，上一代的文化和精神遺產還沒有受到損傷；戰爭也還沒有傷到人的元氣。人與人之間交流著一種精神和情感，叫人非常舒暢。我有時候坐在湖邊思考，偶爾有一對情侶走過去，我就想著未來美好的世界。月亮出來了，我沿著湖散步，一個人走到天亮。下雪了，我赤背袒胸，一個人站在曠野裡，雪花飄在身上……

他也常常感時傷世：「現在的人大致可分三種：一種是糞缸裡的蛆，一天到晚逐臭地活著。一種是失掉人性的軀殼，只是本能地生存著，沒有笑，沒有淚，沒有愛，也沒有恨。還有一種人生活在精神境界裡，用毅力和信心築起精神的堡壘，保護自己。物質的世界是狹小的，充滿欺詐和各種利害衝突。只有在精神世界裡，才能開闢無限樂土，自由自在，與世無爭……」

他說西方文化的好處之一是線條清楚，不講面子。他向我家借三塊錢，收到稿費，必定鄭重其事雙手奉還。我家向他借三塊錢，他就會問：「幾時還？下星期三我要買書。」母親說：「星期二一定還！」他才借給我們三塊錢。我們必定在星期二還錢，否則，下次休想再借！有朋友就那樣子碰過一鼻子灰。

他又說西方文化另一好處是人有科學頭腦，講究分析。他論事論人，鋒利冷酷，一層一層剝開來分析。有天晚上，他和幾個朋友在我家聊天，他興致來了，把在座人的「牛鬼蛇神」全分析出來了，講了一個通宵！他指著一個朋友的鼻子斬釘截鐵地下了一句評語：「你是一團泥巴！」被指作「泥巴」的人哭喪著臉哈哈大笑。

他評人評事總是很有趣的，一針見血，因為沒有惡意，所以不傷人。你批評他呢？也可以，只要你有道理。母親常常指點他說：「殷先生哪，你實在不通人情！」

他仰天大笑。

愛情、鮮花、夢想的莊園

那時，殷夫人還是夏小姐。她在台灣大學農學院讀書，眉清目秀，兩條烏黑辮子，一身清新氣息。他們在大陸時已經訂婚。[2]她常在週末來看殷海光，只要她在座，他就不滔滔而談了；只是微笑著，很滿足，很嚴肅──「愛情就是那個樣子嘛！」他準會那麼說。當然，沒人和他談過這件事。那是他生活中最神聖、最隱祕的一面；而且，「西方文化」是尊重人的私生活的。當時我只是暗自好笑：殷海光在夏君璐面前就老實了。三十年後的今天，我才了解：他年輕妻子堅如磐石的愛心，忍受苦難的精神力量，早在她少女時代，就把殷海光鎮住了！在台灣長期受迫害的生活中，她是他精神世界主要的支柱，是唯一幫助他「開闢無限樂土」的人，使幽禁殷海光的溫州街小木屋神化為夢想的大莊園。她是一個了不起的女子。

殷海光談到他夢想的莊園，眼睛就笑亮了：「我有個想法，你們一定喜歡。我夢想有一天，世界上有一個特出的村子，那兒住的人全是文學家、藝術家、哲學家。我當然是哲學家囉！」他哈哈大笑。「我的職業呢？是花匠，專門種高貴的花。那個村子裡，誰買到我的花，就是他

2. 作者此處記憶不確，在大陸時兩人只是相愛，並未訂婚。

最高的榮譽。我真想發財！」他又哈哈大笑。「殷海光想發財！只因為有了錢才造得起一個大莊園呀！大得可以供我散步一小時。莊園邊上環繞密密的竹林和松林，隔住人的噪音。莊園裡還有個圖書館，專存邏輯分析的書籍。凡是有我贈送借書卡的人，都可以進去自由閱讀。但是，這樣的人不能超過二十個。人再多就受不了了！」他皺皺眉頭。

「我們沒搬來以前，」母親說，「還怕你嫌我們人多了呢！」

「你們這一家人，」他調侃地笑著，「我還可以忍受。換另一家人，就不保險了。你們沒搬來以前，我有一隻小白貓。我在園子裡種花，它就蹲在石階上曬太陽。我看書，它就趴在我手臂上睡覺。我不忍驚動它，動也不敢動，就讓它睡下去。無論怎麼窮，我一定要買幾兩小魚，沖一杯牛奶餵它。後來，小貓忽然不見了，我難過了好久。現在又有這隻小貓了！」他微笑著撩起薇薇搭在眼簾上的一抹頭髮，思索了一會兒。「人真是很奇怪的動物，像刺猬一樣，太遠，很冷；太近，又刺人。在我那莊園上，我還要修幾幢小房子，就不能離得太近！越遠越好！那幾幢小房子，我送給朋友們……」

「送不送給我們一幢呢？」我笑著問，「竹林邊上的那一幢，怎麼樣？你和夏小姐每天下午散步來我們家喝咖啡，Maxwell 咖啡！你的咖啡！」

「好！就是竹林邊上那一幢！」

殷海光在園子裡種花，母親就帶著薇薇、藍藍坐在台階上和他聊天。他的花特別嬌嫩。夏天，他用草蓆為花樹搭起涼棚；風雨欲來，他將花一盆盆搬到房中。八個榻榻米的一間房，是書房、臥房、起坐間、儲藏室，也是雨天時的花房！他有時也邀我們雨天賞花。（否則，最好是非請莫入。）一走進他的房間，就看見窗下一張氣宇軒昂的大玻璃書桌，最底下的一個抽屜不知到哪兒去了，露出一個寒酸的大黑洞。桌上一小盆素蘭，一個粉紅小碟盛著玲瓏小貝殼。整潔的小行軍床放在書桌旁邊。靠牆兩張舊沙發，一個小茶几，茶几上或是一盆珠蘭，或是一瓶白菊。沙發旁的小架子上有一個淡擰檬黃花瓶，瓶裡總有一大束風姿綽約的鮮花。再過去，就是一排書架，一本本深厚色調的精裝書穩穩排列在上面。除了幾本與文學有關的和普通理論書籍之外，其他的書對我而言都是「天書」，七古八怪的符號，作者是什麼 Whitehead 呀，Quine 呀，Church 呀……那些書是絕不借人的。書和花就是他的命。那幾件家具呢？「發財以後，一定劈成柴火燒掉！」他講的時候的確很生氣。

羅素、微雨黃昏後

殷海光每天早上到巷口小舖喝豆漿。

「聶伯母，沒有早點錢了，」他有時向我母親借錢，「明天拿了稿費一定還。」

母親笑他：「殷先生哪，下次有了稿費，在你荷包裡留不住，就交給我代你保管吧！不要再買書買花了。」

他接過錢，自顧自說：「書和花，應該是作為一個『人』應該有的起碼享受！」憤憤不平地走開了。

他除了上課之外，很少外出；假若突然不見了，你一定會看到他捧著一束鮮花、夾著一兩本硬邦邦的新書、提著一包包沙利文小點心，坐在舊三輪車上，從巷口輕鬆盪來。然後，他笑咪咪走進斑駁的綠色木門。

「殷先生，你又拿到稿費啦！」母親劈頭一聲大叫，彷彿「抓」著逃學的孩子。「記得嗎？今天早上你還沒有早點錢！」

他仰天大笑，快活得像個孩子；然後，「贖罪」似地，請我們一家三代到他房裡去喝咖啡、吃點心。兩張舊沙發必定讓給母親和我坐。尊重婦女嘛，西方文化。薇薇在門口脫下鞋子說：「羅素的小朋友也赤腳！」殷海光大笑一聲，往她小嘴裡塞進一塊小可可餅，抱起她只叫：「乖兒子！」（他認爲她不「乖」的時候，也會橫眼狠狠瞪一下，斷絕邦交！）藍藍總是很乖的，坐在我身上等著吃點心。他嫌她太安靜了，對她大叫一聲「木瓜」！她哇地一聲哭起來，他就塞給她一塊小椰子餅。他咚咚地走出走進，在廚房熬咖啡；他的咖啡必是 Maxwell 牌。一直到現在，我還認為 Maxwell 是世界上頂香的咖啡。

花香、書香、咖啡香，再加上微雨黃昏後，就是說羅素的時候了。羅素可不是隨便談的！天時、地利、人和，都得對勁才行。有天晚上，殷海光拿來《羅素畫傳》給我們看；他正要將書遞給我，家裡來了一位不速之客。他連忙將書從我手裡搶了過去，目不旁視，硬挺挺走了出去。又有一天，午飯時候，他談著談著，興致來了，回房拿來羅素的書，朋友要接過書來看看，他抓著書不放，瞪著眼說：「不是看羅素書的氣氛！」

現在，時候到了，氣氛有了！我們不懂羅素，沒關係！羅素不在乎，殷海光也不在乎。人能「通」就好！他也常用那個「通」字來形容人與人之間的關係。殷海光果然從書架上捧下羅素的書，還有《羅素畫傳》。書我們不懂，《畫傳》可是很好看。石砌的矮牆，牆外野草深深，翳翳松影裡，一幢古樸小屋，那就是羅素在菲斯亭尼俄谷的夏天別墅。石板路，幾片落葉，深沉的庭院中，蹲著小小的羅素和狗。草地上，羅素望著騎驢子的小孩。白花花的陽光，羅素拿著煙斗，站在石階前，笑望著妻子懷裡的孩子。羅素夫人倚窗沉思，恬靜智慧的眼睛望著窗外，彷彿她隨時會推開窗子飛出去。

「你把書拿回去看吧！」殷海光慷慨地說，然後透著點兒炫耀：「這本書可不是隨便借人的啊——」炫耀就在那長長揚起的一聲「啊」。

那一刻，我突然想到，曾有一天，母親向他借一個多餘的空玻璃瓶，他繃著臉，煞有介事地：「不借！」我氣得衝口而出：「實在可惡！」他哈哈大笑。我回頭說：「我在罵你呀！」他又大笑一聲，咚地一下把門關上了。

詩人骨子

殷海光的朋友不多，到松江路來訪的客人多半是他的學生；夏道平和劉世超有時在傍晚從和平東路散步到松江路來看他。他不一定請客入室，有的朋友連大門也沒進，只是靠著野草蔓生的木門，三言兩語，一陣哈哈，拂袖而去。有的朋友就站在園子裡，看他將平日存下來的臭罐頭、酸牛奶、爛水果皮……埋在花樹下，一面和他談話。他有時請人坐在台階上，一人捧一個烤紅薯，談邏輯，談數學，談羅素，談他最近在外國邏輯雜誌上發表的論文……偶爾他也請客入室，席地而坐，一小鍋咖啡，一小盤沙利文點心——那樣的場合，多半是談更嚴肅的學術、思想問題，客人也多半是他的弟子。

殷海光骨子裡是個詩人。但當他坐在書桌前面，寫邏輯論文，看邏輯書籍，當他分析事理時，他又是個科學家，嚴謹、認真、恪守原則。他好像只有在邏輯的範疇內才能控制自己；一離開那個，他喜怒無常、愛憎不定。他有時天真爛漫得像個孩子；有時平易近人，幾乎有女性的細膩；有時面孔一板，眼睛一沉，冷冰冰的，很可能指著某人鼻尖大罵：「你這個壞蛋！」但是，說不定就在前一刻，他還請他在房裡喝了 Maxwell 咖啡呢！就是他討厭的人，他也沒準。只要那人有耐心，忍受他的冷眼，趁他「熱」的時候，挑一句正中他心坎的話，說不定也成了他座上賓、階下客。那種邦交維持多久呢？不知道。但他永遠還是回到自己的原則上，好惡分明。

他待人不是根據世俗的原則。在他心目中，最高貴的人是有「人」性的人——有「人」的自尊心，「人」的愛和憎。為我們燒飯的女孩阿英便是他尊重的一個「人」，他喜歡她傲然的神采和渾身活力。她從不以「庸人」自居。她做飯時看情書，把飯煮成糊鍋粑，他說吃起來卻特別香。有人在走廊上咚咚走路，他便會推開房門大嚷：「我的神經要炸了！」但是，阿英放肆無羈的木屐在走廊上呱嗒呱嗒地去，呱嗒呱嗒地來，他永遠沒聽見。阿英的小房裡也有殷海光送的玫瑰，她唧唧哇哇的朋友們也常品嚐殷海光的 Maxwell 咖啡。路口小舖一對年輕夫婦也是殷海光所欣賞的「人」。他常去小舖聽他們談戰亂逃亡的故事，他也愛去小舖看剛生的嬰兒。他將一件心愛的毛衣送給那小伙子，只因為他是一個完整的「人」。他認為尊重個人尊嚴，就是把每個人當做一個個體看待，尊重此個體的愛和憎。因此，常有被人認為微不足道的小事，卻能激得他怒髮衝冠。一句話，甚至一個字眼，若傷了他的自尊心，不論你有多大財富權勢，他會橫你一眼，昂首闊步離去，那神情就像你趴在他腳下。

我到台灣之後開始寫作，殷海光是第一個鼓勵我的人。一九五二年，胡適第一次從美國到台灣，雷震要我去機場獻花，我拒絕了。殷海光拍桌大叫：「好，好！你怎麼可以去給胡適獻花！你將來要成作家的呀！」我倒不是因為要成作家才不去給胡適獻花，只是因為羞澀、靦腆而不願在公開場合露面。（直到現在我也是如此。有時打鴨子上架，沒辦法！）殷海光那一聲「好」叫得我一驚：「真的嗎？我可以寫嗎？」

「當然可以！只是生活太狹窄了！白天上班，晚上回家，洗尿布，奶孩子，」他望著我手裡抱著的薇薇，「尿布裡可出不了作家呀！」他笑著指點我：「你是個聰明女子，寫下去呀！」他頓了一下，望著我說：「嗯！一江春水向東流。」說完仰天大笑，然後幽幽地：「唉！生活擔子太重了。」

我那時窮得連一支自來水筆也買不起，用的是沾水鋼筆。一天，殷海光領到稿費，買了一支派克鋼筆，給我母親看。她笑了：「殷先生，你這個人呀！原來那支筆不是好好的嗎？你褲子破了，襪子破了，早就應該扔到渣滓堆裡去了！眼巴巴望來的一點稿費，又買支筆幹什麼呢？」

「舊筆，可以送人嘛！」他走回房拿出舊派克，結結巴巴對我說：「這——這支舊筆，要不要？舊是舊，我可寫了幾本書了！你拿去寫小說吧！」

我感動得半晌說不出話：「我就需要這麼一支筆！我就需要這麼一支筆！」

第二天晚飯後，他在我們房中踱來踱去，坐立不安，終於吞吞吐吐對我說：「有件事和你商量一下，可以嗎？」他尷尬得不知如何開口。

我以為他要我解決什麼困難問題：「什麼事？」

「可不可以，可不可以把你的筆和我的筆交換一下？」

我失聲大笑：「兩支筆全是你的呀！」

「不，給了你，就是你的，再要回來，不禮貌。我——我——」

他自嘲地笑了笑，「還是喜歡那支舊筆，我用了好多年了。」

我把舊筆還給他。

「謝謝！」他那鄭重神情，倒像是我送了他一件極珍貴的禮物。

無價之寶

一九五四年，殷海光去美國哈佛做「訪問學人」。我和母親突然想到我家唯一的祖傳之「寶」：朱熹所寫的遊畫寒詩。母親從唯一的一口樟木箱子裡取了出來。古色古香的金黃緞子書套，紫檀木夾板，刻著「朱文公遺跡」。黃色紙地，白絹鑲邊，朱熹龍飛鳳舞寫著：「仙洲幾千仞，下有雲一谷。道人何年來，借地結茅屋……」

「殷先生，」母親將他請到我們房中——凡是難以啟口的事，總歸母親打先鋒——「請你幫個忙：把這卷朱熹墨寶帶到美國去賣掉。我對不起祖宗，聶家只剩下這一件有價值的東西了，華苓的爺爺當寶貝。也是太窮了，才想賣掉。人總不能端著金碗叫化呀……」

「不為別的，只想換來一點點自由，做點自己愛做的事，譬如寫作。」我的確如飢如渴地需要那點兒自由；我也知道那是最能打動殷海光的話。「賣的錢，你十分之一，線條清楚！」我套用一句殷海光術語，「朱熹的真跡呀！你瞧，詩、書法、裝幀……不僅有學術研究價值，還是件藝術品呀……」

「請問，」殷海光冷靜地，「你能斷定這是朱熹真跡嗎？」

「哎呀，看嘛！」我想：殷海光太迂了，「這上面還有歷代收藏家鑑印和評語呀！真德秀評：『考亭夫子書宗魏晉，雄秀獨超，自非國朝四家所可企及。』周伯琦評：『道義精華之氣渾渾灝灝，自理窟中流出。』還有，還有！『入首數行，骨在肉中，趣在法外，中間鼓舞飛動，終篇則如花散朗，如石沉著——甲子歲暮以事玉燕，購於張文傳先生，如獲連城，題後數言，祕之篋笥，不肯使墨林俗子一見也。』這是我爺爺寫的呀！你再看看這些不同時代的鑑印，深深淺淺的印色，有的已經模糊，有的還清楚……這些會是假的嗎？」

殷海光似信非信地點點頭：「好吧！我帶去，但要人先鑑定一下。哈佛東方研究所一定有人懂這些玩意兒。」

殷海光去美國以後，我們天天焦灼地盼望他的來信。他第一封信說已經將那件寶貝請哈佛大學東方研究所的一位教授拿去鑑定了，並說他們很感興趣。我們一家人高興萬分，各做各的發財夢。我的發財夢是：辭掉夜校教書工作，晚上寫點東西、讀點書。台灣郵差每天早晚送信兩次，我們一家人每天就緊張兩次，郵差自行車在門前咔擦一聲停下，然後將信件扔進信箱，我和母親就跑出去搶著開信箱。好不容易盼到了殷海光的第二封信，是兩個月以後的事了。

……前信已提及寶貝由哈佛大學東方研究所的教授鑑定去了。這些日子我等得好不焦心，但又不便表示焦灼的樣子。別人怎了解這件寶貝茲事體大，不但府上每人寄予無限熱望與夢想，就是我這個外人也可分享十分之一的利益，將來返台靠此結婚成家呢！今晨我去看那位教授，他把寶貝拿了出來，半晌微笑不語。我耐著性子問：「怎麼樣？」他吞吞吐吐，只是：「這個……嗯……這個……」又把頭搖幾下。我立刻心裡一怔，心想：糟了！我脫口而出：「假的？」他點點頭，於是乎拿出考證的卡片；今一併附上。別人是用科學方法鑑定，萬無一失。聶伯母，如果您老不甘心，還要拿到日本去鑑定，也未嘗不可。不過，基於道義的理由，我要就便告訴您老：日本的漢學水準一定不比美國的哈佛差。萬一又考證出正身，再白賠掉好幾塊美金的郵費，可就損失更大了。你們一定很傷心。我當時也很傷心。但現在想起來令人失笑。我抱著寶貝回來時，天正下著大雨，我正「雨地行軍」，寶貝似乎越來越重，而雨越下越大。回來啊！呢帽變成水帽，重約數磅；鞋子成了水袋，咯吱咯吱；大衣也濕透了。我趕快全脫下，放在熱水汀上烘烤。而人呢？坐在沙發上，好不慘烈，心想：這輩子要做王老五了。我又怕因此受寒生病，因波士頓比北平還冷。美國醫院特貴，倘若生病，我豈不要損失慘重！後來趕快用熱水大洗一頓。還好，沒有出毛病。哎，多麼可悲又可笑的人生！不過，不管天翻地覆，我們總得活下去，不能再盼望奇蹟了！寶貝由台來美，一路使我緊張萬分。現在我得請它閣下先行返台了，今已付郵寄上。包裹單「價值」一項，我填的是「無價之寶」……

一頭憂鬱的白髮

殷海光和我母親之間有一份很動人的感情。母親年輕守寡，在戰亂中十分艱苦地把幾個子女撫養大。在母親的心目中，兒子還是比女兒重要。尤其是她的長子華懋。一九五二年春，華懋夫婦從空軍基地嘉義到台北來和母親歡聚了幾天。母親為他煮藕湯呀，焗餅呀，做餃子呀……我從沒看她那樣快樂過。他們回嘉義的頭天晚上，我那深沉忠厚的弟弟還拖著我在幾個榻榻米的房間裡跳了一支華爾茲舞：魂斷藍橋。他回去以後，就魂斷嘉義了，因為飛行失事。我接到消息，忍住悲痛，一面料理華懋後事，接弟妹三人到台北，一面把華懋的死訊瞞著母親——她有心臟病。但總有一天她會知道大兒子已經完了，殷海光就為她做心理準備工作。每天黃昏，他必定邀她去散步。那時的松江路四周還是青青的田野，他們一面散步，一面聊天，談生死哀樂，談戰亂，談生活瑣事，談宗教——殷海光那時並不信教。（他信天主教，還是多年以後的事，大概是受了他夫人的感召。）這一類的談話，都只為了要在母親的精神和心理上加一道防線，防禦終歸來臨的喪子之痛。日日黃昏，他就那樣充滿耐心和愛心看護了她六個月！誰也沒提過弟弟的死，母親自己感應到了。一天晚上，我從夜校教課回家，母親躺在床上，一見面就肯定地說：「華苓，你弟弟完了！」我再也忍不住了，失聲痛哭。

母親斷斷續續，哭泣了一夜。殷海光關著房門，一個晚上也沒出來。

殷海光和夏君璐結婚之後，大概是一九五六年吧，他們搬到溫州街台大配給的房子。那以後兩家人很少見面。我和母親帶著兩個孩子去看過他們。殷海光正在園子裡挖池子、造假山，要把一個荒蕪的園子造成假想的大莊園。他們已生了文麗，他已有了一個幸福的家，看起來很恬靜。但他那沉思的眼神仍然透露了憂國憂民的心情。

一九六〇年九月四日，《自由中國》被封，雷震、傅正等四人被捕。我也隨時有被帶走的可能，住屋附近總有些莫名其妙的人來回徘徊。據說殷海光本來也在被捕的黑名單上，警總動手抓人的前一刻，才把他的名字取消了。但當時我們不知道。我和母親非常擔心他的安全，每天早上，一打開報紙，就看有沒有殷海光的名字。沒想到他和夏道平、宋文明突然在報上發表公開聲明，表示願對《自由中國》出問題的文章自負文責。殷海光寫的許多篇社論幾乎都是雷案中「鼓動暴動」、「動搖人心」的文章。我們也聽說殷宅附近日夜有人監視，我和母親為他捏一把冷汗。一直到十一月胡適由美返台前夕，[3]《自由中國》劫後餘生的幾位編輯委員才見面。那時雷震已判刑，以莫須有的「煽動叛亂罪」判決有期徒刑十年。大家見面，真是欲哭無淚，沉痛、絕望——不僅為雷案，也為中華民族的前途。殷海光一句話也沒說。有人提議去看胡適，他只是沉沉搖幾下頭，也沒說話。大家要探聽胡適對「雷案」究竟是什麼態度，一起去南港胡寓。殷海光也去了，仍然不說話。胡適淺淺的幽默、淡淡的微笑，只是反襯出殷海光作為一個中國知識分子的深沉悲哀與寂寞。

一九六二年，母親得了癌症。她在台大醫院病床上不停地談往事，也談到殷海光當年對她的好。他們已有好幾年沒見面了。我在一九六〇年以後也沒再見到他，只是聽說他已經幾年沒上西門町了。一天下午，我正在醫院陪母親，房門口突然一聲「聶——伯——母——」竟是殷海光站在那兒！他的頭髮全白了——一頭憂鬱的白髮。他坐在床前椅子上，望著母親，沒說話，勉強微笑著。她非常激動，但已無力表達任何情緒了，偶爾拍拍他的手，對他笑笑，說她很滿足，很快樂，一定會好起來；病好以後，一定請他全家回松江路去玩。他只坐了一會兒，彷彿不知如何應付苦鬥一輩子、熱望活下去卻又不得不撒手的我的母親。

「聶伯母，我——我——」他笨拙地站起身，「我得走了。」他站在床前，兩眼盯著她望，望那最後一眼：「聶伯母，好好保重。」

我送他走到醫院大門口。

「好久沒上街了，」他對我說，「上街有些惶惶然。」

3. 胡適返台的準確時間是十月二十二日。

「你知道怎麼回家嗎？」

「我想我知道吧！」他自嘲地笑笑，低頭思索了一下。「唉，聶伯母！我再來看她。」

「你來看她，對她很重要。但是，請不要再來了。」

「來看聶伯母，對我也很重要。」

「好好保重，殷先生。」

他與我母親就那樣分手了。他與我也就那樣分手了。

回首雲天，何處覓孤墳？

一九八二年五月　愛荷華微寒細雨中

痛悼吾敵，痛悼吾友

徐復觀

一

前年（一九六七年）大約是春末夏初，我在香港接到金耀基先生來信，說殷先生因胃癌入台大醫院動了手術；但癌菌已散布開了，只有三個月到六個月的壽命。雖然十多年來，在文化、思想上，殷先生由「我的朋友」變成了「我的敵人」，但當我接到金先生的信後，心裡難過了好幾天；隨即函託金先生設法代我送了三千元的醫藥費，不管他願不願意接受。六月末，我由香港返台，到他家裡去看他，出我意料之外，他的精神很健旺。但突然看到我，也和過去在傅偉勳先生婚禮席上突然相遇的情景一樣，態度有些生硬。過了一會，又大說大笑起來。當時大陸上的「文化大革命」正鬧得天昏地暗，我告訴他，不論怎麼搞，但我們民族，是熬得起苦難，最後一定會站起來的。他聽了我一番半分析、半安慰的話，顯得十分興奮。我半開玩笑地說：「你們過去從語意學上，反對『國家』『民族』的說法。但實際，假定我們沒有對國家民族的真誠的愛，便不會寫許多文章，惹出許多麻煩。在我看，真正的自由主義者，也自然而然地是一個愛國者。你不會例外！」他很嚴肅地承認了我的話。他在談天中，不斷流露出對國家民族，有如赤子之心的熱望。他所反對的，是把國家民族當作滿足私人權力欲望工具的情形。

二

前年七月，我接到殷先生來信，想到東海大學來看我，我回信歡迎。來後住了四天，經常和我談到文化問題，我發現他的態度已經有些轉變：他對中國文化，保持他審慎的敬意；他認為他有關中國文化的一部著作（我始終未看到這部書，所以對書名記不清楚）犯了不少的錯誤；他認為邏輯實證論沾不到價值問題，而價值問題是非常重要的。我只是靜心地聽，避免主動地說出我自己的意見，因為怕出言不慎，刺傷他病後的身體。但有許多話，是他過去絕不肯說，絕不肯承認的。我驚奇地問：「你怎會有這種轉變呢？」「我是受了近年來文化人類學的影響。」一前不久，他在病榻上告訴陳君鼓應，又多補出了三個轉變的原因：（一）他對故鄉生活的回憶。（二）他的學生張灝。（三）半個徐復觀。就我的了解，他所說的轉變原因，除了對故鄉生活的回憶，最為深刻外，其他的都是外緣。真正的原因，是中國文化，乃在憂患中形成，也只有在憂患中才真能感受。他這幾年正陷在深刻的憂患之中。

在四天中，他又談到哈佛大學中的某一部門請他去做研究工作，但還沒有拿到出境證的問題，問我有無辦法。我說：「他們所以如此，是怕你在美國罵他們。你對這一點怎樣？」「在國外絕不會罵他們，這完全是他們不了解我。」我十分相信他說的是真話，便向他建議：「你最好直接寫一封信給某君，他應當有此智慧。」他接受了我的意見，並說我與某君是老朋友。我告訴他：「政治圈中沒有老朋友不老朋友的問題，但你若要我寫一封信，我便以最負責的態度寫。」事情一切照辦了，他依然沒有出去。但當他要退回不准開課的台大聘書時，我曾力加阻止。

三

自此之後，我經常惦念著他。但為了避免不必要的麻煩，又一直沒有去看他。今年六月末，我參加台大哲學研究所畢業生的口試，知道他因舊病復發而進了醫院，我趕去看他時，他已回家休養。八月初我去看他，為了給他以安慰，向他說：「不論如何，你所表現的一種反抗精神，在中國長期專制的歷史中是非常可寶貴的。僅這一點，也可使你不朽。」「我不是反抗，而是超越。我希望徐先生也要走超越的路。」我了解他所說的超越的意思，笑著說：「我也早超越了，只是超越不了漢奸。」

他和我熱烈地談到文化問題。他向我說：「我們不能說雅斯帕斯（K. Jaspers）不懂科學。但他有句話使我震驚！他說：『即使知道了一切科學知識，對人的自身依然是一無了解，一無幫助。』」他由此滔滔不絕地談到不能僅以科學來代表文化，不能認為沒有科學時代的人的生活即是不幸福。科學成就對人類之為禍為福，尚很難斷定。最重要的是人生價值問題的解決。他說：「許多講中國文化的人，極力在中國文化中附會些科學，這實際是把科學的分量估計得過重，以為中國文化中沒有科學便沒有價值。實則中國文化中即使沒有科學，並無損於它的崇高價值。不過對中國目前情形來說，以嚴格的方法來界定知識，檢別知識，當然是重要的。」諸如此類的話，說得很多；都表現出他很高的智慧。我勸他把這些意見，不要用論文的方式，而只用語錄的方式寫了出來。他說：「現在天氣太熱。決心從十月一日開始寫。」又說：「我希望還活五年，完成對中國文化的心願。」我聽後心裡非常酸楚，他的病情怎能拖到十月一日？怎能還活五年？好在我對他的提議，他終於要他的學生陳君鼓應，零星地記錄了一些。我曾向幾位朋友說：「海光因為對學問的真誠探索，到現在，他的思考、體認開始進入到成熟的階段。假定能再活二十年，必定有很高的成就。他得這種病，是我們學術上的不幸。」後來有位學生把我的話轉告他，他在床上痛哭了一陣。

四

八月二十五日，陳君鼓應送來由殷先生口述，陳君筆記，並由殷先生簽名的一封信。這可能是他最後寫給朋友的一封信，所以抄錄在下面。

佛觀先生：

八月十五日清晨，先生所提出在專制政體下純理思想難以伸展的問題，頗激起我對於這個問題的思索，甚為感謝。

八月十二日，先生偕唐君毅先生來舍探病，引起我對當代智識之士的若干基本問題的思考。唐先生所樹立的為儒門風範，所成就的為道德理想，而非知識。以他的學術資本、思想訓練和個人才力，顯然不足以完成他所要達到的目標和規模。古往今來，道德的奇理斯瑪（charisma）人物，往往如此。

相識二十多年，先生為光提到時常所厭惡的人物，但亦為光心靈深處所激賞的人物之一。這種矛盾，正是不同的生命火花激盪而成。一個時代創造動力的源泉，也許辯證地孕育在這一歧異中吧！

現在，復興中國文化的叫聲似乎頗大。然而一究其實，不過空泡而已。在我看來，對於中國的歷史、社會、文化的認知，尚是一大片未曾開墾的處女地。這有待真才實學之士的奮發努力。「山窮水盡疑無路，柳暗花明又一村」，就現實情況看來，今日若干知識分子的處境，似乎天小地狹；但是就開闢觀念和知識的新天地而言，則無限無窮。

今日有心人最重要的事，在於樹立一超越現實的自我，對外界的成敗毀譽，頗可不必計較。際此是非難辨之世，吾人必須學習隔離的智慧，抖落一切渣滓，淨化心靈，然後跨大鵬之背，極目千里，神馳古今。但又同時能如現代的探礦師，對於中國歷史文化的發展形態及去脈來龍，能有真實的了解。先生如能將認知模式稍加調整，也許在這方面可能作進一層次的努力。

光現與癌魔奮鬥，在不久的將來，果能康復，希與先生傾談上下古今，並請我吃腳魚與鰻魚。一笑！

謹祝

康樂

殷海光　一九六九年八月二十四日

我讀完他的信後，更為他求生的熱忱而感到難過。

五

大概是九月七日或八日（我沒有記日記的習慣，而記憶力又差，所以對日期記不清楚），我知道他的病情很惡化了，便再趕去看他。敲開門，殷太太：「他完全不能講話，講話後就增加痛苦。」進去後，我和殷太太都不要他講話。但他堅持「徐先生來了怎能不說話」，他便斷斷續續地說：

「牛頓曾說他的成就，主要是他能站在巨人的肩上。你和唐先生、牟先生，對中國文化都有部分的功績；但在站在巨人肩上的這一點上，還嫌不夠（他接著舉出兩個美國社會學家的著作）。中國文化，不能憑藉四個人的觀念去把握。第一是不能憑藉達爾文的進化觀念。這個觀念把許多人導入歧途（按：中國文化，主要在成就人生價值；表現爲道德、文學、藝術。這都是不應以進化觀念去衡量的）。第二是不應該用康德的超驗觀念（按：康德正是由西方文化通向中國文化的巨人。假定殷先生再活三五年，便會修正這一意見）。第三是不能通過黑格爾的體系哲學（按：這有一部分是對的）。第四是不能通過馬克思的思想。中國文化不是進化而是演化；是在患難中的積累，積累得這樣深厚。我現在才發現，我對中國文化的熱愛；希望再活十五年，為中國文化盡力。」因為怕引起他更多的話，所以我只靜靜地聽他說，並用手勢希望他不要再說。他的話剛告一段落，我就走了，以便他能好好休息。他大概是九月十二日晚再進台大醫院，我十三日去看他，眼睛已是經常閉著。但當我告訴他「我有生之年，不會忘記你在信上所寄予我的期待」時，他還從嘴角露出一絲微笑。十四日去看他時，他已像一副骷髏躺在床上。十五日夜晚去看他，他精神卻好多了，我懷疑這即是所謂「迴光返照」。十六日沒有去，他便在這天夜晚死了。

中國二千多年，知識分子一直在法家所提倡的賞罰二柄的驅策之下，絕對多數漸漸變成了軟體動物。其特性，只有食色的享受才認為是真的，任何知識，任何價值，都覺得是假的。不僅不容易發現一個人格上能自知愛重的人，也不容易發現一個在學問上真能尊重知識、追求知識的人。殷先生在學問上尚未臻成熟，並且對文化、政治的態度，常不免過於偏激。但由他的硬骨頭、真熱情所發出的精光，照耀在許多軟體動物之上，曾逼得他們聲息毫無，原形畢露。他由學術上的科學一元論，轉變為科學價值的限定論，也是說明他對學問的熱情與誠意。他對唐、牟兩位先生，始終存有誤解；他未注意到他轉變的方向，正是唐、牟兩先生歷年來的主張，即是必須在經驗法則中成就知識，但僅靠知識並不能建立人生價值，更不能代替人生價值的主張。不過他更瞧不起文化紳士們所信奉的鎮山神。他曾強調個人主義，但痛恨自私自利的人物。他把自己的屍體捐獻給醫院，這是他尊重科學，並把科學和愛心連結在一起的證據。我已經老了，在學問上能作進一步努力的可能性不大。但我希望後起有志之士，能從殷先生做人的品格上啟發自己對國家民族負責的根基；能從殷先生在學術的轉變上，把握對學問探索的熱誠與方向。我於此，祝殷先生永垂不朽。

對殷海光先生的憶念

殷先生死後，我曾寫過一篇悼念的文章，古人謂「既念逝者，行自悼也」。乃補寫此文。

徐復觀

一

二十年來，在文化思想上我所遭遇到的最大的麻煩，多半與殷先生有關係。但即使在我們敵對最尖銳的時候，因為他不被威迫利誘的風骨，也使我內心敬重這樣一個文化上的敵人。兩年以來，我們又化敵為友了，更使我感到這決不是一個尋常的朋友。他得的是必死的絕症。有三點是在他死了以後，使我更感到這是我生命的一大創傷，學術界的真正損失。

第一點，在得到他的死訊時，我曾繞室徬徨地自言自語：「今後的生活更寂寞了，再沒有一個可以談天的人了。」這話當下被我的太太聽到，立即責備我：「你怎能說這種話！你說這種話，對得起其他的朋友嗎？」我太太的責備是對的，並且我決沒有減輕其他朋友在我精神上的分量。我的自言自語，只是在語意上沒界定清楚。我真正的意思是說：「今後再不容易遇見可以劇談深論的朋友了。」我和海光的情形，要便是彼此一想到就湧起一股厭惡的情緒；要便是彼此大談大笑，談笑得恣肆猖狂。假定我們精神中也藏有干將莫邪的光芒，只有在我們的對談中，才真能顯現出來，使一般人不可逼視。儘管彼此的話，都有彼此不能完全同意的地方，但彼此生命的軀殼，常常被彼此的談鋒所撥開，因而閃出彼此生命本質的精靈，隨著談鋒而互相照射，便自然而然地發出一陣一陣地，可與孫登長嘯相比的大笑。這一點，海光只能得之於我，我也只能得之於海光。在他死前約一個月左右，當我勸他把向我所說的話記錄出來的時候，他說：「這些話，我只能當著徐先生面前才說得出來。旁人來看我，談上兩三句便疲倦了，沒有機緣能引出我這些話。」他這裡所說的，我也可以轉用。惠施是莊周一生最大的論敵，《莊子》一書中有幾篇重要的文章，皆以與惠施的辯論或對惠施的批評收尾。但當惠施死後，莊周卻深痛「臣之質亡矣」——我現在才真正體驗到莊周的心境。

第二點是他臨死前一兩年的文化轉向，是一件了不起的大事。他的性格和思想，是以現代科學的巨力為背景，趨向偏急的一路；他要舉著科學的大旗——這在他，乃是邏輯實證論，要摧毀中西正統文化的一切，改造一切。而這也是他能在青年層中得到聲譽的重大因素之一。但因為在他的勇氣中有追求學問的誠意與毅力，他便自覺地擺脫由聲譽而來的枷鎖，接受新的觀念，釀出新的動向，以深入人生人文的新領域，並公開說出他過去文章中的許多錯誤。由陳君鼓應所編印的《春蠶吐絲》，只是他掙扎於生死之際所吐露出的一小部分。有人說他雖然提倡自由民主，但他自己卻有一些極權主義者的性格，也或許是真的。不過由他這一思想的轉變，也必然會影響到他性格上的轉變：因為他的思想是轉向生命的自身，也是從生命自身深處所轉出。當然有人會說，他轉變所得到的，站在人類正常的文化大流來看，也極為尋常，也極為有限——這話不是沒有道理。但我們只要想到，胡適先生在二十多歲時寫的《中國古代哲學史》，到六十多歲在台灣重印時，不僅不曾改動一個字，並且也不曾對自己少年之作表示一點不滿；當一九五二年《自由中國》的青年以最大熱情歡迎他的時候，他依然當著大家背誦他三十多年以前的《紅樓夢考證》和杜威的《知識論的入門》，並把他的老祕書毛子水當眾宣稱「這是當代聖人」。李濟先生在三十歲左右寫了幾篇田野報告，到了七十多歲，還以為那點從鋤頭上出來的東西，就是史學的一切，就是人文學科的一切，凡是他所不了解的學問，都是他所不承認的學問；連考古學上的進步，也閉目不睹，而公開宣布只有地下掘出來的才是「實證的歷史」，此外則都是「想像的歷史」。其他所謂國學大師，年輕時以玩弄小聰明起家，到了七八十歲，還在玩弄著已經失掉了少年才氣的小聰明、小花頭、小把戲。由於這些人缺乏對學問探索的真誠，便以浮名虛聲為學問；便一生一世，陶醉在浮名虛聲之中；於是由他們自身不進步，實際是在退步，而阻礙到整個學術的不進步。從此一角度看，海光在學術文化上的轉變，對一個人的自我形成，及對學術風氣的突破，實含有偉大的意義。

一個人，當然含有許多弱點，好勝、負氣，以及在戰鬥時對敵人運用若干機巧，海光何能避免？但人格和學問的形成是一樣的：學問是在層層突破中向上伸長，人格也是在重重考驗中向上完成。問題是要看這個人有沒有這種學問與人格掙扎上的歷程，我們要從一個人的歷程中觀取他的大方向。以某人歷程中的某一個弱點來概括某人的一生，我認為是不大公平的。

第三點是他臨死的情形。他知道胃癌復發是絕症，但直到最後，他不放棄求生的希望，這是沒有什麼的。我從他的學生口中，早已知道他在服用中藥，但因為他過去曾強烈地反對過中藥，所以在我面前一直對吃中藥的事加以掩飾；等到他太太當我面前露出來了，他才說「現在是中西並進」。這只表示他的特殊的個性，也沒有什麼。但他在非常痛苦的情形之下，始終能忍住不哼不叫；並且一息尚存，尚專心致志地思索學問上的問題，這便是了不起的事。《論語》記曾子臨死時從容平靜地告訴他的學生「啟予手，啟予足，而今而後，吾知免夫」的一段話，我以前不能了解他的意義，現在才體悟到這是曾子的整個生命，完全沉浸於「孝」的理念中的流露。從這種地方，也可見到海光對學問的熱情、誠意。

二

一九四四年，我以軍事委員會高級參謀的名義，調到參謀總長辦公室裡辦公，家住在重慶南岸的黃桷椏。曾充廣州兵工廠長（這在北伐前是一重要位置）的夏聲先生，此時也是軍委會的高級參謀，也是住在黃桷椏。我與夏先生是鄰縣，有一次我去看這位夏先生（後來夏先生成了海光的岳父），遇見穿一身又舊又髒的軍服，身材瘦削，見人很矜持的一位青年。夏先生介紹說，這是「我的同鄉殷海光先生，從西南聯大去參加青年軍，現在剛到重慶來」。我便和這位青年攀談起來，發現他的語言簡練有力，意志很堅強；而且和我談到法國大革命的若干情形，我感到他有相當的學養。勸他把自己的觀點寫出來，他便拿出一篇文章給我，約定以後再見面。我回家看了他的文章，挺拔振踔，很合我的脾胃，以後便常常來往。他此時大概在獨立出版社有一個編輯名義，待遇微薄。他當時的興趣，完全在理論鬥爭方面，比我激烈得多，根本沒有談到自由民主等問題。我和他開玩笑：「你的樣子和說話神情，倒有點像希特勒。」他當時並不拒絕我這種說法。一九四五年春，海光曾因我的推薦會見了當時的最高當局。[1] 後來我問及會見的情形怎樣，他只冷漠地說「沒有什麼」。最高當局以後看到我時，也沒有再提到海光，我便知道這是機緣不契，彼此都沒有深刻印象。

三

一九四六年春，我復員到南京，海光在南京和後來辦《人生》雜誌的王道先生住在一起，似乎沒有什麼工作。後來我和上海商務印書館合作，辦一純學術性的月刊，名為《學原》。編輯委員多半是留德的幾位先生，把調門提得很高，我和海光都沒有資格在上面發表文章，但我常以「稿費」的名義送些零用錢給他。因我的關係，他又認識了牟宗三、唐君毅兩位先生。與唐先生大概沒什麼往來，與牟先生往來得相當密切。當時金陵大學文學院長倪青原先生，也是《學原》的編輯委員；海光學邏輯實證論的業師洪謙先生，一九四七年由英返國，經過南京赴武漢大學講學，海光當然曾和洪先生見面；《學原》曾請洪先生吃飯，倪青原先生當然在座。我的推測，洪先生可能向倪青原推薦過海光；但促成海光到金陵大學教書的則是牟宗三先生。

我竭力向有關的人士為海光揄揚，終於他能進《中央日報》當主筆。當時國民黨的組織鬆懈，我也不知道海光是否係黨員。有一天，海光到我家來，說他決定正式加入國民黨。我當時覺得他原來既不是黨員，能不加入便不必加入。我告訴他：「站在我的立場，當然希望你加入

1. 此處為作者誤記。一九四五年春殷海光還在印度服兵役，他見蔣介石是在一九四六年。

到黨裡面。但以你才情的犀利，若保持一點距離，或者可以相安下去。一旦加入到裡面，結果會很糟的。」他當時對政治的興趣很高，我曾力勸他應先在學術上有了成就後，再參加政治。放下學術去弄政治，可能會兩面都落空。我的這些意思，他當時都不能接受。

四

一九四九年逃到台灣，我決心與現實政治保持距離，以便能在文化思想上用點力量，這是我辦《民主評論》的基本用心。民主評論社成立之初，在台北市長安西路頂有一棟狹小的日式房子，作為台灣分社，並成為幾個朋友經常托足聊天之所。牟宗三先生當時便住在裡面。海光是《民主評論》的基本寫作人，當然來往得更密，下象棋的棋聲和喧笑之聲，終日不絕。我始終認為海光應在學術界中立定，所以在一九四九年春天，我到廣州鄉下黃艮庸先生家裡去探望熊十力先生時，請熊先生向沈剛伯先生寫封推薦海光進台大教書的信，並由我拿著信去看沈剛伯先生。此事雖沒有結果，但與海光以後進台大，也可能有點線索。到台灣後，大家對政治的看法，似乎不約而同地有一個新趨向，即是認定只有民主政治，才可解決中國的問題。就我個人來說，在一九四〇年以前，我的思想，受馬、恩的影響比較大；到了一九四〇年以後，我雖然放棄了馬、恩的一套，但對民主政治並無了解，並無信心；到了一九四九年，我才由「中的政治路線」摸到民主政治上面，成為我後半生政治思想的立足點。海光當時偏重於以「經驗論的自由主義」（此係我臨時造出的名詞）反極權主義，他很討厭「理性」、「道德」、「歷史文化」這一套東西，因此，他對《民主評論》不滿的情緒，一天增加一天。我家住在台中，每來台北一次，便找他談一次。開始由他發一頓氣氛上的牢騷，我再向他作一番解釋，他的不平之氣再慢慢平下去，再為《民主評論》寫文章。當時老友傅光海先生也寄居在《民主評論》分社裡面，他有次向我說：「看你很用力將就殷海光。但我看，你們的友誼很難維持長久。」當時比《民主評論》稍稍後一點出現的刊物有《自由中國》，發行人是胡適先生，實際負責的是雷儆寰先生。他們一開始便聲勢浩大。海光漸漸地走向《自由中國》方面去，與《民主評論》一天一天地疏遠。在友誼上，他和張佛泉、徐道鄰諸位先生成為密友。我們雖漸少往還，但他對我始終是很好的，並常常向著人說「台灣有兩個人死不得，一個是張佛泉，一個是徐復觀」。他看到我的〈文化與政治〉、〈為生民立命〉這類短文章時，曾特別鼓勵他的學生閱讀，並要他的學生來看我。

五

我們正式沒有來往，是為了他在《自由中國》上發表了一篇大罵牟宗三先生的文章。我的觀察，他對牟先生的敵視，不純是為了學術上的派別，而是在與牟先生來往之間，牟先生於不知不覺之中，把他當學生看待。有一次，他向牟先生提出問題，牟先生曾給他一封信，勸他在學問上應當轉向等等，引起他很大的反感。後來有位朋友特別告訴我「殷海光得了重病，不死掉，也會影響到他的腦神經」。當時我們的友誼雖已中斷，但並不希望他死掉，所以立即寄了一筆錢給他，勸他好好診病。不久我到台北，特到他在松江路的住所去看他，見面又談得很愉快。他的病情並不嚴重，而且快要恢復了，送我送得很遠。我極力勸他在養病時可以看點中國書，他問：「看什麼呢？」我勸他讀《孟子》。他在這次談話中，批評到胡秋原先生，說：「他談什麼哲學。」我勸他說：「秋原讀書很博，你對他不應輕下斷語。」他不很以為然。由《文星》所揭開的「文化罵戰」，根子也可以說埋伏得相當久。

我們正式的決裂，是由他在《自由中國》寫了一篇攻擊唐君毅、牟宗三兩位先生的文章，在這篇文章中，把可以用到的惡毒詞彙差不多都用出來了。我看後非常生氣，也就在《民主評論》上狠狠地還敬了一篇。在這以前或以後，張佛泉先生也有一篇口氣較和緩而內容無大出入的文章，我也寫了一篇文章答覆。

六

後來《文星》的「文化罵戰」開始了，戰火逐漸蔓延到我的身上。有篇攻擊我的專文，內容非常幼稚，我以為作者「黃富三」是《文星》編者的假名，便答覆了一篇。假定事先知道黃富三是台大的學生，我就不會答覆。當時我認為這只是由胡適先生說了「東方文化沒有靈性」的話所引起的「崇胡」與「反胡」之間的戰火，海光對胡適先生，並沒有多少敬意；最低限度，他在我面前是這樣表示的。所以這場戰火，我根本沒有想到海光身上去。並且在我答覆黃富三的文章還沒有印出時，胡適先生死了，我便趕到台北，找《文星》的負責人，一方面給他們一篇悼念胡適先生的文章，一方面要把我答覆黃富三的文章抽回來不發表。當時我和胡秋原、鄭學稼兩先生，都希望因胡先生之死，把戰火熄掉，但《文星》的人們堅持要幹下去。燒到最高度時，有人告訴我，在後面指揮的是海光。於是這個戰火由此直接燒到海光身上。海光以為我在後面支持攻擊他的人——這是他上了旁人的當，我當時只支持對直接迫害到身上來所作的防衛工作，並不曾想到海光身上去。人與人之間的界線，雖然有時很難劃定，但我始終有自己的界線，不過在當時我不能表白出來。當然，這並不說明我們彼此之間，沒有敵視的心理。

這中間有一個可紀念的插曲。傅偉勳先生與鍾淑兒女士結婚，我也到台北市中國大飯店參加他們的婚宴，吃的是西餐；恰巧把我和海光的坐位擺在長條桌的正對面。海光突然看到我，硬著頸子點點頭，我勉強笑了一笑。坐下後兩人沒有話講，都感到很尷尬。我想打破這種窘局，首先問他：「你的小姐長得很好吧？」因為我的經驗，脾氣再怪的人，沒有不愛自己的小孩的。像這樣的家常話問了幾句以後，他恢復了過去相處時的表情。他突然問：「××學派成天講考據，到底他們的考據怎麼樣？」我說：「一般而論，他們的考據，和×××的邏輯差不多。」他聽了我的答覆，不覺大笑起來──因為他過去提到×××的邏輯，大概總是以「胡說八道」四字來概括的。他又問：「為什麼？」我告訴他：「考據根據的是資料。但資料依然要分析，要綜合；而分析綜合的過程，也可以說是一個推理的過程。他們反對思想，所以把這套基本能力，從他們的頭腦中取消了。」他於是又大笑一陣。這一頓飯，一直大說大笑下來，忘記了此外還有百多位貴客。散席時他要我寫的《中國人性論史》，返台中後寄一部給他，他也寄了一部著作給我。我曾給他一封長信，認為他所根據的自然科學的材料與方法，不能解答人的問題，並把我所看過的卡勒爾、卡西勒和一位由生物學講人文主義的赫胥黎，及美國一位提倡「世界文藝復興」的生物學家（忘記了姓名）的幾部有關著作告訴他，希望他把觀點矯正一下。他沒有回信。

本來自此次婚宴以後，我們兩人是早可恢復以前的情感的。可惜和我站在一條文化防衛戰線的幾位朋友，因訟事的困擾，而不斷把火燒到海光身上。我心裡並不以為然，但口裡不能說出。自稱為海光的一位學生，又不斷向法院告了我五六狀。我倒從來未懷疑過這是出於海光的指使，否則當一九六七年我由港返台時，我的訟事尚未結束，便不會去看他。但這種火爆的環境，迫使我們兩人繼續著斷交狀態。

當一九六七年六月底和七月中，我和海光很快地見了兩次面以後，他在文化上的態度已經轉變，對現實政治已閉口不談；並承認由《文星》所發動的「文化罵戰」，使剩下本已無多的知識分子兩敗俱傷，並使知識分子中對政治社會可能從言論上稍稍盡點責任的，也被迫作完全的拋棄：「這一次真是最大的愚蠢。」海光的話，是千真萬確的。尤其是台灣的司法審判，受政治的影響很大，持久的罵戰，已經把大家的精力和對社會的影響力都抵消了，再打起官司來，對政治的影響力，便自然而然地有點像過去江南人對付五通神了。我曾經向胡秋原、徐高阮各位先生談到海光的情形和意見，他兩位都同意立即「休兵」，希望能在文化上合作。誰知香港有一本刊物上面，發表了一篇捧殷罵胡的文章，本來發表已經好幾個月了，不知由誰人輾轉交到胡先生手上，裡面對胡先生的說法有不公平的地方，於是將熄的火，又重新燃燒起來，而我也只有說聲「天乎人乎」了！在這段期間，海光當然不能了解到底我對他是怎麼一回事。等到他癌症復發，我去看他，告訴其中的委曲，他也便坦然了。

七

我和海光，雖然我是浠水，他是黃岡，但相距不過十里左右，中間隔著一條巴水。我們兩人，有若干相同的地方。首先是兩人出身窮苦，幼年少年時代受到許多欺壓，這便形成了精神分析學所指出的潛意識中的反抗性，脾氣都有些怪而且壞。與我家也相距約十公里，與海光家相距約三公里的熊十力先生的性格，也可以作此解釋。但我的家世是鄉下的寒儒，而他的家世卻是鄉下的牧師，這可能與他的骨灰放在一間教堂裡面，並曾由一位什麼牧師借他的骨灰向人說了一大頓不相干的話和謊話有關係。我在東海大學待到第五年時，就發現某些人的傳道實在就是說謊。所以海光死後的安排，是滑稽而可悲的。

其次，我和海光，都是不很信邪的人。對於任何刺眼的東西，有興趣的話，便會把眼睛睜得大大地正視一番。對於有趣的學問，說闖就闖。任何學術權威，都要看看他的成色，稱稱他的分量。可惜我中年失學，而海光死得太早。就我們的性格，在中國任何空間，都是不容易生存的，除非民主政體真正實現以後。我能活到今天，海光能以癌症而死，都是由僥倖而來的大幸。海光抱著此一大幸，好好地「與造物者為人」，逍遙在另一世界吧！

一九七〇年二月

悼念殷海光

牟潤孫

海光指出，西方文明走向死胡同，而中國不進不退的淑世主義，方顯其人生價值。這眞是一個了不起的轉變。他能說出這一番話，才不愧爲這個時代眞正有哲學頭腦的大思想家。

殷海光今年九月十六日逝世。當十七日上午，我從報紙上看到這條消息時候，感到非常難過。

一九五〇年我進台灣大學教書，由於徐道鄰和方杰人的介紹，我才認識了海光。雖然我並不研究邏輯，我讀了他那些主張自由及反奴役反專制的文章，對他的議論和見解非常佩服。大約在一九五一年到一九五四年之間，徐道鄰、張佛泉、殷海光和周德偉幾個人常常在一起討論哲學思想上的問題，有一個小小座談會，我記得彷彿是每月舉行一次，每次由一個人主講。他們約我參加，我也講過一次。我和道鄰、佛泉都是極要好的朋友，他們對於海光極為推崇。海光論學極認眞，態度十分謹嚴，而做人誠樸天眞。有時中午下課，在台大文學院門前遇見他，我邀他到我家坐坐談天——那時他還沒結婚——他說：「你請吃飯不請？如果不請，我就不去了。」我說：「當然請，當然請！」於是去到我家吃一頓家常便飯，兩人上天下地談得非常得意。通常是我向他請教得益不少。

我住的房子順著籬笆牆種了好多棵美人蕉，他看見說：「太難看了，我家有開紅花的美人蕉，長得又高，花又好看，我給你重新栽過吧。」說完不由分說，動手就拔，一霎時拔得精光。過了兩天，果然把他家的蕉秧帶來，親手給栽上。他說：「雞糞是養花最好的肥料，我要種花很需要。」我家那時養了好多隻雞，他說：「你們給我留一些。」我們就把雞糞和了灰土凝成一塊一塊的塊，包在蒲包裡，存儲起來。下次他來了，拿出來交給他。他坐在門口地上，把糞塊拿在手中撥開看看捏一捏說：「很好，很好。」拍了拍手上的土，進門坐下。恰巧飯做好，坐下就吃，並沒有去洗洗手。那時大家都住日式的房子，進門要脫鞋，他的皮鞋永遠不繫帶子，說這可以省事。有一次，我們全出去了，屋門鎖著，街門只是扣上門環。海光來看我，一打開門，知道裡面沒人，自己開了街門，坐在院子裡等，也不知等了多久，把我家院子裡的草拔除了一番，然後走了。我們回來後，隔壁李太太說：「學校派了個工人給你們拔草，直著眼向前走路，一腳踏在泥裡。」那時我住在溫州街，路的兩旁有溝，市政當局按時派人把泥挖出來，以疏通流水，泥就堆在路旁，慢慢再運走，如果走路不小心常常可以踏到泥堆裡。這種率真坦白的泥土氣息，農村味道，在任何一個知識分子身上，我從沒發現過。海光不僅治學，就是為人，也是超絕世俗的。

一九五四年，我要到香港應新亞書院之聘，和他談起，他極力反對，他很鄭重地說：「你為什麼加入那個集團？」而我因為錢賓四的堅邀和復觀的勸促，我終於沒聽他的話，離開了台大。他對我個人始終仍然很好，而那時候港台待遇並不如今日之懸殊，否則他要罵我為了賺港幣而來新亞了。

我到香港後，起初時和他常通信，我的學生去台灣，總是介紹他們去看海光，海光也有時介紹學生來見我。海光反對中國文化的議論，我本來不能同意，後來他愈說愈過分，等到他那本《中國文化的展望》出版之後，我為之十分失望。那簡直像一個外國無知的人盲目胡說，真不敢相信海光對於過去歷史和文化所了解的會如此淺薄。由此通信漸稀。有時我常想，如果海光專心治他的數理邏輯之學，不要講什麼文化，豈不甚好！後來他受到圍剿，引起的原因，卻又多出於誤會，而且是別人的文章惹出來的禍，更讓我覺得十分難過。我總以為一個專門學者，與其抱入世之心，希圖以言論改善現實，倒不如盡力去研究自己所長之學，在學問上做出成績來以貢獻於國家，比較起來，後者更為有意義些。所以這幾年，一想到海光的遭遇，我實在為之惋惜。而且他患了絕症，已在病中，仍然不斷受人誤會和攻擊，益顯得社會的冷酷和無情，我想不出說一句什麼話可以安慰他。

他死後，復觀來到香港，說海光臨死之前不久自己曾去看他。他對復觀說他對中國文化的觀念已然改變，認為從前說的不對。當時我並沒有細問復觀，海光的改變之說究竟如何。昨天我在復觀書桌看到海光學生陳鼓應君編的《春蠶吐絲》，是海光的傳記，開頭記錄海光病中的遺言。我借來閱讀了一遍，才知道海光在彌留之前，思想有極大之轉變，對中國文化有了極深的認識，和以前大不相同，而坦白承認自己過去的錯誤。他學問的偉大，人格的崇高都在這些話裡面表現出來，一直到最後，他所顧念的是中國文化。

海光說：

我現在才發現我對中國文化的熱愛，希望能再活十五年，為中國文化盡力。

又說：

我的學問算不了什麼，但我有超時代環境的頭腦。三十年寶貴的經驗，沒有能夠寫下來，真可惜。這也是我不想死的原因。

又說：

我活不成了……其實，對於死這件事，我老早就想透了，看淡了，我的潛意識裡都沒有一點兒恐懼感。只是我死得不甘心，我的思想剛剛成熟，就在跑道的起跑點上倒下來。對於青年，我的責任未了；對於苦難的中國，我沒有交代！

這是何等的精神，何等的氣魄！他明白了他既然有了這樣的學問修養，應當盡他的責任。這分明是孔孟以來真正儒家的以天下為己任的精神，而沒有一絲一毫虛偽。

海光說：

我是一個頭腦複雜而心思單純的人。

又說：

我是最少被人了解的。許多人認為我苛求、驕傲。但我對自己卻更嚴格，更苛求。

我最大的特質就是能否定自己。我覺得我以前所寫的東西，都沒有什麼內容，僅僅是我的心路歷程中的一些紀錄。生命是不斷奮進的過程，一個知識分子更應該如此。

坦白承認自己過去寫的文章不成，否定自己所認為好的、對的意見，這種不護前的精神，勇於承認錯誤的道德，在現代知識分子中，我從沒見過有一個像海光這樣勇敢的人。

海光說：

文藝復興後的西方人的基本人生態度至達爾文的進化論影響後的進步主義。這受經濟起飛和技術的助長，乃有現代人的狂熱生活。他們所成就的乃是物欲文明，富有刺激性，給人直接的便利；表面極其繁華，但內層卻是淒涼、彷徨、失落的。暖氣室裡住的盡是一個個冷冰冰的人。

又說：

現在最令我憂慮的問題是，這個世界的技術越來越強，而人的道德理想卻越來越敗壞，人的心靈卻越來越萎縮。唉！真令人焦慮。

又說：

許多講中國文化的人，極力在中國文化中附會些科學。這實際把科學的分量估計得過重，以為中國文化中沒有科學便沒有價值。其實中國文化即使沒有科學，並無損於它的價值。

這些言論真是針對著過分重視科學技術、極力追求物欲的現代文明一個當頭棒喝，現在人類的真正危機就在於此。海光雖然沒有寫成他要寫的書，但他已經說明其中主要點。

他說：

中國的人生態度的基本的價值取向：既不進又不退。中國人好稱古遠，效法祖宗，現在看起來是很令人感到可笑的事。因為我們現在的時代精神是進步主義。以至於中國被迫放棄原有的價值取向，弄得大家積非成是。……「進步」本身其實只是一個程序而已；本身並不是價值，只是一個演變的程序而已！……現在這些科學技術家究竟可以產生什麼樣的結果？這無非是制造緊張，製造繁忙，製造污染的空氣，或者把人類的占有欲帶到遙遠的星空而已。

這樣回想中國傳統中那種既不進又不退的淑世主義，方顯彰其人生價值。中國人的崇古法祖先，真正的意義只是把我們的生活價值、行為模式定著在一個標準上，也可以說是一種價值理想的投射。所謂法古，並不是要我們回到六千萬年前像小耗子一樣的人類去，也不是要我們恢復到舊石器那樣古老的境地裡去，而是如雅思培（Jaspers）所說的「極盛的古典時期」。那是三千年前左右，為人類文明成熟時期。……也許有人覺得二十世紀六〇年代比三千年前好，試問好在哪裡？就人生價值，道德理想，認同的滿足，生活的溫暖，心靈的安寧，人與人之間的守望相助、友愛合作來說，好在哪裡？

……在進步主義的觀點下，所謂「好」無非是指技術的精進，技術的精進除了帶給人物欲的滿足外，使人有更多的幸福嗎？使人有更高的精神嗎？西方文明走向死胡同了。

海光指出西方文明走向死胡同，而中國不進不退的淑世主義，方顯其人生價值。這真是一個了不起的轉變，他能說出這一番話，才不愧為這個時代真正有哲學頭腦的大思想家。海光有他了不起的智慧而且不斷地思考，對自己苛求，永遠保持獨立思想，終於最後爆出靈感火花，才能達到這個境地。最重要的是他永遠服從真理，從他給復觀的信和評論復觀的話中，就可以看出。我覺得那些話非常難得也極其恰當（我想復觀應當同意）。復觀曾經很不客氣的批評過海光，海光仍然佩服他。他給復觀的信中說：「相識二十多年來，先生常為海光提到時厭惡的人物之一，但亦為海光心靈深處所激賞的人物之一。」這就可以說明他服從真理的態度。復觀所寫討論古代封建政治和漢代專制政治的歷史文章，十分精彩，為多年來未曾有過的歷史論文。我想海光對於復觀之肯揭發中國專制的弊害，以及知識分子在專制政治下如何的受摧殘以致喪失其尊嚴的說法一定極其贊同，很可能對於海光了解儒家文化有極大幫助。

海光是一個面對現實的人，大約在一九五五年的時候，海光曾經應哈佛大學之邀到美訪問一年，哈佛大學想留他教書，他卻堅持要回到台灣。如果他那時能留在美國，也許後來這幾年就不會牽連上許多不必要的麻煩，甚至可以多活幾年。

剛剛成熟，有清楚頭腦，受過嚴格訓練的哲學家，抱著講明中國文化，想溝通中國傳統和西方自由主義的偉大志願，在剛剛過五十歲的年齡竟然死去了，這真是中國也許可以說世界上的一大損失。

我尤其痛恨我自己的無知和疏忽，為什麼不能在他死之前，今年經過台北時去看看他，我跟他枉作了一番朋友，而最後終於沒有了解他，這真是無法寬恕的過失。我雖然比他大十歲，可是我的學問比起來未免太渺小了。今年我是第三次去美國，看到他們追求物欲生活的危險，看到他們生命的空虛，回來後對復觀說：「梁任公《歐遊心影錄》和嚴又陵晚年給友人的信，都表示唯有孔孟之道可以救今世（大意如此），以致受到許多人的攻擊。我現在認為梁、嚴二氏說的極是。」及至看到海光的遺言，才知道他看得比梁、嚴二氏透徹得多，他說得比我說得清楚得多。我回來後未能去和他一談，真是萬分遺憾。唯有以我有生之年，為我的學問去努力，以示懺悔，以向後世交代。海光雖死，海光的精神，常存在天地之間，也永遠在我這個不長進的朋友所懷念中。

我的朋友殷海光

許冠三

一

自從「雷案」發生（一九六〇年九月），海外的朋友們就開始為海光擔心。在先是關心他的安全、自由，怕他也會被牽入什麼案件中去，然後，像雷震一樣，被送到「最安全的招待所」去。幸好，這只是多餘的憂慮。「雷案」的重點僅限於雷儆寰先生個人和《自由中國》雜誌，《自由中國》既然已因雷氏入獄而停刊，台北當局也就適可而止了。

其後，朋友們都在思疑，海光會不會遭到其他的迫害，特別是精神的、心理的迫害。由於台灣大學是「國立」的，我們也就自然聯想到「解聘」或「變相解聘」之類的迫害方式。結果，這證明又是多餘的憂慮。有些朋友還說：「台北當權派畢竟是進步了！」同時，台北來人也經常帶來「殷海光教授平安」的消息，只是這幾年已緘默寡言。報紙、雜誌上再難見到他的文章，甚至，在台大內部的公開的講演也少了。有些青年朋友揣測，他大概是接到了某些方面的「忠告」。儘管如此，他依然是台大最叫座的教授，是熱心追求真知、心靈活潑的青年學子崇拜的偶像。據說，為了避免耳目，有些學生是在夜深人靜時爬牆頭去「私會」他的（殷宅左右經常有人巡邏）。

前去兩年，台北傳來「蔣經國請殷海光吃飯」的新聞。據說，蔣先生對他這幾年的埋頭著述頗為嘉許。去年秋天，海光的一個學生從台北來，證實了這個新聞。這位年輕的朋友還告訴我，海光這兩年的課餘時間泰半花在兩本學術著作上，一是《中國文化的展望》，一是《中國近代思想史》。寫作之餘，以種花、養魚、養鳥和其他的小動物自娛。這兩年特別喜歡狗，每出門散步必牽其愛犬與俱。據傳他曾對人說，他特別喜歡狗，是因為「狗最聽話」！

「海光既是蔣先生的席上客，總可以放心了吧！」於是，我們一班朋友自然將關注轉向期待，期待他的兩本大著早日問世。我個人的期待尤為強烈，因為已等待得太久了。早在《自由中國》雜誌停刊之初，一班愛護他的朋友就如此期待了。名教授，名著作，兩者相得益彰，我們就是從這個角度對海光有所期待的。果然，不負所望，他的《中國文化的展望》在今年一月問世了（請參看節七）。他還託一位青年朋友給我送來一部，內附短箋一紙，希望我在讀後提一些意見。一位年長的友人聽我提到這本書時，還語重心長地說：「海光終於走上正路了！」

僅僅是一個月前，一位應台大之聘，前往教授歷史哲學和史學方法的外籍友人過港時，我們還談到海光。他問我：「台大的教授當中，有誰可以談談的？」我立即向他推薦海光，並且告訴他，海光在台大哲學系開了一門歷史知識論的課程，我的《史學與史學方法》是他指定的必讀參考書。同時，我又告訴他，自一九六一年起，他就著手在寫一本英文的「Metahistory」（「歷史後設學」或「歷史哲學」，或「歷史知識論」），也許已經寫完。我還一再叮囑這位史學教授一定要去拜訪他。

不料，事出意外，就在海外知識界全神注意於以清算吳晗、鄧拓為第一個高潮的「文化大革命」時，我們擔心多年的事終於發生了。這位一度被譽為「自由中國」之「自由象徵的象徵」，已遭變相解聘，至少已有一條腿被人拉出台大的校門（海光尚有一年聘約未滿，但已停止開課）。台北警備司令部同時還明令查禁他的《中國文化的展望》，理由是「違反中國文化精神」！

二

海光是淮海戰役結束前後（大概在一九四八年底，確實日期不記得了），以〈趕快收拾人心〉一文成名。這是南京《中央日報》的一篇社論。社論本是不署名的，可是，一經《大公報》轉載，立刻為士林所傳誦，於是，殷海光之名不脛而走。京滬一帶的知識界人士，每每以這篇社論和傅孟真先生的〈這個樣子的宋子文非走不可！〉（原載一九四七年三月南京《世紀評論》，此文曾由《大公報》、《觀察》週刊先後轉載）相提並論。當時海光任南京《中央日報》主筆，一度代總主筆，並兼任金陵大學副教授，行年不及三十。我就是在這時候知道有殷海光這個人的。

海光所以能在一夜之間名聞全國，就是因為他說的是中國人要說的話，是一切講大是大非愛國的知識分子的話，不是一家一姓、一黨一派或一個階級一個利益集團的話。當時的《大公報》所以轉載這篇社論，正是基於這個理由。

〈趕快收拾人心〉一文是海光一生的轉捩點。在這以前，有一個相當長的時期，他是一個忠實的國民黨員。他曾響應黨和總裁的號召去青年軍充當列兵，他曾不只一次地為黨的革新寫萬言書。他甚至一度迷戀於「法西斯」運動，願為「領袖」效忠效死。據一個聯大的朋友告訴我，他曾收藏並熟讀希特勒的《我的奮鬥》，中文、英文、德文三種版本都有。

淮海戰役的砲火粉碎了海光的迷夢。在下關難民的哀號呻吟中，海光發現了自己，發現了個人的價值和尊嚴。他開始走向民主的征程！

三

我認識海光是在一九四九年春，那時，他剛到台灣不久，住在台北近郊士林鎮鄉間《中央日報》的宿舍裡。他當時仍然是《中央日報》的主筆，由於報紙還未復刊，只是坐領乾薪，終日悶得發慌。我還記得那是個晴和的下午，我們一行四人闖到了他那貨倉式的住所。海光睡的好像是一張行軍床，室內室外陳設凌亂不堪，恰似當時大局的縮影。這大概也或多或少地反映了主人的心緒。

緘默，寡言，與人相對時多低頭沉思，甚至，在說話時也很少面對來客——海光一望而知是個愛思想的學人。可是，話匣子一打開，他的議論就會滔滔不絕，猶若長江大河。雖是第一次會見，我們就談得十分投機。那時，大家都還年輕，免不了三分狂妄，自然是上下古今無所不談。在長約三小時的聚會中，主人發言的辰光占了差不多一大半，客人這一方面只是提出問題，不時，在他的議論中插一兩句補充、說明或詢問，主客間的對話大概是圍繞著下面兩個中心：（一）國內外大局的展望；（二）知識界，特別是青年知識分子，今後該做些什麼？又能做些什麼？

不過，限於學養和氣質，我們的討論始終未離開思想的範疇。不錯，我們是在離亂之世長成的，八年抗戰、三年內戰的苦難，驅使一切愛國的人關心政治，可是，我們畢竟是「書生」，擺不脫那點「頭巾氣」。海光個人尤其厭惡現實政治，對政治鬥爭有莫名的恐懼感。如果說，中國知識分子是住在「象牙之塔」裡的人，海光應該是最高那一層的住客。海光認為：今後大家應先學習思想，然後，再幫助一般人，特別是知識青年，學會思想。學習的第一步是接受邏輯訓練，這是不二法門。

海光無形中成了我們一班朋友的「思想導師」和邏輯教員。他雖然比我們大不了幾歲，當時我們見他總是稱「先生」的。我在大一也讀過邏輯，並且考試時名列前茅，不過，海光才是我在這方面真正的啟蒙老師。向我指出批判思維重要性的是海光，引導我走向批判思維之路的也是海光。

不久，海光就應我們的邀請，前來尚在籌備中的《民族報》（《聯合報》前身之一）擔任總主筆，並且和我同住一個宿舍。我們在《民族報》共事的時間前後不到半年，他大約是三、四月間來的，到八月我們就一道離開了。

這段時光雖不算長，對海光和我來說，都是難以忘懷的。他首次結怨於國民黨中的某一派人物，便是在《民族報》總主筆任期之中。我們聯手對抗，一起敗下陣來共同撤退。

四

八月間，海光和我先後進了台大。他在法學院教邏輯，我在校長室辦公，跟傅孟真先生研究中國現代史。兩人都算是回到了本行。由於工作性質不同，辦事地點又不在一處，兩人在學校裡並不常碰頭。可是，我們卻經常在校外的兩個場合會面，一是《自由中國》雜誌的編輯委員會，一是我們一班朋友組織的無名座談會。

《自由中國》半月刊是這七月一日創刊的，名義上的發行人是遠在美國的胡適之先生，事實上，雷儆寰先生是主筆，社內社外，大大小小的事都由雷先生打理。以傅孟真先生為首的社務委員會只是個架子，只有在必要時在遇到重大事故時才開會，平常都是由雷先生和傅先生商量一下就算數。編輯委員會的骨幹是王聿修、張佛泉等幾位早年與胡先生合作過的北方教授，海光和我算是兩名「新秀」。在初初開始時，海光對這個雜誌並不很熱心，我們對雷先生的評價也不能算十分好。海光和我總覺得，雷先生是頂個胡適的名字搞「統一戰線」，在背後，我們都喜歡叫他「各黨各派」，而不稱名道姓。一班青年朋友，總覺得《自由中國》還不夠勁，所以，開頭，我也只是寫寫〈論布爾什維克氣質〉這類不太有正面意義的文章；而海光呢？最有興趣的是書評，老不寫「大文章」。海光變成《自由中國》雜誌台柱，是二十世紀五〇年代後期的事。

說起我們那個無名座談會，可熱鬧啦！在我生平參加過的各式各樣、大大小小的討論會、研究會、座談會中，就數這個無名會最富刺激性。進展固然順利，效果也出乎想象地好。在這個會上，我們討論過所謂「辯證邏輯」與「形式邏輯」、唯心論與唯物論、馬克思的辯證唯物史觀等等最火辣辣的問題。這個座談會進一步激發了我個人對歷史哲學的興趣。不用說，海光是我們這個討論會的靈魂，也是這個會的舵手。據我的記憶，海光每會必與，對朋友們的批評與指摘，絕不留情。他手操鋒利的邏輯之刃，專砍發言人在論證與推理中所犯的謬誤。

參加這個討論會的朋友，前後總共不到二十人。除海光而外，還有四位學哲學的，他們個個才思敏捷，言語犀利，其中還有一位元專攻數理邏輯。在我的記憶中，自始至終，就沒有一次討論會出現過冷場，與會的人，確實做到了有話必說、有理必爭的地步。爭論是家常便飯，爭得面紅耳赤的場面也不少見，可是，爭完了就沒事，誰的道理說不過去，誰就認輸。從沒有人記恨，或就此負氣不再出席，更沒有人就此畏縮不言。我們這個座談會每隔一週舉行一次，風雨無阻，通常是在晚飯後開始，十二時前結束。偶然弄到凌晨一兩點鐘。月下握別的景象，復給我們這個小聚會添上三分詩意。有時興奮過度，幾乎連明月在天，也都忘卻了。

與會的朋友都有個共同的想法：這個座談會不僅僅是個思想學習會，是個大家交換意見交流知識的論壇，而且，更要緊的，它是民主生活方式的一種體驗與實踐。而對海光說，這是個組織良好的邏輯講習班。不論是在校內或校外，海光都是個嚴格的邏輯教師。

五

海光不只要做台大學生的邏輯教授，要做朋友們的邏輯教練，還要做社會大眾的思想教員。或許，他要做大眾思想教員的癮頭，還大於台大的邏輯教授。他念念不忘的是如何教一般受過教育的人都會思想，能知道如何辨別是非，逼近真理。在二十世紀五〇年代中，他先後寫過兩本通俗的思想讀物，一是《邏輯新引》（香港亞洲出版社，一九五三年），一是《怎樣判別是非》（文星書店，一九五九年）。後者是一本不到百頁的小冊子，對象為一般青年。在《怎樣判別是非》中，海光指出，絕大多數人，都生活在常常披著真理偽裝的力量支配之下而不自知，「神話、傳說、權威、禁忌、口號、標語、主義、偏見、宣傳、習俗、風尚、情緒」等，就是經常阻止世人接近真知的因素。海光的這本小冊子，就是指導一般青年去揭穿它們的偽裝。

海光另一方面的業餘興趣在傳播民主、自由的理想。在《自由中國》雜誌停刊前的十年中，海光經常通過它闡述民主、自由的含義，宣揚民主體制的優越。他在《自由中國》前前後後寫過好幾十篇論文，主題不外四個：（一）民主自由必勝；（二）民主既是反極權的目標，也是反極權的手段；（三）什麼是民主，什麼是自由；（四）如何實踐民主。海光對民主的最後勝利有堅定無比的信心……

六

《自由中國》雜誌停刊後，海光生活有了重大轉變。我們的詩人哲學家失去了他的自由論壇。不到一年工夫，他已「兩鬢斑白」！在這一年中，除「讀書、思索、寫作」，「跟小孩談天、養金魚」而外，他的全部精力都集中在教學和研究上去了。一九六一年九月，一位友人轉來海光的手函一紙——這是我們一九五〇年春分手後，我第二次接到他的信——我從這封信得知，他當時研究興趣在歷史哲學，他還希望在這方面得到我的合作：

近一二年來，我對於歷史的理論逐漸發生研究興趣。除了西文的論著以外，我也想讀些中文的有關作品。聽說您有《歷史與歷史研究》（筆者按：應為《史學與史學方法》，自由出版社，一九五八—一九五九，上下兩卷）等等著作。前些時我上街去購買，據說從前是有幾種發售，且有盜印的事，現在已經沒有了。我只有求助於原著作人了。凡有關此類的尊著，我希望你都贈送一種，儘早寄下，並請掛號。

海光還隨函附來他的研究綱要的初稿，是用英文寫的，這個綱要總題目為「Some Heuristic Remarks on Metahistory」（歷史後設學當議），已經寫好九節：

（一）Clarifcation of Terms（術語的釐定）

（二）Metascience and Metahistory（科學哲學與歷史哲學）

（三）Scientific Method and Historical Study（科學方法與歷史研究）

（四）Particularity and Generality（哲學與概括）

（五）Historical Facts（歷史事實）

（六）Limits of Documents（文件的極限）

（七）The Linkage between History and Science（史學與科學的聯繫）

（八）Confirmation（證實）

（九）Explanation and Explainer（解釋與解釋者）

依他的原計畫，第十節應為「The Language of History」（歷史的語言）。

我立即照他的吩咐，寄去了我在這方面的有關著述。在回信中，我衷心地慶賀他的新動向，並預祝他的大著早日完成。後來聽說他有一本英文著作在國外出版，可能就是這本「Some Heuristic Remarks on Metahistory」。

七

今年一月，《中國文化的展望》出版了。透過作者的序言，我分享了他大功告成時那份由衷的喜悅。他說：「當我出發時，我像是我自己曾經涉足過的印緬邊境的那條河。那一條河，在那無邊際的森林裡蜿蜒地流著。樹木像是遮蔽著它的視線。岩石像是擋住了它的去路。但是，它不懈怠，終於打到了出路，奔赴大海，和百谷之王匯聚在一起。現在，我發現了自己該走的大路。我認為這也是中國知識分子可能走的大路。我現在看到了窗外秋的藍天，白雲的舒展，和遙遠的景色。」

這本書的主題在「論列中國近百餘年來的社會文化對西方文化衝擊的反應」，並「以這一論列作基礎」，「試行導出中國社會文化今後可走的途徑」。然後，「再申論中國知識分子今後可能而且必須努力的道路及指向的歸趨」。在讀完這洋洋四十萬言巨著後，我發現，海光的視野擴大了，他已走出了概念世界的象牙之塔，他不僅察覺真實世界的存在，而且對它作了分析。他不再一股勁兒只往西方看，往前方看，他也知道往中國看，往回頭看了。在論及中國將來應走的道路時，他已在「民主、自由、科學」之外，加上了「道德」這一目，在五〇年代的殷海光字典中，這兩個字是找不到的。說到中國知識分子的修養時，他特別強調「德操」，這是典型的中國書生之見。像一迷途知返的浪子一樣，海光正逐步回向中華文化的大家庭。沒想到，這本《中國文化的展望》竟以「違反中國文化精神」而遭查禁！

殷海光與王浩

居浩然

殷海光與王浩在昆明西南聯大同學，也同系，當時哲學系的老師自金岳霖以下都看重殷海光而不看重王浩，王浩終轉數學系畢業後又續獲碩士學位，至美入哈佛大學研究院深造，兩年後即獲哲學博士學位，哈佛哲學系的老師認係不世出的天才。殷海光則在聯大哲學系畢業後投筆從戎，抗日反共，忠貞不二，到台灣後雖在台大哲學系任教，志趣仍在救世濟民，因此學術方面的成就遠在王浩之下。王浩的著作屬於數理哲學者（數理哲學的範圍比數理邏輯爲廣）已成數學及哲學方面的經典，殷海光則無一傳世之作。

這一事實說明了機遇對個人成就的決定性。過去有人以為事功方面的成就靠機遇，學術方面的成就則在天分與努力，於殷、王可知並非如此。海光的天分決不低於王浩，努力則有過之無不及。別的不提，只以英文言，海光能用英文寫作全憑自修，而寫出來的英文論文，可與王浩相伯仲，這就看出海光的努力。一九四七年以來，我和殷、王都不時有接觸，深知海光讀書之勤及多，絲毫不遜於王浩，然而王浩寫得出的論文海光寫不出。海光的著作中只有一番悲天憫人的心情，並無邏輯或形而上學方面的創見。

不但如此，二十年來海光在台灣除曾一度遊美外，全部生活限於讀書與寫作，他的思想可能神遊六合之外，他的身體始終困守在作為書房的小天地中。王浩則不然，盡有時間參加讀書寫作以外的其他活動。一九四八年春，哈佛中國同學籃球隊遠征耶魯，隊長是我妹夫張乃維，隊員中就有王浩和我，論球藝王浩還在我之上。凡摸過籃球的當知道，能參加比賽先必須在籃球場上耗過幾許時光。從這一角度看來，也可以知道生活上的調劑有益於運思。若是身體不能支持頭腦作高度集中的深思冥索，自難有出人頭地的創見，於此又是機遇的問題了。

台灣是人生始於七十的壽域，而海光夭折於半百之年，其生不逢辰，可蓋棺論定。反過來說，假使海光加齊之卿相，得行道焉，將會如何呢？就學術方面言，恐只有更無成就，連《中國文化的展望》怕也寫不出來了。就事功方面言，則應有一番作為，但與他口頭或筆下提倡的民主無關。海光的氣質屬法西斯蒂型，侍上忠心耿耿，赴湯蹈火在所不辭。待下無商量餘地，今天說二加二等於四，眾無異議，明天說二加二等於五，也不容背後私議。這種氣質怎麼能談民主？

海光講民主而本身不成主，就像他不講中國固有道德而立身行事謹守儒家德目一樣，很少為人了解。中西文化論戰的雙方陣營內，復古派有的是既不通中學又不明西學的義和團思想分子，西化派則無之。反過來，復古派滿口仁義道德，實際上三婚四姘，西化派則不講仁義道德但確實從一而終。前輩如吳稚暉先生、胡適之先生，後輩如海光、王浩，其道德的高尚，復古派陣營內竟找不出一人。海光、王浩的夫人都是賢妻良母，這是他們的幸運。只此一事，海光的機遇不遜於王浩，謹守繩墨至於怪癖，亦復相同。又因為同屬怪癖，更顯得妻子的賢慧和值得欽佩。

海光在台灣被誣為私通番邦，真是莫須有的罪名。誣陷者還虛構「費正清集團」、「文星集團」等名目，好像確有其事。實際上「費正清集團」只費正清一人，「文星集團」只蕭孟能一人，一個人怎麼能說是「集團」？費正清遠在美國，且不去管他，蕭孟能困守台灣，我願替他多辯白幾句。蕭孟能原不認識費正清，一九六四年費正清訪問台灣時經我介紹才初次見面。費正清的興趣在收集中國近代史資料，蕭則目的在銷書，絲毫沒有政治作用介乎其間。蕭孟能辦《文星》雜誌，自始至終為獨腳戲，他曾找人幫忙，例如夏承楹、陳立峰、胡汝森，都幫過他忙，但並沒人說夏、陳、胡屬「文星集團」。至於被說成「文星集團」首要分子的殷及李，均非蕭孟能所能左右。就中李敖最與蕭孟能接近，但那是銀錢關係。例如《胡適評傳》的稿費，李敖早就預支到第十冊，印出來的只第一冊。蕭孟能緊緊釘牢李敖，就像猶太債主釘牢久借不還的倒帳戶頭一樣，無非想多少收回一點。海光和我，既不欠蕭孟能的錢，也不欠蕭孟能的情，更說不上同黨或同志，我們和蕭的關係只是作者編者間的友誼而已。將風馬牛說成一個「集團」，全出羅織專家的虛構，希望由於海光的早喪而從此沒人再提起這鏡花水月。

一九六二年九月我重訪哈佛，得知王浩已任講座教授，主持電腦研究室，乃專誠前往請教。走到研究室，發現原是一幢大廈。當時的電腦或計算機體積都很龐大，三層樓高的大廈中主要部分只是一架巨型計算機，辦公室反而成為附屬部分，僅占大廈的十分之一左右。我繞著過道找到主任辦公室，門上有玻璃，可見裡面的一切。我從玻璃中望去，看見室內陳設極為簡單，一張大辦公桌放在牆角，辦公時面牆而坐，大概為節省面積才如此與眾不同地安排。最使我驚訝的是辦公椅上坐著一人，歷久不動，好像一個未通電流的機械人似的。我因事先沒有約會，不敢敲門，只望著那比普通人大一號的後腦袋發怔。最後忍不住推門而入，那大腦袋聞聲轉了過來，果然是王浩！

同年十二月，我從倫敦回到台北，專誠至溫州街拜訪海光。他的腦袋沒有王浩那麼大，而且頭上白髮蒼蒼，顯得比我還老（實際比我小三歲）。那天我們所談的和我在哈佛向王浩請教的內容相同，主要是先驗（a priori）知識、後驗（a posteriori）知識問題。大致說來，海光和我了解的在同一層次，王浩則顯然高出一層。所以如此者又不能不回到機遇對個人成就的決定性問題上了。大學剛畢業時，殷、王的腦袋雖有小大之分，腦袋裡所裝的東西半斤八兩，頂多只是殷多一點心理學的知識，王在數學方面高出殷不僅一籌。大學畢業後王浩繼續深造，既獲博士學位於哈佛，又復任教於牛津，時有機會與世界第一流頭腦接觸，這就精進不已，在見解方面進入更上一層樓的境界。

具體說明可用「為學日益，為道日損」一句話。求學時只為吸收已有的知識，每年都在增加中。等到學成後深思冥索自立新論時，則必先求剔除別人已說過的陳套，這時候良師益友的接觸至關緊要。譬如我自以為有許多獨特的創見，舉以向王浩請教。他三言兩語，就剔除殆盡。某一見解已有某人說過，某一見解早經證明不能成立，唯有「損之又損」剩下來的一點點，才是具備放射性的鐳錠。海光沒有機會獲得良師指點益友切磋，自只有遙遙落後了。

一九六一年我在做過教授校長之後再到英國做學生，內心有一最大願望是向羅素（Bertrand Russell）請教，卻始終沒有機會。第二年也就是一九六二年，羅素九十歲生日大慶，我買了入場券（入場券收入由羅素指定全部作爲促進世界和平捐款）祝壽捧場，得見羅素並當面送上一篇論文請他指教，論文封頁附有短簡，希望他能賜一時間當面指出我論文的幼稚或荒謬處。隔了不久，收到退回的論文（原封未動）和一紙由他祕書代覆的短簡，明說羅素對哲學已無興趣，現以全部剩餘精力促進世界和平，如有捐款，可寄百人委員會（羅素領導的反戰反原子彈組織）。這一瑣事充分說明機遇命中注定，無法強求。

我若在大學畢業之年（一九三八年）留學英國，當能得到機會讓羅素損我一番，甚或罵我一頓；若留學美國，則不難得到懷特海（A. N. Whitehead）指點，因懷特海就在哈佛任教。可惜我留學已遲，一九四七年初到哈佛時，懷特海已病重不見客，不久辭世，故始終無一面之緣。我的機遇如此，海光更不如我。他自認為羅素私淑弟子，曾和羅素通信並獲親筆簽名照片，這成為他書房中唯一裝飾品，卻總欠耳提面命。所以從閱讀羅素著作和信札中得益則有之，損則未必。海光為學日益之功原不下於王浩，只因未能像王浩那樣為道日損，終於學術方面成就有限，命也夫！

憶故人，憶斯人

沈醒園

自重慶分手之後，這二十年來，我們只在《人生雜誌》的起初幾年中和海光斷斷續續通過幾次信，並彼此互贈生活照片，漸漸地我們忙於辦《人生》，他也似乎提不起寫信的興趣了。貫之（即王道先生）在一九六〇年赴台觀光時還和他見過一面，我則一直未再晤及。所以，二十餘年來的殷海光，對我差不多可說是陌生的，若要我談談殷海光的話，我的腦海裡只會極自然而熟悉地浮起那個愛皺眉沉思，又會吵架辯論的瘦削青年的影子。他在我記憶中是那麼年輕、倔強、有生氣！

提到貫之和海光相識的因緣，不免聯想到一件小故事。

是一九四五年吧，國民黨開×中全會，貫之不自揣人微言輕，在「無端攖世慮，不寐欲通宵」的心境下，草擬一篇建議書，準備在大會時分發，聊盡一個國民和黨員的天職。建議書寫成了，印費沒有著落，結果是把幾部心愛的線裝書拿去舊書店賣了。

博得荊妻一笑歎，
節衣縮食印傳單。
平生傻事常如此，
秋月高寒夜獨看。

這是貫之在當時所寫的一首七絕，題為〈典書〉。

在大會場散發的多種印刷品中，有一本題為《中國國民黨之危機》的小冊子，使貫之讀得擊節驚歎，認為對國民黨的毛病，對共產黨的問題都觀察得相當深刻，於是便多方探訪這位作者。

在一天傍晚，貫之忽然偕同一位青年朋友，帶了一肩行李，回到任家花園的宿舍來。他很高興地向我介紹說：「這是殷海光先生，便是那篇《中國國民黨之危機》的作者。我邀他到這兒來同住。」原來貫之查到他是西南聯大學生，從軍當二等兵，由雲南退伍到重慶，住在獨立出版社，便特意去拜訪。在抵掌快談之下，貫之看到他的居住環境，不宜於用思想，寫文章，就要他搬來同住。海光大笑而起，立刻便撿拾行李，和他一道來了。他小貫之十歲，彼此相待如兄弟，這一年多的日子相處得非常歡洽。在二十餘年後，深嘗人間況味之餘的今天，什麼熱忱都沉溵了，回顧他們那一股坦率真摯的友誼，不禁茫茫然若有所失！

任家花園那幢洋房，是中央宣傳部的編審室和圖書室，那時的部長是梁寒操先生。梁先生一向是「遠聞佳士輒心喜」，特囑貫之約海光到他家裡吃飯，不久，便給他一個編審的名義，勉勵他安下心來做研究工作。

海光給我的印象，是好學深思，嚴肅緊張，除了談學問，論時局兼及政治思想等的問題之外，對世俗瑣事，自己家世經歷等，極少提到。有一次，不知談到什麼，他即刻跑到樓下圖書室中。撿出一本洋裝書來，翻給我看，原來這是金岳霖先生的一本哲學巨著，書名我忘記了，其中有一頁中間兩行注文，大意是說：小友殷福生對某個問題曾提某些意見云云。海光告訴我，那時他才十六歲。因此，我才知道他的原名是殷福生，而他在少年時期對於邏輯學的心得，已能得到金岳霖先生的重視了。

抗戰勝利，復員工作展開，各機關首長及各單位主管早已飛回首都南京，許多所謂「有辦法」的人員，也已紛紛利用各種交通工具，分由空、陸、水運離開重慶，只有像我們這一類人一切順其自然，被排在後面等待分配。陪都的人潮滔滔東下，當地物價隨之下降，公務員薪俸雖薄，此時多數同事已走，住得也很寬敞，大家雖已無需按時辦公，但他們各自的讀書工作，從未間斷。記得海光曾介紹貫之讀兩本書，一本是羅素著的《自由與組織》，一本是佛洛依德的《心理學》，都是圖書室原有的中譯本。

任家花園是我國名科學家任鴻雋的故里，環境幽美，林木掩映，鳥語花香，頗有田園之趣。當他們放下書本，晚飯過後，晚風殘照中漫步閒談，有時在那家小村店對酌幾杯，可笑處世乏術的書呆子，此際竟望之儼然神仙中人。

不遠處有一間某專科學校的女生宿舍，黃昏時候常有三五女學生夾著書本翩然經過，其中有一位垂著兩條辮子的女生，秀外慧中，迥非凡品，我們都很欣賞，海光常是沉默地目送那驚鴻一瞥，但偶然對面相逢時，卻又有點忸怩。他常邀我們在那條小徑上散步徘徊，可惜伊人芳蹤，終於是「散似秋雲無覓處」。

海光兄遇事常是緊張而認真，有兩件小事可證。

有一次他和貫之一同入市買書，街上見到一個擺象棋擂台的，他倆駐足而觀，見到主播者功力甚高，無人可敵，他倆見獵心喜，便也下場一搏，哪知輸得一塌糊塗。兩人心有不甘，立即買了幾本棋譜回家，燈下埋頭鑽研，演習如何守，怎樣攻，徹夜不眠，第二天聯袂再去，又敗了，回家再研究，屢戰屢敗，一連幾天，終竟無法贏得人家，弄到身心俱疲，才收心作罷。

有一位同事，湖南人，為人老實而固執，在抗戰末期思想變得頗為左傾，他們常常見面，見面時必談國事，海光對共產黨抨擊不遺餘力，那位先生則處處辯護，於是唇槍舌劍，互不相讓，常是由談論而爭辯，而互相指摘，一個湖南話罵「法西斯」，一個湖北腔罵「第五縱隊」，聲震屋瓦。

那時候小女嘉陵未足周歲，常到他房間把堆滿書架底層的美軍罐頭食品，搬得遍地星羅棋布，海光則常是調一杯檸檬水餵孩子，酸得孩子直皺眉咋舌，然後開心大笑。

一九四六年秋，復員工作接近尾聲，我們一家三口比他早一月飛返南京，臨行之日，海光正患小病，我吩咐女傭彭媽留下照料。抵寧月餘，我心掛老親稚子，領了復員費，匆匆先回福州。貫之在南京多留兩三個月，和海光住在一起，這一段時間，他們除了參加國民黨的革新會，在楊幼炯先生主編的《革新》雜誌上發表文章，常是倘佯於湖山勝處，玄武湖、莫愁湖、雞鳴寺、掃葉樓、雨花台、中山陵、靈谷寺等處，都常有他們的足跡。一九四八年秋，貫之再到南京，他在《中央日報》服務。此後，不知在什麼時候，他到了台灣。

海光在《自由中國》和《文星》上所寫的文章，貫之看得比我多，他常說海光的思想愈來愈偏激了。此後每當看到報刊評論海光，或是友人談論到海光時，貫之常在喟然一歎中保持緘默，也從未在文字上提及。他認為，彼此的志向和見解既然不合，辯論不可能有何結果，徒傷腦筋和感情而已；再則海光兄後來聲名鵲噪，貫之也不願冒有「我的朋友胡適之」之嫌。海光兄之逝世，貫之最感痛惜遺憾的是，正當他正視中國文化價值而思有所述作時，竟爾賫志以歿，未能走完他的思想的辯證歷程——由反至合。

重新翻讀他的來信和照片（刊載在《人生》七十三期及八十三期），他那坦率傲岸的神態和口吻，仍像在任家花園時，活躍在我們眼前。

一九七〇年八月二十三日

悼念殷海光兄

傅樂成

欲渡黃河冰塞川，將登太行雪滿山；
停杯投箸不能食，拔劍四顧心茫然！

——李白詩句

前面所引的詩，是李白的一首七言古詩〈行路難〉中的四句，這首詩是殷海光兄生前所愛讀的。大概是民國三十一年的寒夜，在昆明西南聯大的學生宿舍裡，海光兄倚案獨酌，曾用他洪亮的湖北腔，長吟著這首詩。當時我已就寢，朦朧之際，正聽到前面的四句，聲調蒼涼悲壯，頓時使我睡意全消，鬱悒不能自已。二十幾年來，這首詩早已忘掉，但自海光兄去世後，每當我想到他，長吟聲便立即傳入耳際，依然震蕩著我的心弦。我想海光兄喜愛這首詩是有原因的，它是古詩人對坎坷世路的歎息，也是海光兄畢生襟懷意緒的寫照！

我和海光兄認識，是抗戰後期在西南聯大讀書的時代。那時我就讀歷史系，海光兄則是哲學研究所的研究生。聯大的學生多半來自淪陷區，因此大都住校。當時聯大的校舍異常簡陋，教室是白鐵為頂、黃土為壁的建築，椅子也不夠，有時上課須先占座位，不然便只好站在後面聽講。學生宿舍則是土築的茅屋，二、三十人住一室，自然談不到整潔。飯食的粗劣，更非身臨其境的人所能想像。但名師的眾多，學風的自由，加上昆明宜人的天氣，使我們忘卻生活的艱苦，反而覺得那是極好的環境。我住的那個寢室共有二十來個同學，並不包括海光兄，但其中有幾位是他的同鄉。有一段時間，他幾乎每晚必來，找他的同鄉聊天，直到深夜。記得他經常穿一套黃卡其中山裝，冬天則加一件黑棉布大衣。他說話的聲音，永遠超過聊天的程度，而像是在演講；其堅定嘹亮，簡直不像發自他那瘦小的身軀。每當他高談闊論，整個寢室都靜下來，他口講指劃，滔滔不絕，有時夾雜著幾聲怪笑，別人絕少有插嘴的機會。他的若干言談，夠得上是驚世駭俗，而每次所下的結論，無不斬釘截鐵，不容懷疑。那時他已頗有名氣，是哲學系金岳霖教授的高足，同學對他都有幾分敬意。最初我只是他的忠實的旁聽者，有時對他的言論不表同意，但一看他那種充滿自信的神態，便不自覺地站在他的一邊。不知怎的，每次看到他，總會感到自己知識貧乏，缺少他那種困學信道的勇氣。

海光兄的談話內容包羅很廣，諸如政治、時事、哲學、文學以及相術、戀愛祕訣、人物評論等，大都隨興而發，而每每雋語如珠，意趣橫生。他的若干妙論，我至今還記得不少。

一九四二、一九四三年間，正是抗戰最艱苦的時候，聯大的一些「左派仁兄」也開始活躍，其言行的囂張卑劣，叫人難以形容。我對這批人產生莫名的反感，有時也借機針對他們諷刺責罵一番，結果不但毫無作用，反被貽以「神經病」的徽號。那時海光兄是政府和國民黨的忠實擁護者，他曾為「放詖辭，息邪說」盡過最大的力量。記得一個晚上，大家談到抗戰前途和國內政局，他大聲地說：「不要怕，蔣委員長每遇困境，必有旋轉乾坤的能力。你們看過去多少人反對他，結果怎樣？軍閥、日本人，在他看來，都不過是小孩子！」又說：「我國人天性卑劣，將來必然仍放不過中國。」在當時的聯大環境中，敢於講這類話的，並沒有幾個，因為這些話都是「不前進」的。他這番話曾給我莫大的鼓舞，使我感覺終於找到同調，心中鬱結之氣，為之一掃而空。他愛讀唐詩，尤其推崇李白，我時常聽到他高聲朗誦李白詩，那聲音發自肺腑，挾帶著一股情感，每使我低徊不已。有一次他批評唐代詩人，說：「李白是天才，杜甫是白癡。」我不同意他的見解，卻頗欣賞他的評語的直截了當。李杜的優劣，至今並無定評，也無法比較；李白固是天才，杜甫又何至是白癡？但從這兩句話可以看出他性格的特點，那就是「揚之則使升天，抑之則使入地」。他對於看相，也有興趣。一天晚上，我已就寢，他仍站在床前，為我相面，並有不少讚美之辭，使我有「飄飄然」之感。他並指著他自己兩眉之間的兩條豎紋說：「這兩條紋是智慧的表徵。有個混蛋相士，說我學業無成；其實他只要看看我這兩條紋，便知究竟！」這種紋代表智慧，是他的創見。相書上則說這種紋叫作「懸針」，是「倒楣」的標誌。我想他的眉間有這麼兩條紋，可以說智慧與倒楣兼而有之。後來他絕口不談此道，而我從那時起，對相術的興趣日增，經過多年的摸索，至今已小有「名氣」了！

一九四三年以後，便不再看到海光兄，聽說他參加「青年從軍」，遠征印緬去了。同學每談到他，無不讚佩。一九四五年，我在聯大畢業，正值抗戰勝利。次年春，我自重慶到南京，在中央圖書館混了一年，因耐不住坐辦公室的刻板生活，轉到一所天主教辦的中學教書。其時海光兄在《中央日報》任主筆，我們又在南京見到面。有時他到學校裡來看我，談鋒如昔，而見解更加精闢。由於多種原因，當時我的生活異常放蕩怠惰，雖經許多親友的勸導，始終不能改善。就在這時，我結識了一位美麗的女友H小姐，她曾給予我不少的鼓勵，我雖然對她極其敬愛，但仍無法自拔於頹靡的深淵。有一天，海光兄來我的宿舍閒談，恰值H小姐在座。海光兄與我大談時局，H小姐在一旁聽得出神。那時我與H小姐已論及婚嫁，海光兄走後，她突然對我說：「假如你有殷先生那樣好的學問，我一定會嫁給你！」這兩句話使我感到無比地慚愧，至於反唇相譏。經過這番刺激，我漸漸有些醒悟，我曾向H小姐致歉說明我振作的決心，並從事翻譯一部英文的西洋史，以表示對她的謝意。H小姐旋即待我如初，仍然時時對我關心鼓勵，但她並沒有嫁給我，這當然是我的學問不及海光兄的明證。所幸此後我的生活逐漸步入正軌，並得到一位賢淑的伴侶。如今我與H小姐已隔絕二十年，海光兄又於此時作古，人生本如夢幻泡影，轉眼便無蹤跡，但這兩位諍友，將永遠存在於我的記憶中，不因生離死別而消失！

從那次暢談以後，又有許多年沒有見到海光兄。一九四八年冬，南京人心惶惶，大家都無法預計自己的命運。有一天，碰見一位聯大同學，談到海光兄，這位同學說他仍在《中央日報》，但對國事的態度大為改變。他寫的文章，對政府時做尖刻的批評，甚至對他從前所最崇敬的人也有微辭。這些話使我非常驚訝，心中有一種「悵然若失」的味道。當時的時政，已淪落到「破鼓萬人捶」的地步。因為私事繁忙，我無暇去求證這件事，不久也就忘掉。

一九四九年初，先伯孟真先生出任台灣大學校長，我追隨來台，在台大歷史系當助教。這年夏天，海光兄也隨《中央日報》遷來台北。不久他便為孟真先生延聘為台大哲學系講師。他寫信給我，表示已厭倦報館工作，決心來台大再做幾年「學徒」。孟真先生對他也很賞識，曾對我說：「殷海光讀過不少書，你可以常和他談談。」此後我和海光兄見面的機會漸多。他論人素少許可，對孟真先生卻相當尊敬，尤其欽佩他的不畏強禦，獨來獨往的精神。一九五〇年冬，孟真先生逝世，他曾於深夜獨自在靈前痛哭，並作長文追悼。我想孟真先生如能多活十年、二十年，他或許不會遭遇後來的橫逆。

從我與海光兄多次的閒談中，我逐漸發現他的思想和態度確是變了。他對現實政治，極感不滿；對國家前途，也極度悲觀；甚至希望以外力改變現狀。我對他的看法，不敢苟同，有一次我曾委婉地追述他在聯大時所說的「旋轉乾坤」一類的話，他半晌無語，最後閉目搖頭說：「如今已是智竭力窮了。」其後他任《自由中國》雜誌的編輯，所發言論較前更為激烈。我既不贊成他對國事的見解，自忖也沒有說服他的能力，只好以少談為妙，因此逐漸地與他有些疏遠。我固然從未標榜過「前進」，也從未對權勢作過歌頌的諛辭，我只是站在常人的立場，深感台灣不能再發生政治鬥爭。中國的「民主」與外國的是兩回事，政治鬥爭往往不是純政治的，極易引起騷亂。鬥爭無論大小，占便宜的總是外國人，吃虧的總是自己。不幸一旦變作，我們縱不為之所吞沒，繼之而起的必然是傀儡政權，任何人也不願在傀儡政權之下過活。政治現狀誠然有許多地方令人不滿，我們可以用許多方法去改善的，獨不能以鬥爭來解決。直到現在，我仍堅持著這個看法。我知道海光兄對現實政治並沒有興趣，也相信他的言論發自愛國心，但我深恐他會為野心者所利用。既然各有其堅決的不同主張，只好「各是其所是」。莊子說：「魚相忘於江湖，人相忘於道義。」人雖相忘，而道義猶在，我們的友誼，仍然保持，我對他仍是非常敬佩的。

一九五四年，我去美國，在耶魯大學求學，那時他正在哈佛做「訪問學人」。[1]有一次，我去哈佛看勞榦先生，順便去看他，可惜沒有見到。次年春，他返回台灣，行前到新港來看我，在我的住處盤桓了兩三天。每天我陪他去參觀耶魯的圖書館、藝術館及當地的博物館等，晚上便促膝暢談，泛論上下古今。這時他對中國的思想文化發生興趣，見解甚高，而缺乏史實的依據。我勸他多讀些中國書，因為以他敏銳的觀察力和緻密的思想方法，如能在中國智識方面再加以充實，則其研究中國文化問題所得的成果，必然高人一等。他同意我的見解，臨別並說如果能再來美國，一定到耶魯來，並希望能與我在耶魯一起讀幾年書。此後不久，我也回來，共同讀書之約，成了虛願。他返台後，一面在台大教書，一面仍為《自由中國》雜誌效勞，對國事的態度也迄未改變。辛辣動人的文筆加上長江大河般的辭鋒，使他的聲譽鵲起，成為一般青年學子的偶像。他並把他的理想，寄託於胡適之先生，曾為文對胡先生備加讚揚。一九六〇年，「雷震案」發生，他受到極大的刺激，見面有時不發一語。有一次我與他談到「雷案」，他只回答了一句話：「怎麼得了啊！」同時他對胡先生也感到極度的灰心，此後他不再提到胡先生，甚至胡先生去世，他也沒有去弔唁。[2]這時他的處境，正像李白的詩所說的「拔劍四顧心茫然」，其內心的痛苦，可以想像，是極令人同情的。

---

1. 此處作者記憶有誤，殷海光先生訪美為一九五五年上半年。
2. 殷海光未去弔唁胡適，和殷不願在那樣熱鬧的場合出現有關。因殷海光雖未去弔唁，卻曾至胡宅慰問胡適夫人。

「雷案」以後，他很少發表文章，但益受學生們的愛戴。每次演講，總是擠滿了聽眾。學生喜歡他，是因為他不但有學問，而且有自己的思想，同時待人又非常熱忱坦白。他生病時，學生們對他的關切侍奉，真令人感動，在「現實主義」瀰漫的今日社會裡，是難得一見的動人場面。使我微感遺憾的是：他的待人態度不如從前「自然」，這幾年我仍時常見到他，有時他也來看我，仍是有說有笑。但每在公共場合遇到他，他總是顯出孤高的神氣，臉上一片冷漠，與他談話，照例以微笑或「啊！啊！」一聲作答，與私人見面時判若兩人，好像是做給什麼人看的。前年他在台大醫院臥病，我和杜維運兄去看他。見他的床邊站了不少學生，床頭堆著不少洋文書，手中拿著一本，但書是合著的。我上前和他說話，他只是微笑，不發一言；繼而維運兄上前搭訕，態度仍是一樣，弄得我們十分尷尬。走出病房後，我戲對維運兄說：「你看像不像蘇格拉底？」維運兄只是搖頭苦笑。最使我奇怪的，是別人對他的著作加以批評時，他從不作答，這與他從前性格大不相同。時下有許多學薄行劣的讀書人，每當遭受攻擊時，便采龜縮政策，不聞不問，怡然自得。海光兄絕不是這一類的人，何以也向他們看齊？討論學術，辨別是非，有理則據理以爭，有錯則坦白承認，又有什麼關係？我想也許是「大師」的觀念使他如此，因為做「大師」，便須與眾不同；同時「大師」是無謬誤的，即有謬誤也不能承認，不屑答辯。假如真是這樣，我認為這觀念誤了海光兄！

海光兄逝世不久，徐高阮兄也撒手而去。他倆是西南聯大同學，都具有高度的愛國心，也都是守正固窮的君子，言行並茂的全才。但在思想見解上，他們則是敵人。他們並無私人的恩怨，只是各言所信，各持己見，將來一切自有定評。可惜的是本已貧弱混沌的學術界，突然失去這兩個柱石，而後將更無是非可言。想到這裡，令人不禁興「天道」之悲。現在我借用杜甫的兩句詩，表示我對這兩位老友的哀悼：「干戈未定失壯士，使我歎恨傷精魂！」

一九六九年十月二十三日於台北

殷海光的最後夜晚

孟祥森

一九五七年，我考入台大哲學系，充滿了對人生的困惑與對解答的渴求。課目表上排的課都對我有極大的誘惑力，諸如人生哲學、歷史哲學、形而上學、西方哲學史、中國哲學史、印度哲學史等等，我是多麼渴望著能從這些課堂上求得我問題的解答，解除我初發生命的饑渴。但我上課的時間不及一學期就整個洩了氣下來。老師所講的課似乎跟我心中的疑問完全風馬牛不相及，為什麼會如此，我想不是幾句話可以交代得清楚的。基本上，我可以這樣大概加以解釋：一、我的人生困惑是來自我生命的底層，而教授——尤其是在年老之後——未必也感受到這種困惑；二、他們所講的大部分是「學問」，他們是把人生的問題化做了學問，化做了學術概念，然後把那些學術概念像兒童玩遊戲似地把玩，像九連環一樣地把概念套來套去，與我那種切膚的人生問題根本不著邊。

大致上可以說，在台大四年，我只上了一學期的課，其他的時間就在校園裡流浪度過。

當然，殷海光的課我也是沒上的。

上殷海光的課我記憶中只有兩次。一次是大一剛升學不久，在離校門最近的「臨時教室」（那時是兩棟長條形的黑瓦平房，每一棟分成好幾間，後來拆了重建，就是現在農推館一帶的校舍），大概是大一必修的邏輯概論吧。我不記得他講什麼，也不懂什麼叫邏輯。我只記得下了課我在教室外的草地上向他問了個問題，我不記得問的是什麼——大概還是我的老問題吧，即所謂「人生」是什麼之類的「驢」問題——但我記得問的情況。

兩堂課之間，殷先生喜歡到教室外面，坐在草地上或站著，一群學生圍著他。我的心是忐忑的，因為我想問又不敢問，又不曉得怎樣問，何況又有別的同學在旁，我問那樣「土」的問題，實在是臉紅，但我還是紅著臉問了出來，譬如說：

「殷……殷教授……人在宇宙間是為了什麼？」

我不確定為什麼找殷海光來問，因為我從沒有問過別的老師，或許是因為殷先生還年輕，還有朝氣，而且跟學生相近，使我抱著希望，能夠得到指示，因而把這個問題問他吧。

他怎麼回答我不清楚記得了，但我記得他顯然覺得這個問題很難纏，跟我拐彎抹角說了些與這個問題沒什麼直接關係的話。他的話對不對我不曉得，但自此以後，我知道這個問題是不能問人的了，而殷先生的回答也使我對他的課失去了興趣（本來就無）。以後他的課是怎麼過關的我就不復記得了。

但那一次有一件事是我清楚記得的：當我結結巴巴叫他「殷教授」的時候，他笑著說：「不要叫教授，如果為了表示一點尊敬的意思，叫殷先生就可以了。」

記憶中第二次上殷先生的課，彷彿是在第一次之後相當一段時間，那時我已跟同班的同學郭松芬很相投（郭松芬，先入哲學系，二年級轉外文系，去美後改名「郭松棻」）。不曉得是為了好玩還是為了什麼，郭松芬說要去聽聽殷海光的課。那是在同一棟臨時教室右端的一大間（原先我發問的那一次，是在左端的一大間，座位是階梯形的長條木椅木桌），我們便像兩個混混兒一樣溜了進去，同時刻意坐在講台前的第二排（大家都是從最後排坐起的，前排往往空著），把兩隻腳不客氣地搭在最前排的椅背上，散漫地坐在那裡，看著殷海光。他看到我們的放肆無狀，倒表示了一點不但容納而且欣賞的樣子，從講台上抿著嘴微笑地看著我們。

那天他講的是什麼，我仍舊毫不記得，只記得他用他那拙笨誠實一筆一畫像小學生的字體寫了一黑板的邏輯課程，而在講解邏輯的推論時則用當時的政治做例子。

我不但不懂邏輯不懂政治，而且也全不感興趣，因為當時我覺得這些跟糾纏著我的問題全不相干。但我知道，從殷海光的表情和語言中，他尊重邏輯的推理，把它視作追求真理的明確途徑，而他不能滿意當時的政治，因為那不是真理，他無法忍受，而又非忍受不可，因此他講課的時候，雖然想幽默一些，想嘻笑一些，但他的幽默與嘻笑卻是苦澀的。——殷海光的笑，在我的印象中似乎一向就是帶著那麼個苦澀的味道。

那一次的上課，由於我根本不喜歡聽殷海光那一套，也由於我跟郭松芬進那教室就是為了找碴子，為了去看殷海光表演，像看猴子一樣，因此，不久我就在跟郭松芬開始「觀察」他了。

那麼小的個子，頭頂上頂著那麼一塊由左向右梳的灰白頭髮，算得上是乾的臉，抿嘴或咧嘴笑，咧嘴的時候似乎嘴角處還有一顆包了不銹鋼的牙，沒有鬍鬚，也沒有鬍渣，穿著一套灰色的西裝，好像是打著黑色的領帶（或是沒有？不記得了），白襯衫。

那料子普通的西裝，顯見是買了現成的，卻由於過大——因為他個子太小了，買不到合身的吧——而把下擺和袖子都剪了，或疊向裡面，用線繃起來；線的針腳很大，歪歪扭扭的，疊邊也疊得不平，因此，整件衣服變得皺皺衲衲的。這和方東美紳士型的西裝完全不同。

他的小手從同樣皺衲的袖口伸出來，拿著粉筆，比手劃腳地、有興趣地、有熱忱地對學生們講他認為重要、認為有趣的事，但學生們是默然的，有的記筆記，大多是為了考試，不為考試的，大概對他的話就不感興趣了吧；至於我，我則真的覺得他好像一隻在台上唱獨腳戲的小猴子；郭松芬怎麼感覺，我就不清楚了。

這是我在台大上殷海光的課唯有的印象。四年畢業，考入輔大第一屆哲學研究所，這之間，有很多年沒有見過殷海光，也跟台大哲學系沒有任何聯繫，只是有時到校園走走。

念完研究所，當過兵之後，有一天，在中山北路的敦煌書店跟「老闆」羅小如在書桌櫃檯邊聊天——羅小如年齡與我們相仿，我們認識他，也是由郭松芬，因郭常去買書看書，而結為朋友，後來發現，殷先生常戲稱他為「羅老闆」，而小如也總幽默地笑笑（十多年前羅小如夫婦也去了美國）。殷海光走進來，來拿羅小如幫他向美國訂的書。厚厚的、沉甸甸的好幾大本精裝書。

我看到他，吃了一驚，因為他人整個脫了一層——脫了一層肉，也脫了一層色。以前的殷海光可以說是褐色或黑色的吧，現在變成白色的了。頭髮全白了，整個生命力完全退去了一層，穿的仍是西裝（好像是淺灰色），但合身了，料子比較好了，平順了，不再皺納了，不再青澀了，倒是有了成熟的學者風範與風采，但基本上是令人心痛、令人擔心的，因為你可以看得出他害過重病，而且可能不久人世。

我跟羅小如站起來，他向我點頭笑，左邊嘴角那顆包了不銹鋼的牙齒露出一半，那眼神是他一向看年輕人的眼神：表示欣賞，有點要把你招向他的意願與魅力。

羅小如大概跟他說了一聲我的名字，說我也是哲學系畢業的，殷先生則笑著說知道。其實我當時也不知道他到底知不知道。

他問我在幹什麼，我那時大概正在跟羅小如談翻譯齊克果的《恐懼與顫怖》的事，同時想把《幻日手記》出版。他聽了好像表示有興趣，將來要給他看，我則想那只是說說吧，因為我跟他的路子完全不一樣啊！

他跟羅小如商量了一些買英文書籍的事，就邁著那右腳似乎略有一點不方便的步子走了。我從羅小如那裡聽到他害胃癌住院剛出來的事。這以前，我似也聽過，只是沒怎麼放在心上，及至這一天看到他整個的樣子，才擔心起來，心疼起來，也開始感覺到與他近了些。

我那時似乎有一個念頭：即將不久人世，還買那麼多大部頭的書，能念嗎？而念了又怎樣呢？我總是難得掃除這虛無的感覺。

又過了一段時間，陳鼓應對我說，殷先生要請客，以你做主，我們作陪。我聽了受寵若驚，但隨即不高興起來，因為我覺得這是假話。我這樣一個無名小卒，又從沒有跟殷先生接觸過，怎麼可能被殷先生指定為主客呢？充其量，我只是他要見見面的學生之一，甚至他根本沒有要見我，而是陳鼓應代他說的。我沒有問這些，但答應去，因為我也想接近殷先生了，而且我心疼他，我知道我們再沒有多少機會。

那天晚上我們在殷先生的教授宿舍中吃飯，殷先生似乎頗為花費，因為他炸了一大盤雞腿，那時在我的感覺中，那麼實在、那麼大的雞腿是很貴的。那晚在他小客廳的桌邊究竟有些什麼人我都不記得，但羅小如和陳鼓應是在的。我是第一次去他家，對他的宿舍環境很羨慕。席間大家聊天，我則在意不在意地聽，因為他們談的多半是政治，而我完全外行。

過了幾天，陳鼓應又說，殷先生很欣賞我，為什麼呢？好像是因為我不講話。這話我又是半信半疑，但不管怎麼樣，這自然在我心裡產生了作用。人總是會傾向欣賞你的人——不管你有沒有值得欣賞的地方。

其後是殷先生的病慢慢重了，我仍然少去。只記得有一天傍晚，幾個人坐在殷先生客廳四周，那晚好像停電，因此桌上點了一支蠟燭，桌邊究竟有誰也不復記得，但有一個清秀的青年，臉上有聰慧的氣質，後來知道那是學弟王曉波。

又記得有一次，郭松芬出國回來，他、孟祥柯、我，還有羅小如、李日章等，去看殷先生。在屋裡坐了相當久，有的人上了廁所，有的人沒上，告辭以後，出了殷先生的院門，就都在他的巷裡尿起來了——當時已深夜，他的巷子又寂靜，又只有他一家——既尿去了尿，又尿去了一肚子窩囊氣，因為我們為殷先生，為國家感到窩囊。

再接下來的印象便是我們幾個同學坐在他的客廳裡，而他則已經病到末期，躺在靠後院的窗下長條椅上。那椅子似乎已經變成了他的病床，我也不知是不是有人來他才移到這邊，還是整天整夜都在這裡了。

屋子的燈光仍舊不很亮，而他的長條椅一帶猶暗。長條椅是暗色的，他裹的毯子是暗色的，他整個人也是暗色的了。

我們同學分坐在客廳的兩側，他則躺在進門向內走的頂端。原先就瘦小的他，經過幾年胃癌的折磨，只剩下一把骨頭了，而且那骨頭是散的，丟在長條椅上，被毯子蓋起來。他的頭向東，腳朝他以前書房的方向，面對著客廳裡的我們側臥。脖子已經無力，頭等於是甩在枕頭上的，或拋棄在枕頭上的；從那壓在下面支離的肩膀，抽出他已經無肉又無力的右臂，回過去，搭在他的左肩上，整個人像一把骨頭用一些薄薄鬆鬆的皮連著，沒有放好地丟在那裡。

但是他的人還在用他已經沒有力氣的聲音講著話，講政治的理想，講著理性的高貴與重要，還在批評時政。他的生命的火是不熄的，他不允許他的心智被肉體所干擾，他不向肉體或病痛投降。那一兩次的印象實在是使我非常吃驚的。那是我最初接觸到的病與死之一，而他對待病與死的態度是那麼堅強。我不記得他叫苦過、示弱過、自哀自憐過、恐懼過。只是他痛的時候，或想要移動一下身子而移動不了時，他的眉頭會擰起來，嘴角會翹起，但隨即他又開始講話，而把那痛楚當作別人的事似的。

我記得他跟同學說過一句話：死我是不怕的。接下來他說什麼，我不記得，但好像是他遺憾的是他還有許多事情沒有做。

在那段時間，我有一個想法，我覺得殷先生這一生過得太乾了，沒有任何生活上或藝術上的潤澤。雖然念了許許多多西洋書，但他可能連西洋音樂聽都沒聽過，以我自以為是的觀點來看，這是多麼可惜！因為生命中除了邏輯與政治以外，還有好多好多東西，而這些東西中不少是美好的，但殷先生的生活似乎只有邏輯與政治。因此我想在他生命最後這段時光，他應該領略一點美好的東西。什麼是美好的呢？在當時我的想法是音樂。讓他聽一聽西方古典音樂。畢竟，我認為，一生竟沒有領受過這種豐富的美就去世，是太可惜了，太對不起了。

於是我想把我從舊貨攤買來的「高級音響」搬來給他聽（當然不是什麼高級的，但當時台灣尚沒有正式進口貨，本地又不會造。我沒錢，只七湊八湊買了個普通二手貨而已，但在當時也感覺不錯了）。我斷定他沒有音響，是由於聽說他不會打電話——當然是公用電話，他自己家是沒有電話的，大概也反對電話——既然連電話這樣簡單的機器都不會用，像電唱機那麼「複雜」的機器——有六七八個鈕——當然更是不會用了，更會愁死他了。我想把電唱機搬去，有時陪他坐坐，不談政治、不談邏輯，只聽聽提琴曲、鋼琴曲或合唱曲，偶爾談一談在宇宙間作為一個生命的奇異等等之類的問題，因為我知道這一方面他一直還未觸及，而這是他的生命在某一方面乾枯的主因。

但我終於沒有這樣做。我給自己的藉口是我的喇叭箱太大了，搬起來很嚇人；實際上我是沒有信心。我不曉得他願不願意接受，他的家人和其他學生會不會認為我做的不但無關緊要，而且是礙人的事。我也怕自己太「山東饅頭」了（「山東饅頭」，郭松芬的用詞，是

sentimental的音譯。現在這個字大家都譯爲「濫情」，但並不能充分傳達英文此字的意涵。郭松芬把它說成是「山東饅頭」，發音與英文相近，而且有著一種難言的戲謔在裡頭），我很怕做了讓大家都覺得幼稚吃驚的事。但一直到現在，我始終追悔當初沒有去做。在一個人臨終前，給他一些美好的事物是應該的，同時我認為應該把生命的另一面揭開給殷先生看看。對，我當時甚至曾經害怕，如果他發現生命中竟有如此美好的東西，而自己卻無可挽回地要死了，卻來不及享受，會不會更恨憾！

再接下來的印象便是有一天下午我被叫到台大醫院去了——誰通知我，已忘記，那時住永和，並沒有電話——我趕到台大醫院，殷先生的病房外有好些學生。陳鼓應、葉新雲陪我走入殷先生的病房——房子只有他一個病人，但好像並不只一個病床，可能有一兩張空床——我們在他的床尾站了一瞬，因為他奄奄一息的臉看似沒有知覺，眼睛是閉的，隨後他動了一下，略有表情。陳鼓應便說：

「殷先生，孟祥森來看你。」

他把眼睛張開了一點，裡面是黝黑幽暗的，然後，他一向的那種微笑又來到唇間：有點苦澀的、幽默的、嘲諷的、帶著些要吸引年輕人的魅力的。

他微微笑著說：

「啊，存在主義大師，嗯！」

意思好像還要像平時那樣一邊說話一邊點頭似的，只是他躺著，已經無力點頭了。而他那聲音是行將要死的聲音，是從陰間發出來的聲音，像唱片突然沒電了，像演恐怖片那鬼魂的聲音。

除了受到阿諛外，我當時真的是吃驚了，而這個吃驚，一直到十五年後的今日不但仍未稍減，抑且有日漸增強之勢。

我吃驚的是他在死亡的門前，在死亡的陰影下，身上那樣痛，那樣虛竭，還有那個餘力，那個閒情，跟一個其實算不得是他學生的學生開玩笑。在死亡和病痛面前所表現的這種勇氣，實在是把我嚇住了。

我當時大概仍是沒有講話，只是跟陳鼓應、葉新雲等一同站在床邊。陳鼓應好像跟他說了一些來看他的人的名字，他一一表示知道。

隨後有別人進來，我們退出房外，站到走廊上，走廊上進出病房的人相當多。我們站著，束手無策地空空發愁，發愁無益，就談一些別的，或什麼也不談。

隔了一會，系主任洪耀勳和形而上學教授曾天從來了。我記得洪耀勳沒有進入病房時的那張臉。他的臉充滿了無言的恐懼。那恐懼不是為了他怕殷海光死，而是反射到自己身上，怕他自己遭逢到同樣的命運，怕他自己會死。因此他的表情是怯懦的——儘管他平時的表情就怯懦。

我十分了解這種心境，但當時——及現在——實在有非常多的感歎，在洪耀動的表情中，我看不出對殷先生的心疼與惋惜，而只有對自己生命的貪戀。這跟死在自己身上，而根根骨頭皆硬的殷海光相比，根本是不可同日而語了。

黃昏慢慢接近，殷先生似乎一直不曾醒來，大家來看的只是一個垂死之人。

天黑前後，同學商議守夜的事。我說我守。一方面是因為大家都忙著，累了，獨有我最沒有忙，最不累；另一方面，我也想在這裡守一夜。因為我從沒有為殷先生做過任何事，出過任何力，也覺得殷先生可能真的有個什麼地方對我賞識，我好像跟他有點緣分。

天黑以後，人慢慢離去，二樓病房的長列走廊在燈光下空寂而清靜。我一個人有時靠在走廊的窗口，有時進去看看殷先生。

大鬍子胡基峻那天夜裡也在，我不確定他是否整夜在，但確定待了很長的時間。

入夜以後不知多久，殷先生想翻動身子，喊痛。我從走廊的窗口走到他床邊，幫他把身子側向一邊，他沒有睜眼，但表情十分痛楚。我幫他翻動身子的時候，發現被單下都是沉重的骨頭，那些骨頭顯得奇異的沉重壓手，大而冷硬。

翻身以後，我說：「我幫你按摩一下好不好？」他微微點頭。我便從肩膀開始給他按摩。但他的全身已經找不到肉了，只剩下又冷又硬的骨頭，使我有無從著手之感。但我還是逐步向背後和前胸按摩下來，待我看到他的肋骨時，真是難以說明了。

他的肋骨一條一條的，非常清楚、非常突出地突現在外面，而肋骨與肋骨之間則深深凹陷進去，成為深溝，貼在肋骨上的，只有一層非常薄的、黑褐色的皮，因之肋骨的稜角極端銳利清楚，比肉攤上剔淨了一切筋肉的肋骨還更瘦，更稜削。

他的背脊上一粒粒的脊椎骨圓圓地突出來，兩旁連著肋骨的末端，腰部瘠瘦難堪，骨盆則硬大而空陷地突出在床上，大腿骨與骨盆的交接處十分明顯，兩條腿骨則沉重地壓在床上，腿關節顯得好碩大，兩隻腳已像畫中死神的腳了。

那時候，我不禁暗暗叫著：

殷先生，你怎麼到這個地步！

在這無所謂按摩的按摩過去之後，殷先生仍痛楚難當。他的嘴唇在動，眉尖擰成一團。我說：「殷先生，要怎麼樣？」他有話，但說不清楚。我說：「要打止痛針是不是？」

他點點頭。

那點頭，是不情願的。我可以感覺到，止痛針，非萬不得已他是不願打的，因為他不願借助止痛針，因為那是一種麻痺和投降，但現在，那死亡的痛苦實在太難當了，他只好投降了。但這投降，他是不心甘情願的。

去叫了護士小姐，打止痛針。

打臀部。但臀部哪裡還有肉！捏起一層皮來，把針戳進去。

殷先生痛得非常劇烈，全身都因之抽動。

他的這一痛，一定不是一般人所能感覺或想像的吧！所有的肉都沒有了。剩下的是什麼呢？大概都是神經組織了吧！因之這一針扎到的全都是神經纖維，安得不痛！

不久，他安靜下來。睡了。誰知這一睡還有沒有再醒過？

我站在床邊看。

殷先生的臉已經是死人的臉了，是從陰間伸出來的臉。但他的痛苦還未消，而且在長期的痛苦折磨之後，再加上這臨終的劇痛，他的臉已經扭曲了。不，應該說，他的臉就是痛苦，他的臉就是痛苦的化身。如果世界上有一張痛苦的臉，就是這張。

我要畫他。

早在殷先生家的客廳裡，當我們坐在他附近，而他支離破碎地躺在那窗下的躺椅上，猶滔滔不絕地申論著國事時，在那安靜而略顯幽暗的燈光下，我就想畫他了；不僅想畫他，而且想畫這師生的一景。在我感覺，這一景有著出奇的動人性，甚至有一種出奇的美感。

但我沒有畫。因為我不會畫畫。我更不敢在別人面前畫，更何況處理這樣一個景象，絕不是我的能力可及的。

但今天晚上四周無人，何況這也是最後的機會了，何況殷先生的痛楚有極大的動人性，我的眼睛無法離開他那痛苦的臉。於是我在隨身攜帶的單薄筆記本上，用原子筆畫了兩張。

畫完了，我又到走廊的窗檯上坐著或靠著，有時又走進去看看殷先生。

約半夜十一點左右，我看到幾十公尺外的樓梯口上來一個人，是一個女孩，順著寬敞安靜的走道走過來，在燈光下是個奇異的景象。我看不清她是誰。及至走近了，才看出是陳雲端。

陳雲端，是郭松芬暑假回來時才認得的。那天李日章在赤峰街家中請吃飯，陳雲端也在。

陳雲端半夜三更獨自來看殷先生。可是她說她從沒有見過殷先生。現在聽人說他病危了，特地來看。

一進病房，看到殷先生，她的眼淚就突然像一串串的珠子掉了下來，一直掉一直掉，好像原先收藏了許多，蓄積在眼窩，這下子一古腦兒統統掉了出來。這又是一件使我十分驚奇的事。

陳雲端，充滿了柔情，充滿了心痛地對待這個她從未謀面而瀕死的殷海光。也許這竟是殷海光一生最後得到的疼愛吧，只是不知他還知不知道。陳雲端自此幫他按摩，幫他翻身，無微不至，全心全意。一直到第二天早晨。

約半夜十二點，樓梯口又出現了一個高高的黑影子，走路有點外八字。是李敖。

離開台大後這是第一次看到他。比在學校時胖了一些，臉色潤澤了一些，不那麼瘦那麼黑了。

他在屋裡和走廊上看看站站，聊了幾句話，約待了半個鐘頭，走了。

孟祥柯也來過，但我不清楚記得是比李敖早還是比李敖晚。

夜一直非常清靜，天氣不冷不熱。

第二天上午，陳鼓應他們來了之後，我回永和睡覺。

午後，有人來叫我。是陳雲端的朋友，要用機車載我去台大醫院。殷先生不行了。

我們立刻趕到台大，但奇怪的是，對這最後一節，我竟不能確定我的印象是親眼看見的，還是得自同學的話，拼湊而成：

大家都聚在病房的外面，因為裡面沒什麼可看，只有一個不會說話、不會睜眼、不會動的，甚至不知有意識無意識的垂死人。因之，大家都三五成群地站在走廊上聊天。談著政治，或談著什麼別的。沒有人再注意殷海光。

於是，當後來有一個人走進去時，發現殷海光已經死了。死了多久也不曉得。反正不呼吸了，冷了、硬了，也許有半個小時吧。

我呢？我究竟有沒有站在這一群人之間，我也記不清楚，我來時究竟殷先生是否已經死了，我也記不清楚，屍體有沒有移走，我也記不清楚。但我卻另有一個奇怪的印象：殷師母趕來時，殷先生已經死了，因此沒有見著最後一面。

我得知那天晚上殷先生的屍體要在台大醫院解剖。我想去看看殷先生的最後，想去看看殷先生的裡面。

晚上我到達台大醫院時，大廳裡卻空寂無人，我不知道在哪裡解剖。問人，說是在左側的新建大樓。我走進那日光燈下的空寂走道，好像走入什麼詭異的機關中，沒有一個人，所有的門都是關著的。我忐忑不安地走了。聽說李敖和孟祥柯等在場觀看解剖。

不久以後，我得到通知，要在懷恩堂為殷先生舉行追思禮拜。

這件事我真的為之氣結。

殷先生，以他這樣一個思想明白的人怎樣可能會去相信基督教？對基督教（與天主教）我自認有相當深入的了解，那是一種非理性的宗教，教義中有著太多太重的部分是無法靠理性說得通的，而殷先生這樣一個強調理性，推崇理性的人，怎麼可能到最後變成了基督徒？為什麼我們學生一點蛛絲馬跡都未曾察覺？

難道他真像巴斯卡所說，最後「賭」了起來——打「賭」神一定存在？

但這豈是殷先生的作風，殷先生的風骨？

自由思想者殷先生啊，你的自由在哪裡？活著的時候被政治擺布，以致把你壓死；死了還要被宗教擺布，把你收歸順民。

我不去參加這種汙辱了我們大家——殷先生及其學生——的追思禮拜。

我沒有上過殷先生什麼課，也沒看過殷先生什麼書，因此對殷先生的政治與邏輯不能說了解。嚴格的話，我甚至不能算他的學生。但我在台大哲學系四年，若說有一個老師，套用殷先生慣常的說法，則是「有而且只有一個」，那便是殷先生。

我從殷先生所得的，不是言教，而是身教：為了理想，他可以在那麼巨大的壓力下堅持，一直到把他壓死，他都不投降。

而這壓力，終於使他抑鬱出病來，得了胃癌。但胃癌仍舊沒有壓倒他。他可以面對著死，仍像蘇格拉底一樣，跟青年學子談理想、談抱負。他是至死不屈的，是小看死亡的人。這一種威武不能屈的風骨，夠了。

我真正對他有一點了解，還是陳鼓應的《春蠶吐絲》書出之後。但那更增加了我對他的痛惜。從《春蠶吐絲》中可以看出，他死前這段時間正處於整個思想甚至整個人生觀的轉型期。他開始從政治轉向對整個精神文化的關懷與領會了，他開始懂一些東方文化的空靈了，他開始開了，開始化了，他的範圍廣了，領域大了，他開始要成熟了，要結甜美的果子了。以他這樣聰慧、純真而用功的人，再假以二三十年的光陰，結出豐沛而優美的文化成果，幾乎可說是一定的，而他卻死在這個關鍵上，死在這轉捩點上，怎不令人備覺痛惜，為他個人的生命悲哀，也為中國的文化悲哀。

《春蠶吐絲》中我看到一句話：殷先生說，我死後，希望在東海岸，面對太平洋，立一個碑，上寫：「自由思想者殷海光之墓」。

據我所知，一直到現在，並沒有人為他立這樣一個碑。

在他的學生中，目前最方便為他立這塊碑的是我，因為我大部分時間住在東海岸，我的門前就是大片的太平洋，我有很大的院子，足以給他立碑。

東部有許許多多的大石頭，不貴，你甚至可以撿一塊幾噸重的，叫鐵牛車運來，放在院子裡，自己每天拿個鑿子把這幾個字深深地刻上去。

但我沒有做。基本上，我覺得那很招搖似的。

我院子裡不需立碑。但我知道那塊碑放在哪個位置。我在院子裡可以看到那塊碑，我看到那自由迴蕩的空氣所形成的碑，那自由迴蕩的空氣，就是無形的碑，而且處處皆在。

寫於殷海光逝世十七周年

悼念我的老師殷海光先生

王曉波

今年九月十六日是殷先生逝世十周年的日子。十年來殷先生生前所鼓吹的自由民主理念，仍在今天許多人的腦海深處，並付諸實際的奮鬥；至於殷先生那好學深思、堅挺不屈的精神，也未因十年的歲月而在他受業學生的心目中消失，即使是他生前思想上的論敵，也不能不佩服他那份人格的操守和認真的執著，及他在橫逆中奮鬥的意志。

殷先生生前，不是達官，也不是巨賈，而在一個現實的社會中，他死後仍贏得人們內心如許的推崇。雖然他以未滿五十的壯年而早逝，亦可瞑目矣。

一

我是一九六三年考進台大哲學系的，大一理則學的教授就是殷先生。在當時邏輯教學落後的情形下，在學術上殷先生是以研究邏輯名聞士林的，除了專著出版外，他的邏輯論文亦常見於國內學報，及美國的《符號邏輯》雜誌。

邏輯對他而言，不僅僅是教學的事業，並且使他成為中世紀的「魔鬼的辯護士」，是他與權威主義、蒙昧主義、褊狹主義和教條主義奮戰的武器。有了邏輯的武器，他一篇篇的政論文章變成了一把把犀利的劍。

我進台大時，《自由中國》已經被封，雷震先生已坐了三年的牢，為《自由中國》台柱主筆之一的殷先生，已經無處發表政論文章，並且也不能在他教學的台大發表演講。上邏輯課時，雖然殷先生也會談及一些邏輯之外的學術思想問題，但對政治問題幾乎沒有涉及過。對以政論名世的殷先生而言，這是他的不屑，還是他的自我約束，當時我一直沒有機會請教。今後也不會再有機會了。

記得當時邏輯課是在新生大樓上的，時間是下午二點到五點。大樓後面有一個池塘，池塘再過去是僑生宿舍，走過僑生宿舍、新生南路，就是溫州街的台大教授宿舍。五點鐘是台大下午最後一堂課的下課。下課後，殷先生還和學生討論各種問題。我從小就是一個好問好辯的學生，因此總是不放過和殷先生「糾纏」的機會。當時同班同學中除了我以外，還有胡基峻和王中一是經常「糾纏」殷先生的學生。每次下課，殷先生也都讓我們陪他走過溫州街的宿舍。夕陽映在池塘的水面。四人行而殷先生在其中，殷先生常戲稱這是「馬路學派」。

我們那班是殷先生所教的哲學系大一邏輯最後一屆，以後他只教高年級的選修課。大二、大三，殷先生所開的課，是我們必選的學分。到大四上學期我們到學校註冊時，助教告訴我們，課表上雖然有殷先生的課，但不要選，因為殷先生實際上不會上課了。那是一九六六年的秋天。

雖然殷先生不再授課，但我們還是經常去向殷先生請教，只是把教室從學校搬到了殷先生的客廳而已。這段期間殷先生家門口經常停著一部吉普車，一有人按殷先生門口的電鈴，吉普車上的人就注目以視。當時年輕氣盛，總覺得他們在欺侮殷先生，所以，我們也怒目相向地注視回去。現在想來也覺得好笑。那年十月底以後，就沒再見到這些人了。

原來，錢思亮校長與殷先生講好，一九六七年夏天殷先生就得正式解除台大教職的，但那年上半年，殷先生就患上了胃癌絕症，是鄭華志陪他到宏恩醫院檢查出來的。因此，直到逝世他並未被正式解除教職，但卻被解除了生存的權利。

後來，殷先生由宏恩醫院轉往台大醫院開刀，台大醫院有公保，只要住二等病房就不必另外交費。宏恩醫院的費用是李敖付的，因為當時殷先生的學生中只有李敖有錢。我們沒錢的學生，別的忙幫不上，只有輪流充當殷先生的特別護士。殷先生進開刀房的那天早上，正好我值班，回來看到殷先生被切下來的充滿白色癌細胞的胃，好不恐怖。

開刀後，殷先生回家休養，醫生說只可以拖半年到一年。西醫已經絕望，可憐殷師母到處遍訪單方草藥，殷先生不忍拂逆師母之意，也一碗一碗地捏著鼻子不知喝了多少怪味苦藥，而常常向我們學生抱怨。半年過去了，一年也過去了，殷師母自喜訪得靈藥，殷先生也不再抱怨了；並且，在病情稍微穩定之後，殷先生又開始了他的思想研究工作。殷先生這種勸學的精神恐怕不是那些明星學者所能及的。

一九六九年秋天，殷先生病情惡化，九月十二日由殷師母和陳鼓應護送至台大醫院，十六日逝世於台大醫院。至於詳細情形，當時我有一個〈殷海光先生臨終日誌〉的報告。

二

殷先生提倡理性，反對權威主義，從他經常告訴我們「吾愛吾師，吾猶愛真理」中就可得知。他有二位最崇敬的老師，一是金岳霖，一是熊十力，但金、熊二位的學問卻是南轅北轍。不過，在學問上他是接近金先生的，但在性格上他更接近熊先生。記得當他在客廳中聽到國外來客告訴他，熊先生在大陸逝世了時，他默然很久，反過身去，擦乾了眼淚再繼續與來客談熊先生的事。他自己說，他與熊先生的學問不同，他自己就是一個「吾愛吾師，吾猶愛真理」的實踐者。所以，殷先生生前，是允許我們有不同意見和他辯論的。

殷先生寫過一篇提倡成立「講理俱樂部」的文章，他自己也是一個講理的實踐者；老實說，他對於一些不講理的政治八股嗤之以鼻，這是許多人都知道的。有一次，他轉述熊先生的話說，這些八股教條只合揩屁股用。他跟學生辯論，有時辭窮，或學生的有些問題答不上來，他絕不會扯些不相干的話來搪塞，而是思考一陣後回答「這個問題我沒有考慮過」。聽殷先生說，這句話也是金先生常說的。

我看見殷先生的時候，他已滿頭白髮，聽說是雷震先生被捕之後，開始急速增加的，那是他看到自由民主的希望破滅的焦慮所致。在他晚年，我們受業殷先生門下時，基本上他只有學生，沒有什麼更多的朋友往來。在台灣稍微有一點身分地位的人都不願和殷海光往來而惹麻煩，這是我們能夠理解的。在孤立無援的情形下，殷先生憑什麼力量長期處於橫逆之中？據我所知，那是一股生命內在的道德力量。他常常說：「我不分享這個時代的價值。」有人覺得他憤世嫉俗，有人覺得他孤傲自許。他常常說：「在現實上他們能屈服我們，但在道德上我們永遠鄙視他們！」「他們能消滅我們的身體，但消滅不了我說出去的真理。」我永遠不會忘記，他告訴我們說：「一個思想家的責任，就是告訴群眾如何不受欺騙。」他是一個充滿了道德思想的使徒。殷先生生前的論敵之一徐復觀先生在他死後說：「由他的硬骨頭，真熱情發出的精光，照耀在許多軟體動物之上，曾逼得他們聲息毫無，原形畢露。」

徐復觀先生與殷先生是公開論戰的對手，但我之到東海大學去請教徐先生是殷先生要我去的。由於我在系裡選了一些中國哲學的課，深感中國哲學之深奧，但不能同意授課先生的一些觀點，遂向殷先生請教，殷先生則告訴我，他對中國哲學缺乏深入研究，而要我去向徐先生請教。我想有門戶之見的學界，很少有像殷先生這樣的「開放心靈」。雖然，後來徐先生到香港去了，但每次徐先生返台，我總不願失去請教的機會。從徐先生發表的對殷先生的追悼文看來，徐、殷二位先生雖曰「文人相輕」，亦能「惺惺相惜」。

殷先生常常對我們學生講，他是「但開風氣不為師」的。香港有人說，殷先生在台灣哲學界是邏輯的提倡者，而不是邏輯學家。殷先生後來不教邏輯課了，他也對我們說過，他的學生何秀煌、劉福增的邏輯比他好。並且，極力向洪耀勳系主任推薦劉福增到台大教邏輯；後來又看到林正弘寫的討論邏輯的文章，極力推薦林正弘。

嚴格地說，殷先生雖然發表過不少邏輯與科學方法的論文（當時台灣應以他爲最多），但他實在不能算是一個專技哲學的學術專家，主要的是他志不在此。他是一個熱切地想在思想上為中國找尋出路的人。因此，也正是「但開風氣不為師」。他對中國所懷抱的心情還是他在西南聯大常喜吟的李白的詩句——

欲渡黃河冰塞川，將登太行雪滿山。
停杯投箸不能食，拔劍四顧心茫然。

他看見中國社會政治的不平，他的邏輯使他成為為人間抱不平的「魔鬼的辯護士」。今天在台灣大學裡，邏輯的教學水準已遠超過殷先生當年，但卻沒有殷先生這樣子的「魔鬼的辯護士」了。他們與殷先生不同，也許是缺少了殷先生那種道德理想的使命感。

三

殷先生的道德文章確實得到許多人由衷的敬仰，平日不一定看得出來，但在他住院期間，許多識與不識的學生朋友和社會人士，聽說他身患癌症，都前往醫院探病。甚至有從未與殷先生見過面的人從中南部趕上來探病的。開刀後，他身體孱弱，醫生囑咐不得見客，我們只好在病房門口放一本訪客簽名簿，不知道的人，還以為裡面住了個什麼達官貴人，可見公道自在人心。最令我感動的是，一個在信義路旁擺書攤的老闆，聽說殷先生病了，馬上收拾書攤，到花店買了一束鮮花送來醫院，站在病房門口向殷先生鞠了一個躬就離去。我們請他簽名，他說：

「我是小人物，不好意思留下名字。」

不過，在殷先生的生前死後也有不少的非議，除了政治的原因外，許多非議是來自誤解後的惡意，或者一些門戶之見。我願就所知簡單地替殷先生說幾句話。

殷先生身為學者有他學院的一面，晚年他常常喜歡說「隔離的智慧」；但他又充滿著時代的使命感，洋溢著熾人的熱情。這種理性與激情的衝突常在他心中翻騰。除了他生命的最後幾年外，終其一生他是一個投入時代洪流的知識分子，而不是一個與世隔絕的象牙塔裡的學究。

殷先生一生所投入的這幾十年，在中國，又是一個充滿了矛盾和巨變的時代；一個投入這洪流而與時代脈搏共跳動的知識分子，也就不免充滿矛盾與巨變。這不僅是殷先生，而是近代中國知識分子所共同具有的性格。由於時代變化得太快，一個有良知而願向歷史負責的知識分子不能不也隨之變化。博學天才如梁任公不得不說「不憚以今日之我與昨日之我挑戰」。另外，巨大的政治暴力也會壓迫知識分子變化，如馮友蘭也坦承「若驚道術多變遷，請向興亡事裡尋」。殷先生也說：「我最大的特質就是否定自己。」

在殷先生思想生命的過程中，他確實是經常「否定自己」的，並且，他的「否定自己」是與時代的巨變與俱的，而毫不含糊，這也是一個知識分子對其良知負責的態度。如果在這過程中有什麼錯誤，那只能說是歷史的錯誤，誰叫他生在這一個偉大、苦難而又錯誤的歷史中。

殷先生是生在「五四」的那一年，而在抗戰的時候就讀西南聯大的清華哲學研究所。他從小一足微跛，不良於行，而在抗戰最吃緊的時候，以研究生而青年從軍。一些在抗戰時期不管前方吃緊只管後方緊吃的人，居然到台灣來說殷先生不愛國，天下寧有此理乎？

抗戰勝利後，殷先生曾任《掃蕩報》和《中央日報》的主筆。如果讀過他這一時期的文章，或他寫的《光明前之黑暗》，很難不說他是一個法西斯分子。但任何人不能誣蔑他的真誠。

到台灣來，對大陸的失敗他有深刻的反省，而與雷震先生等創刊《自由中國》並離開《中央日報》。第二次世界大戰前後，全世界法西斯分子的口號都是「國家民族領袖」，殷先生「否定自己」是很徹底的，也就是徹底否定那些被法西斯濫用的概念。他嚮往美國的自由主義，但也反對美國的法西斯，諸如麥加錫、三K黨。

殷先生在不能寫政論文章之後，仍在文化思想的層面上反對那些借「國家」、「民族」、「傳統」之名的法西斯，他臨死前才漸漸發現法西斯和國家、民族、傳統這些概念是有區別的，但遺憾他並沒有系統地寫出來，只做了一點「病中語錄」而已。如果說反對法西斯就是不愛國，那就是希特勒的口吻。所以，在西南聯大當過殷先生訓導的查良釗先生說，殷先生當年是一個「好學深思的愛國青年」，直到死前仍是一個不折不扣的「愛國學者」。

四

殷先生的學生都認為紀念老師最好的方法，就是為殷先生出版文集。因為殷先生一生，文章比專書要寫得多，而文章又散於各處，年久必將散失。但殷先生有許多文章，譬如在《自由中國》發表的，又不便在台灣印行，因此，海外的殷先生的學生就主張在香港出版。並且，《海光文選》是殷先生初患胃癌後就開始籌備的，但到現在並未按照原定計畫出齊。

殷先生死後，在海外最早出版的一本是《殷海光近作選》（一九六九年十一月）。接著是《殷海光選集》第一卷（一九七一年），選集原定三卷，其他二卷而今未聞下文。最後有盧蒼兄獨力編輯的一本《殷海光書信集》（一九七五年）。在台灣則有一九六九年十月由陳鼓應兄編輯的《春蠶吐絲》，主要是殷先生的〈病中語錄〉和他口述的自傳。〈病中語錄〉和《書信集》的出版聊以補充了殷先生最後幾年思想未能留下紀錄的遺憾。

殷先生文選的不能如願出版，一直是殷先生學生的遺憾，並且馬上就要快到殷先生逝世十周年，殷先生生前將自己的光和熱奉獻給這個社會，作為尤其受過殷先生啟發的學生，我們不能讓殷先生死後在這個社會消失，並且文選的事，是我們在殷先生生前做過承諾的。但殷先生文選在台出版又困難重重。

去年暑假，一個偶然的機會，我在國際學舍遇見九思出版社的徐秀榮先生，談及為殷先生出版文集的事，徐先生一口允諾，願意克服一切困難，讓殷先生文集能在台灣出版。承徐先生的厚意，我即找到一位殷先生台大經濟系畢業的學生陳宏正兄，我知道宏正兄多少年來默默地遍訪各地圖書館及舊書攤搜集資料，除了政論外，出版殷先生的文集不成問題。並找到鼓應兄一起討論，決定竭盡全力在殷先生逝世十周年出版殷先生的文集。於是，我寫信給殷師母告之此書之準備出版，盼能授權九思出版社。

殷師母從美國來信，委託殷先生生前好友夏道平先生主持其事，而由夏先生與殷先生的學生林毓生、洪成完共同負責編輯工作，終於《殷海光先生文集》在今年春天出版了。在出版的過程中，宏正兄多年來克服困難搜集的資料，是此書得以順利出版的最大因素。

去年，鼓應兄把《春蠶吐絲》再版了，並發表了一篇紀念殷先生的文章，討論殷先生最後幾年思想的轉變。

雖然，最後幾年殷先生除了書信外，沒有發表系統思想的文章，但接觸殷先生的學生朋友都知道，殷先生的觀點又有變化。因此，毓生兄在文集的代序中提到「殷先生的思想有很大的變化」，夏道平先生在跋中提到「我個人也有類似的感覺」。

從殷先生最後的書信，〈病中語錄〉及個人親受的殷先生教誨中可見，殷先生的思想確實有變化，有基本觀念的轉變，但轉變後的一些觀念尚不構成一套思想系統。所以，從他一些零碎的書信、語錄、談話中發現有不徹底的感覺。他自己也說，他的思想剛要成熟，就罹患癌症，他太不甘心了。

據我所知，殷先生思想轉變的因素，一是寫作《中國文化的展望》及以後的再思考，二是美國打越戰。他寫作《中國文化的展望》，發現中國文化不是一些法西斯說的那種「光榮」、「偉大」的「傳統」，而是有其真正沉潛的生命力和道德感；美國的越戰打破了他對美國自由民主的幻想。

他常常指著《時代週刊》或《新聞週刊》的越戰報導給我們看，並說：「這是美國武器和越南人民的道德作戰。」俄軍鎮壓捷克的暴行曾使他義憤填膺，美軍在越南的暴行也使他怒不可遏。有一次他拿一份《生活雜誌》，指著上面的照片給我看，兩個越南少年俘虜，一個十七歲一個十八歲，手銬銬在一起，傲首怒目，記得照片下的文字說明是：他們說「美國要代替法國來統治我們」。而殷先生義憤地說：「兩個好漂亮的小夥子！」

不要說殷先生這樣一個具有良心而「天真」的讀書人，就是美國政府的御用宣傳家，也不能為美國的越南暴行辯護……因為殷先生思想雖有變化，但他深信自由民主為人類前途之所寄，是至死不渝的。

殷先生雖然晚年發現中國文化的真實的一面，但他絕不會成為一個「天地君親師」的傳統主義者，而是在科學上予以分析並肯定其價值的。他曾「不憚以今日之我與昨日之我挑戰」地說：「許多人拿近代西方的自由思想去衡量古代的中國而後施以抨擊（胡適和我以前就犯了這種錯誤）。」在《中國文化的展望》中，殷先生還明白地反對帝國主義的「警棒」。

大家都知道殷先生的思想在變，但他的思想會變成如何，誰也沒有辦法回答這個問題了。但我可提供一個思索的參考：殷先生一生所作所為是言其所信，行其所信，他又充滿理想與熱情，而使他永遠成為一個激進主義者。在抗戰時，拋棄學業而投筆從戎，來台灣後為其所信之自由民主奮鬥至死。觀照他的一生，無論其思想如何變化，殷海光是不可能成為一個妥協的、保守的、冷漠的「冷血動物」或「軟體動物」的。

最後，我不敢說殷先生是什麼創格完人，但在殷先生奉獻的一生過程中，如果他有什麼缺憾，那也應該是缺憾還諸天地。

在殷先生的學生中，我是最年輕識淺的，也是最不具資格來談殷先生生平與思想的學生，但由於宏正兄的鼓勵，及適《鼓聲》發行人鼓應兄正在美國旅行，《鼓聲》編輯又把這個責任推到我身上，我只有勉力為之。若本文有損殷先生令名之處，那麼我的罪過就大了。

瑣憶殷海光老師

葉新雲

常常想起逝去的殷海光老師。

在我們的生命歷程裡，後死者總要忍受著失去一些親人、師長、朋友的哀傷，而死者的一些事情、一些內外在特質時而會勾引起我們的思念。但對於海光先生的懷念，在我不僅是對於一位師長的想念，不僅是對於一位熟識而逝去的故人的懷念，而是對於一位知識分子——一位現代中國知識分子的懷念。由此我也常常聯想到近代中國，想到它應該需要怎樣的知識分子的一些問題。每每在這樣綿綿的懷念與思考中，渾然不覺時光的消逝……。

時光消逝得很快，轉眼故人離我而去已經十多年了。

最早知道「殷海光」這一名字是在我念高中的時候，那時因貪讀課外書，偶然的機會裡讀到他的《旅人小記》。那是一本他短期旅美的雜感紀錄，其中有幾個片段給我極深的印象。到現在，我還能記起他講洋和尚學邏輯的情況。當時的殷先生對於邏輯「非常崇拜」，認為是一種促進思想的利器。當他見到保守的修士居然讀起現代邏輯來，便感到出奇地興奮；興奮之餘也就不免一種遺憾：因為中國學人古來未能發展邏輯，到今天仍不予重視，思想上要避免含混、模糊的景況實在很難。這是他的感慨。

在另一篇章裡，他提起美國事事講效率的觀念並不是很正確的觀念。他問到一個美國朋友說：「是不是凡事只要求快求速就是好？」那位朋友不假思索地回答道：「當然。」殷先生接著說：「那麼人是越早進棺材就越好嗎？」這下美國朋友答不出聲來。殷先生得意地寫道：這記「邏輯悶棍」著著實實地打到對方的痛處。這一則趣談原文如何敘述，我已不復記憶，但大意有如上述；至於「邏輯悶棍」四字，是怎麼也忘不了的。《小記》給我的印象是作者觀察細緻，隨處可以看到一個肯於思考的人的疑問與意見。

以後，我和我的一位同學合購了一冊《邏輯新引》，這是我第二次讀殷先生的書。《新引》是用對話體寫成的一本介紹邏輯的著作。依我現在的看法，《新引》是殷先生所寫的一切書籍文章中，最為成功的一本著作。說它成功，並不表示該書毫無疵錯。事實上，留心邏輯的學者，都可以指出該書最後一章有關邏輯典冊的書目中包含著一些錯誤。但作為一本初階的邏輯著作，該書實含有許多優點。把枯硬的符號邏輯，寫得那麼生動活潑，讓人覺得興味不絕，這是很難得的。而且，作者隨處提醒一些思想的陷阱，指出思想上的一些障礙，破除一般慣有的思想成見……這些都能給初學者良好的啟發。難怪初讀邏輯的我，反覆地把《新引》研讀數次，始終感到興味盎然。

不久，《自由中國》月刊遭禁，雜誌發行人雷震被捕。當時作為學生的我們，自是不能明瞭其中的詳情底蘊。我們只知道：《自由中國》月刊是一份討論西方自由民主觀念、制度，並對時政提出許多批評與建議的刊物。少年血氣方剛，不諳世故，看到這類文字，覺得「理所當然」。脫離了帝制統治的中國，誰不願意國人理性逐步高升、精神飛揚地活在地球上？《自由中國》遭禁，使許多懷抱理想的人士驚愕、歎惋。我那時的感覺是一連串的困惑。

就在這個時候，我在《公論報》上看到一份由殷海光、夏道平、宋文明三人署名的聲明。聲明上講，《自由中國》裡的主要社論，多是三人所寫，如果雷震因言論入罪，那麼該負責任的是他們三人，因此，要求執政當局唯他們是問，並釋放無言責的雷震。這是一篇有理想、有操持、肯負責的知識分子的聲明。我噙著淚水看完這篇聲明，覺得海光先生實在是現代中國難得的知識分子。他那臨難不苟免的形象，使我永難忘懷。

在我親身認識海光先生以後，我也不時地聽到、讀到一些人士對他學問、人品方面的指責與批評。這些批評自也有一些中肯的地方。但每一念及他那難得的耿介性格，想到他發表聲明的凜然之氣，總讓我們明白地認出：一些批評者的形象比起他的形象來，要矮小得多。

進入大學之後，我才有機會親接殷先生，並聆聽他的教導。由於先生平易近人，當時學校的風氣也比較活潑，先生下課後總被好些同學圍住；大家多麼希望從他那裡得到一些智慧的啟發！在這種情況下，先生總不叫人失望：或簡潔地回答問題，或介紹新近重要的書籍，或審慎地分析某個觀念，或解說一兩樁事理，或詳細地討論一段史實……無論是哪一樁，先生總是耐著性子，晃著他滿是白髮的腦袋，指手劃腳地為同學開導、啟蒙。有人提醒他說，花在學生身上的時間太多了；他總是微笑地回覆說，青年是社會的新希望，理性的光芒必須趁早自青年的頭腦中開發出來。他雖時常為同學們解析觀念，申說議論，回答問題，但在我的記憶裡，他很少作決斷性的結論。掛在他嘴邊的口頭禪是：「這好複雜喲！」他希望同學們自己能思考、自己找結論，而不是隨便地接受現成的一個結論。

我不止一次地聽到他提到影響他最大的兩位近代中國思想家：一是熊十力，一是金岳霖。熊先生似乎認識殷先生的一位長輩，因此他很早就見過熊先生。他常講十力先生治學方法與旨趣跟他的並不相同，但他覺得熊先生作為一個哲學家，人格高超，氣象弘偉，在現代學人當中是很突出的人物。熊先生抱遺經、倡儒學，讀書立言，艱苦卓絕，而終其一生不與現實妥協、不媚眾阿世、不交權貴小人，甚或大學教席之設因與志趣不合，也棄而不就。殷先生對熊先生的推崇便在於他人格的宏大上。他自己認為性行上很受熊先生影響。

學問上殷先生覺得比較接近金岳霖。金先生留學過英國，對羅素、摩爾等人的解析哲學有一定的認識。照殷先生的講法，金先生自己動輒也喜歡用分析方法。殷先生說，有一個詞兒經常掛在金先生口邊，那就是「不相干」。使用分析方法旨在把複雜的問題或觀念化約成較單純的一些問題與觀念，在這一過程中，便要把「不相干」的東西拋去，而分析方法的善用便在於把一切「相干」的東西加以保留。殷先生認為分別相干與不相干的因素，實在要有很多的學問與思考能力。他覺得許多人學問做不好、思想上混沌一片，主要地是「鬍子頭髮一把抓」——分不清相干與不相干因素的緣故。殷先生曾經讓我讀一段金先生在他自己著作上的序文。那段文字意思是：由於中年起才開始研習邏輯，因為欠缺年少人的敏銳與方便，所以在這方面的造詣始終未能如願。殷先生要讓後輩明白，前人做學問是怎樣地謙虛、慎重！

我因家住台北，跟殷先生見面機會不少，書信往來成為不必要；但寒暑假期，有時也會意外地獲得他的一二書札。可惜這幾封信件隨著其他書籍，在一次颱風的襲擊下，因為大水泛濫淹及屋梁，全遭洗劫而去。其中有一封信，因為印象深刻，我還能記得大意。信的意思是這樣的：

> 農夫種田給人飯吃，泥瓦匠蓋房子給人住，清道夫清除街道予人以整潔……我覺得世上之人，人人對社會有貢獻，對世界有幫助。試問哲學家的貢獻是什麼？他的存在對世界又有哪樣

的助益？讀了一本又一本的哲學原典，就算是哲學家嗎？能玩弄一些玄之又玄的抽象名詞，就算是哲學家嗎？什麼是哲學家？一個思想家與社會應該有著怎樣的關係？這類問題要好好地想一想。我自己就不停地思索著這類問題。

我的復述自然無法再現他原信的味道，但他信中的主要意思大致如此。一個講究哲學分析的人，一個推崇過邏輯實證論的人，卻能時時留意哲學與社會的關係，時時反想哲學到底對社會是否能有所貢獻：殷先生豈是冷然的、象牙塔內的、經院學派式的學者？自杜威之後，哲學成了諸種學科的一科，鮮有人提到哲學與社會的關係。在號稱顯學的一些分析哲學大師的著作裡，我們看不到他們討論社會、文化的文字，看不到他們論述時代問題的意見。但最近十來年裡，情形有了稍許改變：儘管大師們仍然側重於語言分析、知識根本問題的討論，但已有不少人注意到哲學與實際世界問題的關係方面。海光先生能在分析哲學的「盛世」覺察哲學與實際聯繫的重要，可說是極難得的。

殷先生有幾次同我談到如何成為一個良好的思想家的問題。由於我每次詢問的問題偏於一個側面，他的回答也就局限於某一範圍。有一次我的發問比較全面而具體：我問及成為一個思想家的準備功夫有哪些？他一時間非常興奮，為我畫了下面一張圖表：

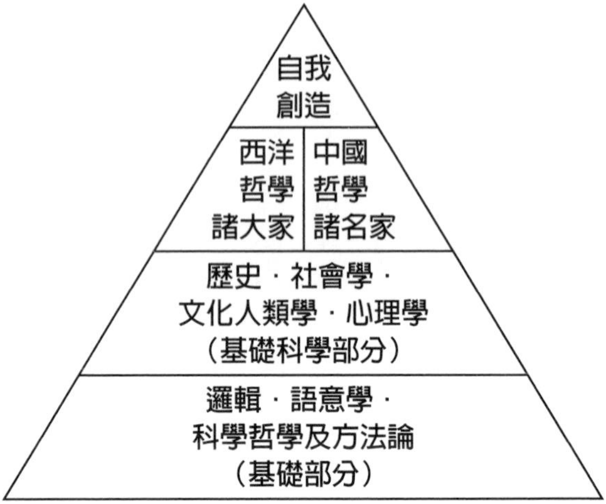

他畫完這張表後，面色突然很凝重地對我講，這是他幾十年來為學「失敗」的痛苦經驗，希望後來的人不要看輕這個圖表。一個文名滿海內的長者，一個已經著述等身的學者，突然對初開茅塞的學子自承他為學「失敗」，該要有多大的勇氣！對學術懷有多大的虔敬之心！我後來在報章雜誌上，看到不少名流、博士，小有所見便欣喜若狂，偶有所獲便大叫大嚷的情況，委實感到噁心。更有一些教授、名人，專門搬神弄鬼，誑騙無知社會，以遂其自我吹噓的目的；這在我看來，難免不感到痛心的。

今天回過頭來看殷先生這張圖表，我想有幾點意見應該加進去：

（一）殷先生特別看重基本訓練——基本方法論的訓練以及基本科學的素養。他說這是「站樁」的功夫。拳要打得好，基本的站樁功夫要打得扎實。同理，思想要縝密，不可忽略方法論及科學基本知識。

（二）跟一般人對於殷先生的想像剛好相反，殷先生極重視一個思想家對於中國思想的理解，因此，表中有研索中國哲學名家的一項要求。但要注意，「理解」並不意味「崇拜」，一如「批評」並不意味「刁難」。理解、認識、認知在殷先生看來是國人最必要的訓練，是吾人擺脫蒙昧現象的必需條件。

（三）這個表之所以有那麼些社會科學，主要地反映當時殷先生的興趣所在。那時候的他，正在研討中國思想史，他自然覺得社會科學乃必備功夫。研討形上學、知識論的學者，盡可在基本科學一欄用其他如物理科學代替，而無損於這個圖表的有用性。

海光先生同朋友、學生在一塊，只會討論兩件事情：一是學術上的疑難、爭論，一是天下大事的議論與評析。除了這兩樁事情之外，他絕少提到其他瑣屑的事情。學術討論，本是讀書人的分內事；對於這一分內事，我從未看到殷先生有疲倦的神態。不要以為這一分內事是每個讀書人都在盡心盡力地做的。只要對新儒林內情稍有所知的人，都能細數多少人把學術當敲門磚子，而又有多少人其生活內容是淺薄無聊，不堪聞問的。

關於天下大事的關心與討論，也許從現代專業化的「專家」看來，認為只要不是從政者或研討政治學問的，大可不必饒舌。殷先生的看法不一樣。他曾經提出兩個論證來論述讀書人討論天下事的重要性。

第一，他認為社會與個人有著密切的聯繫。他以為良好的社會依賴眾多良好的個人來建立；因此，要求要有理性的社會誕生，便要有眾多有理性的個人。要求要有民主的社會產生，便要有眾多的個人來參與。參與民主政治的活動的起點，便在於政治、天下事的討論上。討論，有效的討論，合理的討論，不背邏輯的討論，是訓練民主最最基本的要件。

第二，他一直認為知識分子要有「以天下為己任」的胸懷。他不止一次地告訴他的學生：羅素、愛因斯坦諸人之所以偉大，不光是在於他們的學術造詣，實更在於他們的眼界與心胸。這些人視四海為一家，看天下人如手足，立論的立足點始終放在整個世界上。他認為中國的讀書人如果能像羅素等人那樣取世界如一家的眼界立論行事，那自然是很值得稱述的。但一百幾十年來，我們的國家遭到無數的災難，作為知識分子不能辭去為中國求答案的責任。因此，他認為一個知識分子至少要關愛他的社會，要明白它的一些問題，要試圖去找答案。在這一過程裡，中國知識分子不可避免地要觸及天下大事的探討。

他熱愛中國社會的心，是每個熟識他的人都可以感覺得到的。我便好幾次看到他講起災難中的中國情況，他眼中含著晶瑩的淚水。但世界上最夠諷刺的事情是：由於他的「熱衷腸」，由於他熱切地討論政治、關愛社會，由於他不惜羽毛地急切提出自己的看法，他的一生中充滿人家對他的嫉害、誣陷與打擊，而真正理解他、分享他的情操的人又有多少？

「知我者謂我心憂，不知我者謂我何求？」

憂心如焚是他熱愛中國社會的情懷。而他的基本政治、經濟思想，在我看來，始終不出自由主義的保守主義。他一直喜歡中年時期羅素倡導的個人主義；他對海耶克的自由經濟思想可說全盤接受；而在他最後討論中國文化的書籍裡，他對孔仁孟義也作了相當程度的肯定。一個人懷有這樣的思想，距離毒蛇猛獸遠矣，為什麼他不見容於高等學府？為什麼他的書籍要遭到禁制？為什麼……。

殷先生的聲音無論多麼激昂，無論多麼尖銳，那聲音只是要衝破蒙昧、愚呆、混亂、情緒主義的烏雲，只是要讓人知道理性的重要，並希望人們善於利用理性。

有了聲音，就不怕沒有聆聽的人。

後記：殷先生於一九六九年九月病逝，此文作於一九七九年八月。我原想把它刊載在台北的一個刊物上，算是對於殷先生逝世十周年的一個小小紀念。但該雜誌不幸夭折，文章也就不見世面。現在從抽屜中取出底稿，重加訂正如右。

一九八二年三月五日

殷海光先生所留下的

——紀念殷海光先生逝世九周年而作

陳鼓應

殷海光先生逝世整整有九個年頭。這其間，內外情勢有著巨大的變化。「石油危機」後，世界的經濟結構有重新調整之勢。從台灣看世界，最堪注意的，就是美國國力與聲勢的下降（殷先生生前已觀察到：「美國打越戰及國內動亂，威望一落千丈。」見盧蒼編《殷海光書信集》，香港版，第一九頁），它的跨國公司在發展中地區的為害，因著當地民眾的認識與覺醒，引起普遍的譴責。與它同行的各類公害，經濟掠取，政治控制及基地占領，無不受到同聲聲討。連保守的自由主義者索忍尼辛對美國都發出了強烈的不滿（見一九七八年六月五日在哈佛大學的演講）。在這前後，我經常遇到人問說：「殷先生如果還在，他對內外局勢會有怎樣的看法，他的看法有改變的可能嗎？」

如果殷先生還在，他的許多看法是否會改變呢？他自己曾說：「在文人中，我似乎是最『敝帚自珍』的人。我想我在為學上很少長處。然而，我想我真正是『不惜以今日之我與昨日之我挑戰』的人。」（一九六八年七月五日給盧鴻材信，見《書信集》）殷先生的認知態度就是追求真理，在認識的過程中，發現錯誤便隨時修正。他說：「有這麼多的問題，逼著我反應並求解答。這使我不能不思索，並且焦慮地思索。」（《殷海光選集》自敘）像他這樣勤於思索問題的人，在激變的環境中，對重大問題的反應與解答，是必然會隨著認識的增加而作重新調整與修訂的。

一、一個反傳統主義者走向非傳統主義者

從殷先生著作上所表現的，構成他思想的主要部分，一是對科學思想的提倡，一是對封建意識的批判。他對西方學問的研究，著重在科學思想方法上；他對中國文化的認識，偏重在禮教影響的層面上。

對於中國文化，殷先生基本上是承襲「五四」以後自由主義的觀點，用力在糟粕部分的掊擊而忽略了精華的部分，直到他晚年，才突破自由主義者視線之所限。然而，殷先生對中國文化的態度，與其說是學承因素的影響，毋寧說是對官方意識形態及學界思想空氣的一種反應。

二十世紀四〇年代到六〇年代間，此地守舊的勢力依然很頑強，「發揚中國文化」成了官

方人士的口頭禪，而他們所謂的「中國文化」，不過是儒家的治道而已。這是殷先生據以評析「中國文化」的主要素材。在這種環境下，學界中浮現出一批「新儒家」，他們和官方所標榜的儒家，有著若即若離的關係：一方面他們不滿官方人士的不學無術，不能了解儒家的「真義」（這是「若離」的一面）；另方面他們對於官方的尊孔賢孟，私心竊喜（這是「若即」的一面）。新儒家除了尊孔之外，對於繼承「道統」自任的朱嘉特別垂青。殷先生談到「保守主義」時，批評這班義理派善於打「道德的官腔」（見《中國文化的展望》第二五四頁），他指出：「理學與孔制走上支撐現實權威的道路。而現實權威也正需要理學所貢奉的『正統』觀念來使它在文化中合法化。」（同書第二五九頁）殷先生對於港台學界人士「將『歷史』與『文化』染以『道統』和『理學』色彩」（同書第二八頁）的作風，感到十分不滿。他批評：「這等人士之談『歷史文化』，先設立了一套玄學，這一套玄學是採取黑格爾精神現象衍發的軌轍，加上擬以康德的理性架構洗禮過中國理學。」（同書第八二頁）這些紙上空談文化的玄學客，「發論迴避世界」（第二四頁），編織「承繼『道統』的美夢」，目的只在於「使他們忘記現實世界」（同書序言）。

殷先生對於「中國文化」的諸多批評，可說直接來自於這樣的一個背景。所以，與其說他在批評中國文化，不如說他在批判這種思想空氣的環境。

《中國文化的展望》出版後，有位金教授拜訪殷先生，提出這樣的讀後感：「港台的學術行情（暗指新儒家的論調），並不代表中國文化；談中國文化的發展，不應以台灣為思想座標，應以整個中國為思想座標。」這意見，殷先生欣然同意。

一九六八年十月間，殷先生給林毓生信上說：「直到五年以前，我一直是一個反傳統主義者。現在呢？我只能自稱為一個 Non-traditionalist（非傳統主義者）。雖然，我現在仍然受著中國文化的許多扼制，但我已跳出過去的格局，而對它作客觀的體察。」（見《書信集》）

晚年，殷先生對中國文化的看法，較能透破「時代的迷霧」。他曾反省說，「就長遠過程來觀察」，中國社會有「足以維護一個民族悠久的生命和存在的價值」（《春蠶吐絲》第五三—五四頁）。這類看法，屢見於他最後的談話中。

殷先生對於中國文化觀點的調整，能由糟粕部分的批判轉而對精華部分的欣賞，一方面是由於他對中國近代思想史的研究工作，使他對本國歷史文化的發展有了許多不同的了解；另方面是他晚年處於極度的困境，這處境有助於他真切體認在困患中形成的中國文化。還有一個重要因素，是他發現「西方文明走向死胡同了」（《春蠶吐絲》第五八頁）。

二、對胡適的批評

有些人以為殷先生是西化派，甚至還有人認為他是西化派的主帥（一九六二年十月間），殷先生給林毓生信，提到這樣的一段往事：「據道路傳聞，說在西化派這一方面，是我在後面調度。咳！這真是天大的冤枉。年來我形同隱居，不問外事，報也不看了。除教書糊口以外，我唯一努力的工作就是完成《中國近代思想史》。哪有閒空去攪這個渾水！只是這場論戰中，有一方面是我的學生。在論戰之初，他們三四人——並不止一位——前來問計。我對這樁事的態度非常鮮明，我說：第一，我個人決不寫文章；要不要打筆仗，這是你們自己的事。『可是，』我又說，『如果你們決定打筆仗的話，就得在技術和學問上站得住腳，以免為人所乘。』哦唷！此語一出，那三四位就紛紛拿文章來改。這麼一來，大家就紛紛議論，說是這些人代他們的老師出馬作戰。其實，在他們之中，有的個性特強，即令我細心改其作品，也不見得完全接受。比如你所指責的『文明即梅毒』的怪論，我一再力主刪去。無如該作者拒絕接受。結果外面的人罵我，說我教出這樣的門人。……天哪！殷海光固然學問欠佳，何至於唱那些奇說？」（見《書信集》第一四六頁）要是讀過他晚期作品的人，就不會有這種錯覺。晚年，他對於西化派有許多精到的批評，對西方社會的現況，也有不同往常的評析。

殷先生提到西化派時，首先指出他們在「心理方面的作用違拗」。他說：「有了這種心理作用的人士，有時標榜『全盤西化』。他們見了傳統派就反。這也是缺乏理智的表現。」（《中國文化的展望》序言）他在專題討論「西化的主張」時說：「直到目前為止，西化的主張只在『應變』、『模仿』和『羨慕』這幾個觀念上打滾。因此，西化的聲浪固然曾經很大，可是依然是情緒的要求重於認知的論證。」（同書第三七三頁）他以胡適和陳序經作為西化派的選樣人物而加以評析。

殷先生指胡適對西化觀點的立場是：「維多利亞式的樂觀心情看西洋近代文明，只看得見玫瑰色的一面看不見陰暗的一面。」因而評論說：「由此足見一個人的『選擇的注意力』對人的認知影響，可以多麼深。」所謂「選擇的注意力」，其實就是立場的問題。立場的限制，自然就影響到一個人的立論角度。殷先生對胡適看不見西洋文明「陰暗的一面」的批評，是很恰切的。不僅胡適如此，這也是所有西化人士最大的盲點。

殷先生常向人說：「胡適把學問當宣傳來搞。」胡適的「治學方法」，最具口號化的，莫過於所謂「大膽假設，小心求證」和「拿證據來！」經此地新聞媒介的渲染，幾乎成了口頭禪。

殷先生批評胡適「拿證據來」的想法，「是未曾透視到人類心靈的裡層」。他提出三點評論：「（一）小問題容易訴諸證據來解決，大問題不容易訴諸證據來解決。（二）構造簡單的問題容易訴諸證據來解決，構造複雜的問題不容易訴諸證據來解決。（三）直接的問題容易訴諸證據來解決，間接的問題不容易訴諸證據來解決。」（同書第四一五頁）

對於「大膽假設，小心求證」的說辭，殷先生認為「假設」這個名詞，如果要在知識或科學上有意義，那就不可用得太泛，而必須有一定的「指謂範圍」。在方法學上，要建立有效的假設，要依循這些準則：第一，假設必須與所要說明或預測的×相干。第二，假設必須可被證驗。第三，較大的說明力和預測力。第四，簡單性——指理論結構的簡單性。第五，假設必須與既成的理論相容。可見「假設」的建立，不能全憑膽子的大小，總得有些方法學的訓練。所謂「大膽」、「小心」，那是心理狀態方面的事。而心理狀態方面的事，與理論結構毫不相干。（詳見〈論大膽假設，小心求證〉，收在《思想與方法》內）

殷先生贊同胡適早期的言論，但認為「胡適晚期的許多言論只能算是附和一股煙霧的『客氣話』」（《中國文化的展望》第四一五頁）。現在還有人把胡適和殷海光相提並論，其實他們之間的分歧，早在有關〈容忍與自由〉（《自由中國》雜誌二十卷六期）的論辯上，就十分明顯。

一九五九年三月間，胡適發表〈容忍與自由〉，引用保守的自由主義者布爾（G. L. Burr）的話：「我年紀越大，越感覺得容忍比自由更重要。」胡適表示：這個社會，能容忍他的無神論，而沒有人用石頭擲他，把他關在監獄裡，他享受了四十多年這種自由，因此很感激這個社會的容忍度量。對於胡適這種妥協主義的論調，殷先生立即寫了一篇〈讀後〉，指出：「同樣是容忍，無權無勢的人易，有權有勢的人難。有權有勢的人頤指氣使慣了，與這類人士容忍，真比纜繩穿過針孔更難。……自古至今，容忍的總是老百姓，被容忍的總是統治者。所以，我們根據經驗事實，認為適之先生要提倡容忍的話，還得多向這類人士說法。我們認為胡先生不應以這個社會對你的『無神的思想』容忍為滿足，而應以使千千萬萬人不因任何『思想問題』而遭監禁甚至殺害為己任。」（《自由中國》二十卷七期）這場論辯，在台灣自由主義言論史上，有階段性的意義。殷先生在台的一二十年間，能成為言論界有代表性意義的人物，而胡適的思想對青年人不起影響作用，個中的原因從這個論題上很清楚地顯示出來。尤可注意的是，胡適發表這篇文章的動機：因著《自由中國》雜誌發生「陳懷琪事件」（有位署名陳懷琪的讀者，投書：〈革命軍人為何要以「狗」自居？〉，一個月後各報刊登〈陳懷琪警告《自由中國》雜誌社啓事〉。詳見《自由中國》二十卷二期、五期），胡適見事態嚴重，立即示意文人要縮回筆桿，對當局「容忍」，因為所給予的「自由」已經太多了。接著又給《自由中國》社一封信（刊在二十卷七期），堅決要辭掉發行人的名義，同時指責：應從「陳懷琪事件」中檢討編輯方式的欠妥。胡適這次的言行，十足表現出這類自由主義者的軟弱性與投機性。日後殷先生在論及

「自由主義的趨向」(《中國文化的展望》第九章)時，說到自由主義者很少能夠應付左右的夾攻，指出：「時代環境的壓力固然是一大原因，自由主義者本身的思想脆軟稀薄也是一重要原因。」這實在是有感而發的。

一九五三年間，胡適在美國和一個曾任台灣高官的人打筆戰，他根據治安機關所遞送的一份資料作為答辯的理由。那時殷先生在哈佛進修，他讀後立刻寫了一封長信給胡適，內中指責他：「代表自由主義，享受自由主義，卻未替自由主義流一滴血汗。」可見他對胡適的評價，很早就有了轉變。

接近殷先生的人，常會聽到他對胡適作這樣的評語：「早年的胡適可打八十分，中年的胡適可得六十分，晚年的胡適只有四十分。」他對陳平景說：「早年的胡適確有些光輝。晚年的胡適簡直沉淪為一個世俗的人了。他生怕大家不再捧他，唯恐忤逆現實的權勢，思想則步步向後溜。」(一九六六年二月二十六日給陳平景信)有一次他對我說：「胡適為了維護既得的聲名於不墜，到處施以廉價的微笑。」據韋政通的回憶，殷先生有兩次批評胡適：「第一次說胡適是個大鄉愿；第二次他非常氣憤地提到一件往事：『胡適在北大當校長，學生鬧學潮，辦公室被學生包圍了，他竟說：你們再不離開，我一個電話打出去，你們就要被提起來。這算什麼民主自由的鬥士！』」(〈我所知道的殷海光先生〉，《大學雜誌》三十期)另有一件事，也使殷先生感到很氣憤：雷震先生入獄，胡適自始至終沒有去牢裡探望老友。當年陳獨秀被捕，他也沒去探監，陳獨秀請羅爾綱寄些有關太平天國的書到牢裡，胡適還叫羅先生不要寄，以免惹麻煩。從這些事情上，殷先生感到胡適太鄉愿，太沒有正義感。他對胡適的批評，在文章上雖不多見，但在口頭和書信上，屢屢提及。下面是他給朋友、學生信中所留下的批評意見：

對現代中國問題的了解，……胡適等心智已經死亡……台灣知識分子因胡適以降都麻木了。（致朱一鳴信，見《殷海光書信集》第二〇頁）

自胡適以降，對國事完全失去獨立思考的判斷力，幾乎完全以權勢集團的是非為是非。（《書信集》第一二二頁）

如果我肯稍微遷就一下，何至弄到這樣焦頭爛額，四面楚歌？我之所以如此，就為了這一點理想，同時也為後世證明，中國知識分子並不都像胡適那樣在心靈上死光了。（同書第一二六頁）

「五四」以來的自由知識分子，自胡適以降，像風捲殘雲似的，消失在天邊。我從來沒有看見中國的知識分子像這樣蒼白失色，目無神光。他們的亡失，他們的衰頽，和當年比較起來，前後判若兩種人。在這樣的氛圍裡，懷抱自己的想法的人之陷於孤獨，無寧是時代的寫照。

（一九六六年十二月一日給林毓生信，見《書信集》第一六五頁）

有人說台灣的經濟是「淺碟子經濟」。這個模型用來描狀胡適學問，再恰當也沒有了。從表面看來，胡博士的學問很博；可是，稍一究詰，真是淺得很。像這樣的人，如何不像你所說的「終生崇拜這樣的美國文明」？令人遺憾的是，這類人物居然成了學術重鎮。（一九六八年五月九日給林毓生信，見《書信集》第一八六頁）

胡適之流的學養和思想的根基大單薄。以「終生崇拜美國文明」的人，怎能負起中國文藝復興的領導責任？更何況他所崇拜的美國文明主要是五十年前的？他雖長住美國，其實是在新聞邊沿和考據紙堆裡過日子。（一九六八年九月二十四日給林毓生信，見《書信集》第二一一二頁）

殷先生指出胡適等人心智「麻木」，對「國事」，對「現代中國問題」的立論，「幾乎完全以權勢集團的是非為是非」。他們的「享受聲華」（見《殷海光選集》自敘），保全既得的地位，和殷先生不肯「稍微遷就一下」而弄到「焦頭爛額，四面楚歌」的地步，恰成尖銳的對比。

殷先生對胡適最著力的批評，莫過於揭露了他的御用的面貌。此外殷先生還說到胡適長住美國，「是在新聞邊沿和考據紙堆裡過日子」，他的學問，跟五十年來近代學術的發展沒有相干。

殷先生在書信中多處批評到美國的文明。在他給林毓生的另一封信上指出：「美國文明病相已經顯露了。一個社會，技術肥腫，倫範消瘦，唯利是圖，個個忙得失魂落魄。」（《書信集》第二一六頁）而胡適竟「終生崇拜這樣的美國文明」！

另一處論及談文化問題人士時，殷先生說：「胡適是一個美國主義者。陳序經是一個新聞記者式的宣傳家。」（《書信集》第二一五頁）這是對西化派選樣人物所作的一個概括性的評語。

三、對西化主張的批評

在西化的主張上，陳序經的態度比胡適還要徹底，還要突出。殷先生對陳序經在這方面的主張，也批評得較嚴厲，認為「他的論據都是一些七扯八拉的話，一點也沒有扣緊問題」（《中國文化的展望》第三九一頁）。殷先生指出是否接受西方文化，根本不是陳序經所說的「應不應該」的問題，而是一個「文化競爭」的事實問題。殷先生對陳序經所說的西方文化比中國文化「進步得多」的論斷，指出他沒有先把「進步」的評準定妥。很多人喜歡用「進步」一詞（特別是西化人士），而沒有區別「進步」與「變化」是各屬於不同的範疇。「變化」是由這一事件變成另一事件的一種事態，而「進步」則是對於某種變化所作的價值判斷。某一變化是否為進步，要看我們對它的價值判斷而定：「手工殺人法變成核子殺人法，算不算是進步？就殺人的效率而言，這也許是驚人的進步，可是，就道德而言，就大成問題了。」（同書第三九三—三九四頁）

對於西化派的主張，殷先生在作總評時，提出對「全盤西化有否必要」和「全盤西化有否可能」這兩個問題進行討論。談到「全盤西化有否可能」時，殷先生指出，文化的變遷是有聯繫性的，任何人不可能把他們代代相傳的文化從後門完全趕出去。談到「全盤西化有否必要」時，他肯定西方文化在認識特徵方面與科技發展方面的特殊成就，但他歷數美國社會機械化與貨化的傾向，以及為形形色色的虛無主義與狂熱主義所籠罩的現象，而認為「近代西方文化不是許多人士所想像的那樣健全，也不是他們所想像的那樣『衛生』」（同書第四〇六頁）。最後，殷先生對西化人士提出這樣的一個勸告：「我們不要想到實行一次『文化洗腦』，來歡迎西方文化。這既不可能，又無必要。」（同書第四一〇頁）

四、對美國文明的描述

殷先生對西化派的批評，和他對西方社會現況的觀察是相應的。在他最後的著述中，對於西方人的基本人生態度、進步主義、市場文化等徵性，有透徹的批評。他指出西方近代文明的成就，「確實是狀貌堂皇，可是它的『精神內容』卻走向空漠的原野」；「表面極其繁華，但內層卻是淒涼、彷徨、失落的」。他指責西方所標榜的「進步主義」，產生的結果「無非是製造緊張，製造繁忙，製造污染的空氣，或者把人類的占有欲帶到遙遠的星空而已」！他沉痛地抨擊美國的「市場文化」，批評美國社會的普遍「貨化」（以上所述，見《中國文化的展望》第四○一—四○六頁及《春蠶吐絲：病中遺言》）。

殷先生在給學生的信上說：「美國社會一般人的生活形態，幾乎完全是城市化和工業化上面的副產品。美國一般人一天到晚，汽車衝衝衝，沒有沉思，哪裡可能含孕出深沉而遠大的思想。」（《書信集》第一三五頁）他在給一位微生物學家（朱一鳴）的信上則說：「美國人普遍的人生觀是『現世的享受主義』。……一百幾十年來，美國的物質文明使美國發展成一個像四肢發達而心靈萎縮空虛的巨人。年輕一代的失落是明顯的徵兆。也許，一百多年後的人會看見美國像羅馬帝國一樣的衰落。」（《書信集》第一五頁）這些都是殷先生對西化派模型國的生活形態的評論。

與此同時，殷先生描述了這一代西化分子，所標榜的「現代化」和「現代人」的形象。他說：「第二次世界大戰之後，普遍出現了一種『現代人』。用我愛用的言詞來說，這種人就是『無原則的人』。他自己只有基於生物欲求的價值系統，只有享用現代器用文明舒適地活著，此外無所堅持。於是，社會怎樣地動向，他便去適應。這是一種現代化的『順民』。」（《書信集》第一三一頁）

殷先生所批評的美國文明的種種形相，其實都是資本主義下的經濟生活的形相。若能從經濟的角度加以論析，則在視線上將可跨過一大步。

除了尖銳地批判美國文明下的生活形態之外，殷先生對美國霸權的作風還有這樣精闢的評論：「美國人似欲創霸，但缺乏霸術與經驗。他們對於亞洲問題缺乏認知，對於其中的中國問題更缺乏認識。越戰給予美國人的教訓至大，使他們知道僅靠金錢同武力不能解決問題。……美國能給世界什麼呢？除了金錢與武器以外，什麼也沒有了！」（《書信集》第一四頁）這些批評，對於台灣的美國主義者們不無參考的價值。

此外，殷先生還陳述：「西方世界，對外有侵略，對內有戰爭，並有社會罪惡。」（《中國文化的展望》第四〇一頁）這比索忍尼辛的看法更為進步。索氏只看到西方世界的社會罪惡，而昧於它的對外侵略，竟以為帝國主義的對外侵略是主持正義之戰。對於帝國主義的「對外侵略」，以及亞非地區人民的覺醒，殷先生也有所見，他引用 E. D. Vries 的話說：「歐洲人借著濫用他們軍事上優勢，並且受他們工業家渴求廉價原料所推動，以及為他們的大量生產找市場，歐洲國邦的政府把亞非地區獨立的人民拉到他們的軸心裡去，在經濟上剝削他們，挫折其本土經濟的成長和民族的生活，攻擊他們的文化，並且把他們暴露在所謂西方文明的罪惡之下。」其實這也是今日新帝國主義活動的圖形。面對各色帝國主義，「有色人種的責任是醒覺，並且掙脫他們的鎖鏈」。於此，殷先生明確地表示「我們不要西方人的警棒」，他說：「我們想不出任何理由一定要將自己的前途交給來自遙遠地方的陌生面孔來支配。」（以上所引見《中國文化的展望》第四五四頁）

「西方人確曾藉著種種優越的力量把他們的支配之手伸向亞非地區；但是這也激發起亞非地區一般人民獨立的醒覺，或民族意識的高漲。」（同上引）這觀點在以往殷先生的作品裡雖不多見，但在這裡也可看出他對反帝的民族主義思潮有所認識。

五、民族認同與同胞愛

近代中國的災難史與奮鬥史，與帝國主義侵華史有著不可分的關係。殷先生的一生，生活在帝國主義所造成的中國悲劇的時空裡。青年期間，適逢日本帝國主義侵凌，他懷著滿腔愛國的熱情，投筆從戎，以行動投入反帝的行列。中年以後，屈處台灣，對於民族命運的關切之心，對於苦難同胞的關懷之情，可謂與時俱增。

殷先生是有強烈同胞愛與民族認同感的人。誠如王曉波所說：「他有強烈的故鄉嚮往，每言『家住長江頭』便潸然淚下。其數十年來，不畏權勢而奮筆為文，其基本出發點，乃是對中國人民的熱愛。」（《殷海光先生臨終日誌》）殷先生自己也說：「我有同胞愛，我有故鄉之戀。午夜夢迴，聽雞聲喔喔，輒興故鄉之憶，心情淒然。」（《書信集》第一二二頁）

殷先生病重住在台大醫院時，暑天酷熱，同學替他買了一條粗線的手帕揩汗，同學告訴他說這是故鄉同胞做的，他眼睛一亮，拿在手上瞧了又瞧，然後端在臉上，揩著，揩著，撫緊了手帕，揩了又揩。那副表情，令我至今難忘。

殷先生癌症開刀不久，我陪徐復觀先生去看他。徐先生剛從香港回來，那時「文化大革命」正在熱烈進行著，談起大陸，兩人興頭很濃，徐先生則評述紅衛兵破的一面，結語時說：「中華民族是經得起苦難的煎熬的，我堅信我們的民族是有前途的。」殷先生聽了這話，興奮得站立起來，握著徐老的手說：「好，讓我們共同為民族的前途而奮鬥。」

殷先生逝世前的二三年，計畫寫《中國近代思想史》，這期間，他對中國問題越來越關心。他在給朱一鳴教授的信上說：「來信所說要『為中國□□□□』。這恰恰是我二十多年來為學苦思的重點。午夜夢迴，苦思焦慮的，就是故土故人，大地山河，七億同胞的和平、生命、幸福的問題。我雖身陷困逆，對這些問題未嘗一日去懷。」（《書信集》第一三頁）他想問題，總是從中國整個大局來想，而非僅局限於台灣一隅。他在給盧鴻材的信上則說：「關於中國近半個世紀以來驚天動地的大問題，我們必須力求從各個不同的重要層面作可能的客觀了解。這樣才算是誠心追求真理。」（《書信集》第二八七頁）在求了解的動機下，他廣託海外的朋友、學生選購所需的書籍。他在給司馬長風的信上說：「中國問題，將來一定是在和平民主方式下來解決。我們必須為這事打基礎，不要怕路遠。」（《書信集》第三二頁）他批評美國對華政策時說：「美國二十年來的對華政策，係基於傳教士之無知，McCarthy（麥加錫）主義的勢力，有產者與有產者結納維持現狀，情緒不愉快等等。美國決策人士對中國問題常發言盈庭，振振有詞，其實沒有抓著緊要處。」（《書信集》第一六頁）他期望未來，「中美二大民族實現『和平共存』」（同書第一二五頁），「交流文化」（第一六頁）。

六、風骨嶙峋的知識分子

殷先生是位典型的悲劇性的知識分子，終其一生，「遭受著寂寞、淒涼和橫逆」。他在《選集》的自敘中說：「我有時感到有無數的同伴，但有時又感到自己只是一個孤獨的旅人。」在時代大風浪的吹襲下，眼看他的「同伴」，凋零的凋零，遠遁的遠遁，靠攏的靠攏。在給張灝的信上，將「五四」以來飄零海角的一群「學術名流」和自己的際遇相對襯時，他有著無比沉痛的感懷：

「五四」是過去了，那一時代的人，除了極少數像趙元任等真有學術成就的以外，大多數只做過一小點學術工作，或者開開風氣。實實在在，他們在思想上的底子薄弱得可憐，因此對近代中國社會文化的激變並沒有真切的認知。於是，他們惶惑了。時代的大變動、大震盪，震掉了他們青年時代漂進來的那一層淺淺的底子，他們在狂風暴雨裡站立不穩；但是他們還要保持「學術名流」的空中樓閣。他們變得不願面對現實世界，他們對中國的激變已失去反應的能力。因此他們對激變裡出現的新形勢連正眼也不敢看一下。於是，像E. Fromm所說，他們要逃避自由，要依靠殘影，要躲在冰山似的權威底下。多麼可悲的幻變啊！我呢！我受過這一代人的影響，但卻沒有來得及嘗到他們嘗過的甜頭，新知識分子期待的黃金景色被戰神抹掉。我所接受的，是一連串時代的苦難考驗。我待在這個幾乎沒有靈魂的島上將近二十年。……我如今，頭髮如霜，現實裡的一切，什麼也不屬於我，連基本的生存也成問題，還要學生朋友來支持，並且還要向那陌生的「學術市場」出售自己。（《書信集》第六九頁）

一個如此關切時代、關切同胞命運的學人，最後淪落到「連基本的生存也成問題」，竟要「向那陌生的『學術市場』出售自己」，內心之淒苦，夫復何言！

有位師兄曾對我說：「在中國，自由主義已經沒有發展的餘地，殷先生是中國最後的一個自由主義者。一個自由主義者，充其量做個烈士，但也不能改變現況一些；現在呢？連烈士也做不成了。」看看民國以來的歷史，一個自由主義的知識分子，如果跟現實環境妥協，很容易走向升官發財的路子；如果不跟既得利益階級妥協而繼續伸張他的理想，那就必然會導致悲苦的命運。誠如殷先生所自況的，他是介於保守與激進之間，兩頭都不上岸：知識貴族化的心態，未能與世界大潮流共進，同社會大多數民眾脫節，以他這樣有節操的知識分子，復遭封建勢力的排斥，這是他的悲劇的根源。

「作為一個大學教師，我已被一隻無形的手擊至遍體鱗傷。」（一九六六年十月十五日給屈萊果教授信）這是悲劇的結局，是正直人講真話的代價。與他同時代談「自由」、「民主」的人士，有的人越談樓房蓋得越高，有人卻逼困至此，竟無容身之地！每每念及此情此景，愈增緬懷之思！

盧蒼兄說：「我的思想方向和觀點，跟殷先生已很不同了，可是，每當我翻閱他的信件，吟味他的語言，想念他的敻高理想、遠大的眼光、超人的勇氣、無窮盡的鬥志、率真的性情、馨香的人格、對社會人類的關懷，內心總浮起一陣陣的溫暖。」（《書信集》前記）誠然，在台灣的二十多年內，殷先生的一些觀點雖因時代與環境的局限而有所蔽，但他畢竟留給我們不少的東西。他的人格教育，比他在知識上、思想上所留下的，還要深遠。他的率真，他的耿介，他的鬥志，他的風骨，在這樣的環境裡，越發顯得可貴。他堅定、不屈，真正能夠做到富貴不能淫，威武不能屈。他的品操——永遠不和既得利益妥協的品操，是使他的思想可以繼續往前走的動力，也是使他和大部分自由主義者特異的地方。

一九七八年九月十六日　完稿於殷先生逝世九周年之日

與殷海光師三日遊

——殷海光先生去世十五周年

陳平景

一九六七年暮春三月，殷先生突然到我住在溫州街的小屋來，說他準備到台灣中南部去旅行，要我陪他走一趟。他說一切旅費由他負擔。

這時的殷先生早已無課可上，禁止演講，冷落的門庭，也早已站著「狼狗」。他想「易地謀生」，到美國去，卻又不准出境。國民黨處心積慮逼他離開台灣大學，設計由「教育部」聘他為「教育委員」，而聘書卻由「警總」交付。他不屈從，特務還不肯罷休，有一天，竟然又帶著那張聘書跑到殷家，要他接受。殷師母在臥室聽到書房的爭執聲，知道先生的委屈，心痛如割，忍無可忍，排戶而出，痛罵特務欺人太甚，逼人太甚，無法無天，對付一個手無寸鐵的教書先生，要人走投無路，接著痛哭失聲。殷師熱淚盈眶，抱住顫慄的師母，命特務滾出去！而一位以道德學問為幌子、三十多年無選民而每月照樣拿民脂民膏的無恥之徒，繼續落井下石，誣指殷師為「費正清集團」、「賣國集團」，侮辱殷師。在那種冰天雪地之下，他的處境和心境，正如他自己以前所寫的一篇文章：「……雖然，我置身於這小書室中，我正神馳於古今的興亡歷史，可是我畢竟與這樣的一群人處在同一個時代和同一個島上。我的身體，正像一切講思想自由和言論自由的人之身體一樣，毫無掩蔽地暴露在一個沒有約束的權力之下……。」

正在此時，任教於台南神學院的孟絕子知道殷師的困境，趕快跑到台北，懇切邀請殷師南下散散心，並且說神學院有一位洋教授是飽學之士，對殷師慕名已久，希望能在古城台南談談學問。這話很對殷師胃口，他常苦於無人可談，便欣然答應。三月十號我們搭快車南下時，在台北站送我們的是陳鼓應，而在台南站接我們的是孟祥柯。

「怎會產生這麼貧乏的文明？」

十七年前快車上吃的飯是用鋁飯盒裝的「排骨菜飯」，還有茉莉花茶供應。殷師上車之後，忙著看風景，全神貫注，像一個小孩子那樣好奇，一直到了中午飯菜送來時，他才一面吃飯喝茶，悠然看著車窗外亞熱帶的暮春說：「我一九四九年六月三號來台灣，在基隆上岸，到今天，十七年間，從來沒有離開過台北近郊，李敖說我對於台灣的認識只是台灣鐵路沿線的台灣。今天看來，我對這鐵路沿線也談不上認識，真慚愧。你看，這雖然是個小島，自然景觀卻這麼秀麗。真美！我剛才一直拿這裡跟大陸風光來比較，拿我第一次單獨坐火車到北平去所見到的，和今天的比較，和我三十歲以前在大陸所見到的比較。比起來就是個『不同』兩字。古老大陸的黃淮平原、雲貴高原、四川盆地、江南風光，顯得別具一格，沒法兒相提並論。一個是蒼茫遼闊，一個是小橋流水，各有千秋。在這樣不同的自然景觀之下，產生的人物也不完全一樣。古老大陸出的人物和台灣此地的人物，味道頗不相同。你看李敖那種氣概！那種霸道！那種雖千萬人吾往矣！我感慨特別深的，體會特別深的，就是拿我們西南聯大的學生和今天台大的學生比較，這一比，使我有茫然若失之感。老弟，你是沒有這種經驗的。比優秀、比聰明、比成績好——在某方面來說，那台大或許比聯大強些，但一想到人的氣象，那股說不出的味道，唉！那真是一塊出人物的古老大地喲！」啪！他把筷子一放，挺直了上身，收縮了下巴，飯再不吃了。他的姿態表示他在嚴肅地沉思。良久，他慢吞吞地，咬文嚼字地，很費力地說：「我常常想找出一個答案：這麼多精彩的人物，怎麼會產生這麼貧乏的近代文明？其主因究竟在何處？」

這樣嚴肅了好久，他自己有點醒悟他的「多愁善感」似的，換了輕鬆的口氣對我說：「我們何必活得這麼辛苦？連十七年第一度的旅行，也要談這些大問題。我告訴你，孟祥柯這個人就是典型的大陸時代的學生，他那天從台南跑回來按我的門鈴，我讓他進來，他坐定，兩道目光冒著亮光，一口男中音的北方話，不快不慢，態度那樣誠懇，音調那麼柔和，教你怎麼不出門的諸葛亮孔明，也會心甘情願跟著他走，毫無拒絕的能力。我就是這樣一口答應下來的。他不到十分鐘，一陣風那樣走了，毫不拖泥帶水，瀟灑極了。我決定以後，拿出兩套西裝，一新一舊，問我太太，究竟應該穿哪一套呢？我太太慎重其事，指著舊的那一套說：『你當然穿這一套囉！』真是說得正中下懷，本來嘛，我根本和時下的人不同一個價值嘛！」

自從被禁止教書，禁止演講，甚至連出版的書也被查禁之後，老師常找我陪他出門散心。去看羅業宏夫婦、傅偉勳夫婦，談的是最近的讀書心得。到政大再過去的鄉下看林毓生的父母親，使他高興了許多天，他說這老先生和老太太是真正敦厚可敬的中國人。找鼓應去碧潭划船、談心。陪他去金耀基、韋政通家裡吃過飯，韋先生是一見面三四個小時不停談學問；去聽過杜維明在師大的演講。去看過士林的玫瑰園和養金魚的魚池堂，到天母和淡水去看落日，吃魚。有錢時，上重慶南路買書，到西門町買領帶；黃昏時，他踱過溫州街，找我陪他去喝現做的新鮮果汁。去看過電影——《阿拉伯的勞倫斯》，這是老師唯一一次看電影。後來又上西門町去做了一套西裝。這些所有的活動範圍，都是不出台北市。中南部之行，真可稱為破天荒了。

殷師吃的「知名度」

車過嘉義，許多果樹出現在田野間，車廂裡旅客也有人帶著一籠一籠的水果。殷師說以前在大陸聽說台灣，就想到香蕉、鳳梨，其實台灣最好的水果是芒果。我那時以為那只是個人的嗜好，並不以為他的味覺有高人一等之處。今天，我離台十六年，長期住過歐美、南美、日本，短期住過中國大陸、非洲。天下的水果今天讓我品評，我也說台灣芒果世界第一。殷師不只是好吃出名，他的味覺的確高人一等。他選領帶，常常空手而歸，看不上眼，不買。有一次他一下買兩條，一條送給我。我一點也不喜歡，為了紀念他，勉強帶到海外來。不料我住巴黎數年，我打的卻總是殷師送的那一條領帶，別的我看不上眼。關於吃的「知名度」，我幾次在北京拜訪老師的老師沈有鼎老教授，沈先生總問我：「殷福生到台灣還喝咖啡吧？」又說：「他這人真怪，在昆明戰時這麼窮，他一有點錢，就是吃好的，那時什麼叫好呢？就是幾個廣東人做的小點心，今天還覺得很好。殷福生在做學問上面，他有他自己的一套。」我聽到這些話，打從內心深處感到溫暖，殷師的生活細節，竟能三四十年還留在他的老師記憶之中，也必能留在我們做學生的記憶之中。

下午四點多到達台南，孟絕子準時在出口處笑臉相迎。我們先到台商神學院，晚飯由那位洋教授夫婦設宴請我們三人，吃的是西餐，飯後在客廳喝咖啡。洋教授夫婦一句華語也不會，殷師始終以英語和他們談了三個多小時的哲學。當晚由老孟掏腰包在台南當時唯一的觀光飯店叫台南大飯店訂了房間，我們一到六樓開門一看，全套洋設備，殷師高興自不在話下。第二天早上起床不久，純西式早餐送到我們房間外面的小陽台，老師吃得津津有味，連聲說他不相信台南會這麼洋化，並約好我們下一站到日月潭，要到最有名的涵碧樓去開開洋葷。

台南之遊一共看了幾個名勝，包括安平古堡、億載金城和赤嵌樓。老孟又請我們吃了許多好東西，現在記得的是老師最喜歡的炒鱔魚。再住一天，神學院院長和殷先生談了一些神學的問題，一位開業醫生夫婦請老師到他們家去。第三天揮別台南的老孟，我們到台中去。

在台中的時間很短，卻去遊了台中公園。出發要去日月潭時，殷師說搭公共汽車去失掉人的尊嚴，要雇小車子去。十七年前小汽車在台中也不多，由台中雇車去日月潭的人更少。我去辦交涉，討價還價。上路以後，殷師才真正離開了鐵路沿線，親眼慢慢看了公路兩旁的鄉下風光。

遊日月潭遇上憲兵

我們在太陽下山時趕到日月潭公路局車站，休息一會兒，就很輕鬆地散步走過這臨湖的小街，準備到涵碧樓去。走到湖邊碼頭的路上，突然被十幾個武裝憲兵端著卡賓槍擋住去路，憲兵說：「不許往前走，你們走開！」這一幕太突然，也和這安靜的湖光山色太不和諧了。但我那時已服過兵役，殷師在抗戰末期，投筆從戎，當過青年軍二〇七師的士兵，我們兩人都沒有給嚇倒，內心一點也不害怕，不著急。我找到一個配帶手槍的憲兵，告訴他說，這位是台灣大學的教授，我是他的學生。我們來此旅行，要住涵碧樓一夜，明晨離開，請他讓我們過去。這憲兵一聽到涵碧樓三個字，口氣很嚴肅地說：「你們趕快離開，涵碧樓今天任何客人也不許住進去，你們快找別的旅館去！」我們一聽，知道事情不妙了，有要人來遊湖了。殷師與我交換了一個眼色，心中一千萬個不願意，但卻只能往回走，走了大約有十分鐘，突然他開口說：「我們回台中去吧！」我說：「好！」但是難題來了，公共汽車沒了，小汽車走了，我們走不成了。既掃興又無奈，我們只好找到一家小旅館。在吃飯時，端茶的老婦人低聲用本地話對我說：「『蔣總統』今夜住在日月潭，你們吃過飯不要到外面去，回房間休息，警察剛才來吩咐過了，一會還會來查身分證。」我正要翻譯給殷師聽，他卻告訴我：「我栽了。」（意即我知道了）

這一夜，我們本來長途乘車，很疲倦了，卻躺在墊被上輾轉難眠，一夜默默，也未交談一句話。

次晨起個大早，準備結帳離開此地，卻見昨夜的憲兵撤走了，一個和平又安靜的湖，在晨光中迎接我們，我們也盡情暢遊了三個小時，然後登岸搭汽車到埔里去。

在埔里吃中飯，殷師說，我們去吃台灣鄉下菜吧。到了一家人聲鼎沸的台灣館子，吃了炒米粉和豬肝湯，又趕車上霧社去。

那時的霧社，像遠離塵俗的世外桃源，脫俗而又幽靜，濃密的森林覆蓋著整個山嶺，幾乎沒有遊客。我們坐在一棵大樹下的石頭上，俯視山谷，與這半開化的山城交換呼吸。殷師雙手抱在胸前，挺直上身，欣賞天上的浮雲，很平靜地開口說：「既然是全民擁戴的民族救星，怎麼天天出門都要跟著這一大堆衛兵，如臨大敵？好像唯恐別人隨時要他這條別人可死光，他卻永遠死不得的老命。」稍停一會，又說：「明明是個敗軍之將，別人死了，他逃到這小島上來，還在作威作福，到處別墅。果真有一點點責任心，一點點羞恥心，就早該引咎辭職，換別人來幹。如果是日本軍人，像他這樣子，早切腹自殺了，還有什麼顏面在我們面前這樣威風，這樣作威作福？」

對被「召見」的回憶

山童來兜售土產，把殷師的話打斷，把我們的注意力吸引去了。我們才看到一群六七歲的男女孩子，手提竹籃，兜售吃的和極簡單的手工藝品。每一個孩子的眼睛都那麼澄清明亮，態度樸素可愛。此地曾是日寇屠殺我們同胞的小城，抗日的古戰場也，今日呈現在我們眼前的卻是寧靜的和平，除了山風、峽谷、滿眼濃綠，就只有鳥鳴和山童的嬉笑聲了。殷師又說到他以前對我說過的隱居之言，要帶幾本書，上山來過極簡單的生活，要閉關，了卻凡塵。

但我深深了解，殷師是入世的人物，他關心人群的前途，有詩人的熱情，向真理永恆地追求。他以一個十七歲的黃岡鄉下青年，隻身北上，到北平去，就是以極不凡的抱負，向真理追求的表現。他有報國、救國的熱情，恰好又生在一個破落戶的家，一個破落戶的國。一個國，到處是被列強啃蝕的傷痕，遍地烽煙。這位有理想、有熱情的青年，強烈感到自己的責任。他在北平時，正好「七七」盧溝橋事變爆發，他目睹日軍侵略者在北平東單牌樓舉行入城式，這件事，震撼了他的心靈，他痛切感到國家的危亡已在旦夕。

就在這樣的背景之下，他將民族的希望寄託給宣傳上的一個人。在當時，千千萬萬熱血青年正是這樣的，把希望寄託在一個假象之上。

「老師，您上次說過，在您被『召見』之後，才惡夢初醒。那次『召見』的情形到底是怎樣的呢？為什麼會使您如惡夢初醒？」

「詳細的時間、地點，我不願意去想，也不願意去說了，但是那個過程一定要你記起來。

我到了侍從室人員指定的地點以後，一個大廳等著好多人，好多要人，有各方的大員，有集團軍總司令、省長、部長，種種等等。我就在一張沙發上一屁股坐下去，這下子不得了，這些要人一齊注視我這個窮小子，顯然給嚇了一大跳。等我定了神，仔細看這些報上常見到的人物時，才看到一幅人間奇景，什麼呢？不管他是總司令、省長，還是部長，一個個半個屁股貼在沙發上，正襟危坐，畢恭畢敬，那副奴才相，至今忘不了。輪到我了，到一間大房子，那個人坐在正中間，有一扇大窗戶在他頭頂上，強光照在被召見的人臉上，他看你，清清楚楚，你看他呢？聖上的臉是不好給隨便看清楚的，所以是迷迷茫茫。他開口問一些籍貫、家庭一類的話，突然說，你學哲學的，王陽明哲學念過嗎？我如實答說念過，沒有深入研究。這下他開始自拉自唱談王陽明了，我的感想是『不知所云』四字，完全不是那回事兒！那他為何要如此不知藏拙呢？這就是人的權力沖昏了頭，強不知以為知，就是裝模作樣。本來一個武夫，沒有墨水有何關係，何必如此……我懊悔啊！我不該去的，以後逢人問起這件事，我就絕口不提。」

山風涼了，我們趕車離開了霧社，趕回台中買了太陽餅，再趕回台北，結束三天之遊。

一九八四年八月三十日於日本熱海

給陳鼓應的信

鼓應學弟：

現在灯下，提筆寫信給你，心頭有說不出的滋味。

要中英進行的事，時機已很緊迫，稍縱即逝。還得你自己再去“釘”緊一下。因他是洋那邊來的，說話香些，且無人事情感上的牽聯。

如有需商量處，除下星期一下午有事外，每日下午四点都可來舍。

內心有難以言狀的悽涼。幸得二三知己，稍感慰藉。人和人內心深處相通，始覺共同存在。人海蒼茫，但願有心肝的人多多互相溫暖也。

見面再叙，茲不一一　　謹祝

儷安　並

進步

海光　一九六六年一月

十[redacted]四日寫

一九六六年一月十四日

鼓應學弟：

一

版稅务亞洲出版社結算来？此事是這樣的："邏輯新引"出版之初，該社只付"版稅保證金"約合美金五百元。此後我一再依合同要該社結算版稅，社方一再置之不理。無已，不久前我託香港一學生託律師寫了一信給該社，花了二十五元港幣。大概這下該社怕吃官司，所以"找起殷海光来"。發行已六版之多，請你跟他弄明白。每本二十四元。

我們知識分子的腦汁被奸商喝夠了，今後宜籌自救之策才好。

二

久欲請你們幾位吃飯，但苦乏資本。版稅拿来後，擬同你面商一下。

餘面敘　即祝

健樂

陳小姐好

海光　四月十二日

一九六六年四月十二日

鼓應學弟：

一，湯小姐乃不俗之女子。彼畢業值得紀慶：務需即早舉行，請你們吃飯。因遲，則期考臨頭。請速告何日較妥。

二，印書事，經校改之過程，方知非簡單，亦須重新面商，火速作一決定。

不一　　即祝

大佳

海光　六月三日

一九六六年六月三日

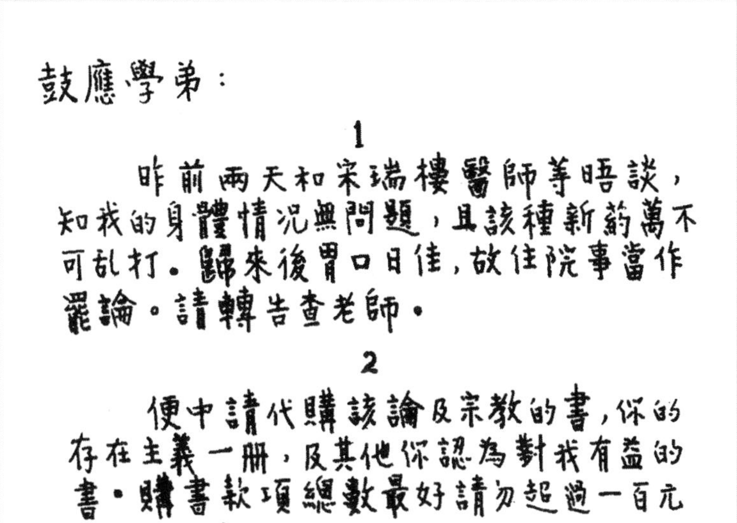

鼓應學弟：

1

昨前兩天和宋瑞樓醫師等晤談，知我的身體情況無問題，且該種新葯萬不可乱打。歸來後胃口日佳，故住院事當作罷論。請轉告查老師。

2

便中請代購該論及宗教的書，你的存在主義一册，及其他你認為對我有益的書。購書款項總數最好請勿超過一百元，見面時奉還。

3

餘事面叙，即問

儷安

小胖好

海光　六月十一日

一九六六年六月十一日

鼓應學弟：

那本書有否代我還給洪先生？

請快來一談。 即祝

全家福

海光 七月二十五日

一九六六年七月二十五日

鼓應學弟

我擬於近期作大度山之遊，想約弟同往。未知二人需費共幾何？等等。請即來一商，以便準備。

不一 即祝

早安

海光 二十八日晨

一九六六年七月二十八日

鼓應學弟：

今晨查老師来舍。他說剛才已向錢校長及沈院長提及你事。他們回称，在今天的情形之下，你只好兼任，專任等以後再看。

我覺得既有這麼多的先生們關心並愛護你，你的前途是很光明的。希望弟忍耐一時並努力向學，建立起獨特的自我。

再叙　　謹祝

秋安

太太致意，小胖好

海光　八月二十三日

一九六七年八月二十三日

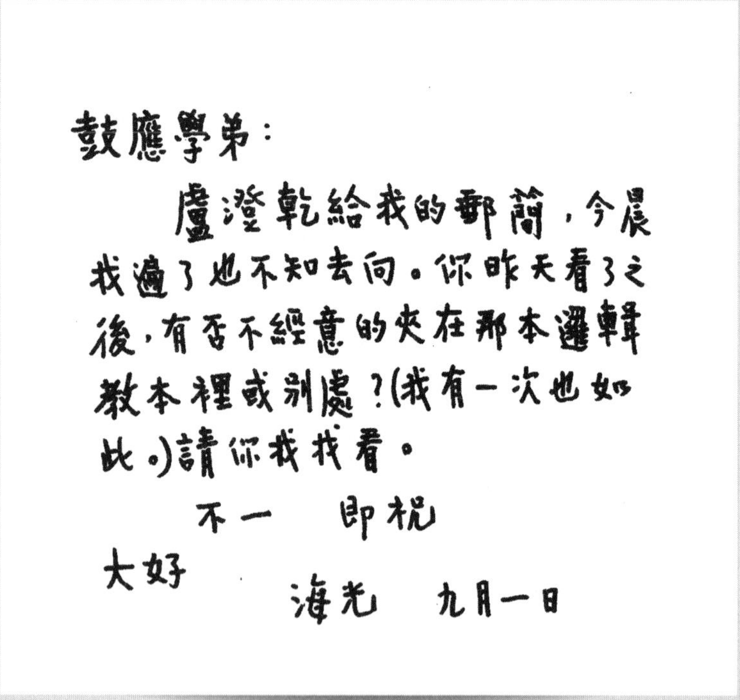

鼓應學弟：

盧澄乾給我的郵簡，今晨找遍了也不知去向。你昨天看了之後，有否不經意的夾在那本邏輯教本裡或別處？（我有一次也如此。）請你找找看。

不一　即祝

大好

海光　九月一日

一九六七年九月一日

鼓應學弟：

又是許久未見。近日得便，希於某一下午過我處一談。

不一　　即祝

儷安

海光　十月五日

一九六七年十月五日

鼓應學弟：

又是許久未見了，近況可好？在念。

前幾天查老師曾來我處。看樣子，此老還是興緻勃勃的。

不一　　即祝

全家福

海光　二，二二

一九六八年二月二十二日

鼓應學弟：

未見久。近況可好？

便中希過草舍。有問題須請教也。

即候

儷安

海光　三月一日

一九六八年三月一日（之一）

陳欣小先生大鑒：

上次台端駕臨敝舍時，大奮神威，一手掃滅蘭花六朵。鄙人植蘭，終年澆水，從未間斷，頗為辛勞。這下損失慘重，痛心疾首。原擬進貢小領袖美國糖十塊。今小領袖滅花六朵。每朵扣糖一塊，故餘四塊，以示抗議，並希笑納。即頌

萬歲

殷海光　三月一日

一九六八年三月一日（之二）

鼓應學弟：

我預備這個星期六，即二十五日，下午四點半，請你的太太同小胖來舍吃飯，同渡周末。你一個人在家休息，看家。

如荷同意，不必回信。餘容面敘　即祝

全家福

海光　二十一日

一九六八年五月二十一日（之一）

陳欣小先生：

又是許久沒有看見你了。我很想念你哩！你好嗎？長高了一些沒有？

我想這個星期六下午四點半請你同媽媽來我們家。你可以在我們家跑跳，然後一起吃飯。那不是很快樂嗎？

見面再談　祝你

長得更胖

殷老師　五、二一

一九六八年五月二十一日（之二）

小胖先生：

上個周末，台端在草舍表現良好，並且吃了不少雞腿。我想獎勵你一下。

不過，我發現你大發雄威，把我的樹木扔到河中，害得我又要一根一根的撈起。所以，我現在要少給你十塊糖。莫怪！

希望再見到你　即祝

快樂

殷老師　五月二十八日

一九六八年五月二十八日

鼓應學弟：

1

我一二天内就出院；繼續在家靜養。

2

新近從美帶來一書，可能對你有助。我願長期借給你閱讀。

3

不能多寫。　即祝

全家福

海光　七月二日

一九六八年七月二日

這包禮物是送給陳家愛笑的小胖娃娃過聖誕節的。〔註一〕

海光　十二月一日

〔註一〕窮人送窮人。

一九六八年十二月一日

鼓應學弟：

1

又是許久未見。近況怎樣？在念。

2

我們要請你們全家來舍過聖誕節。時間是二十四日下午四時半。希準時前來。

當然，最重要的客人是小胖。務請簇擁小王子駕臨為幸。

餘容面叙　　即祝

全家福

海光　十二月十日

一九六八年十二月十日

鼓應學弟：

我今天上午出街買文具，順便把昨夜所說的“哲學百科全書”在虹橋書店購買了一套。因此，我托哲學系代買的事撤銷。請你轉告新姿一聲。

不一　　即祝

全家福

海光　十二月三十日

一九六八年十二月三十日

春蟬吐絲：殷海光最後的話語／陳鼓應編 . -- 初版 . --
新北市：臺灣商務，2020.04
352 面；14.8×21 公分 . --（人文）
ISBN 978-957-05-3261-6（平裝）

1. 殷海光 2. 學術思想 3. 哲學

128.6 109003225

人文

春蠶吐絲
殷海光最後的話語

編　　著 — 陳鼓應
發 行 人 — 王春申
總 編 輯 — 張曉蕊
責任編輯 — 徐鉞
美術設計 — 綠貝殼資訊有限公司

營業組長 — 何思頓
行銷組長 — 張家舜
出版發行 — 臺灣商務印書館股份有限公司
23141 新北市新店區民權路 108-3 號 5 樓（同門市地址）
電話：(02)8667-3712　傳真：(02)8667-3709
讀者服務專線：0800056193
郵撥：0000165-1
E-mail：ecptw@cptw.com.tw
網路書店網址：www.cptw.com.tw
Facebook：facebook.com.tw/ecptw

局版北市業字第 993 號
初版一刷：2020 年 4 月
印刷廠：鴻霖印刷傳媒股份有限公司
定價：新台幣 450 元
法律顧問－何一芃律師事務所